Helmut Luft/Monika Vogt

Gutes Altern

Die heute nicht mehr unwahrscheinliche Aussicht 80, 90 oder sogar 100 Jahre alt zu werden, verschafft uns mehr Lebenszeit, auf die aber niemand wirklich vorbereitet ist.

»Gegenmaßnahmen« gegen die direkten Auswirkungen – von Anti-Aging-Cremes bis zu täglicher Bewegung – sind weithin bekannt. Welchen inneren Kräften das Altern aber unterliegt, wie wir uns durch unbewusste Vorurteile und versteckte psychische Zusammenhänge oft selbst erheblich schaden und zu vorzeitigem Abbau beitragen, ist für viele ein blinder Fleck.

Wer aber weiß, wie solche unbewussten Prozesse oft mehr noch als manche der allgemein bekannten Risiken zum körperlichen und geistigen Verfall beitragen, kann Einfluss nehmen und sein eigenes Altern positiv gestalten. Allgemein verständliche Einblicke in fundamentale, wissenschaftliche Erkenntnisse helfen, die verborgenen Hindernisse und vor allem die Chancen zu erkennen, die dazu beitragen, den Weg zum für sich selbst bestmöglichen Altern zu finden.

Helmut Luft/Monika Vogt

Gutes Altern

Verborgene Chancen und Hindernisse

Brandes & Apsel

Sie finden unser Gesamtverzeichnis mit aktuellen Informationen
im Internet unter: www.brandes-apsel-verlag.de
Wenn Sie unser Gesamtverzeichnis in gedruckter Form wünschen,
senden Sie uns eine E-Mail an: info@brandes-apsel.de
oder eine Postkarte an:
Brandes & Apsel Verlag, Scheidswaldstr. 22, 60385 Frankfurt a. M., Germany

2. Auflage 2014

1. Auflage 2011

Umschlaggestaltung: Angelika Fritsch, Kommunikationsdesign, Frankfurt a. M.
DTP: Franziska Gumprecht, Brandes & Apsel Verlag, Frankfurt a. M.
Lektorat: Caroline Ebinger, Brandes & Apsel Verlag, Frankfurt a. M.
Druck: STEGA TISAK d.o.o., Printed in Croatia
Gedruckt auf säurefreiem, alterungsbeständigem und chlorfrei gebleichtem Papier.

Bibliografische Information Der Deutschen Nationalbibliothek:
Die Deutsche Nationalbibliothek verzeichnet diese Publikation in der Deutschen Nationalbibliografie; detaillierte bibliografische Daten sind im Internet über http://dnb.ddb.de abrufbar.

ISBN 978-3-86099-708-6

Inhalt

Geleitwort

»Viele möchten leben ohne zu altern
und sie altern in Wirklichkeit ohne zu leben.«
(Alexander Mitscherlich)

Das Buch »Gutes Altern – verborgene Chancen und Hindernisse« möchte ich den älteren aber auch den jüngeren meiner Zeitgenossen wärmstens empfehlen.

Es erfüllt, was sein Titel verspricht. Es hilft uns, durch Selbstverborgenheit erschaffenes Leid zu erkennen, es zu vermeiden und die Chancen der Erfahrungen eines langen Lebens zu nutzen, überhaupt erst wahrzunehmen. Es ist klar und übersichtlich geschrieben, bringt aus Literatur, Dichtung und Philosophie, aber auch den neueren Forschungen der Medizin und Biologie die vielfältigsten Anregungen, die zu selbstständigem Weiterdenken anregen. Die Autoren betonen, dass vor allem die Psychoanalyse Freuds ihnen dazu verholfen hat, ihr Buch zu schreiben, um anderen zu vermitteln, wo wir uns selbst im Wege stehen und uns wie anderen schaden, ohne es selbst zu wollen.

Die Kunst, zu erlernen im Hier und Jetzt zu leben, hält den alten Menschen am Leben, lässt ihn teilnehmen und verhindert seinen frühzeitigen seelischen Tod oder die Altersstarre. Man muss aber nicht dem Irrtum verfallen, dass es sich in diesem Buch um ein idealisierendes, dem Wunschdenken verfallenes Werk handelt, im Gegenteil, die Realitäten des Altersabbaus und die darüber verfügbaren wissenschaftlichen Erkenntnisse werden in aller Klarheit dargestellt. Die Möglichkeiten, mit dem Alter umzugehen, bleiben dennoch vielfältig und individuell unterschiedlich.

Margarete Mitscherlich

Vorwort

»Ihr hättet nicht alt werden sollen,
bevor Ihr klug geworden seid.«
(Der Narr zu König Lear ,
Shakespeare, *König Lear*, 1. Akt, 5. Szene)

Wieso, weshalb, warum? Wer nicht fragt, bleibt dumm. Dieses Motto aus der *Sesamstraße* kennen schon die Jüngsten. Und dennoch: Beim Thema Altern fragen wir uns allenfalls im Stillen, wie das wohl sein wird. Wird es mich vielleicht nicht treffen? Was kann ich tun, um das Altwerden hinauszuzögern? Kaum verwunderlich, dass der Anti-Aging-Markt boomt. Versprechen zur ewigen Jugend lassen sich gut verkaufen.

Aber wieso eigentlich Anti-Aging? Altern lässt sich nicht verhindern: nicht durch Verdrängen und nicht durch das Ankämpfen dagegen. Dadurch verpulvern wir allenfalls unsere Energie und nähren Illusionen. Aber gerade erst das Durchschauen von Illusionen macht gutes Altern möglich. Die entscheidende Frage ist, ob wir mit dem Älterwerden auch klüger werden. Es gibt in unserer Zeit so viele Chancen wie nie zuvor, uns schlau zu machen und zu begreifen, was da mit uns geschieht und von welchen verborgenen Kräften unser Lebensweg bestimmt wird. So töricht wie König Lear muss niemand bleiben.

Theoretisch können wir inzwischen über 100 Jahre alt werden. Fast jeder möchte auch möglichst lange leben, aber niemand will gebrechlich, krank und/oder geistig verwirrt werden. Um das zu vermeiden oder es zumindest hinauszuzögern, können wir vieles tun. Je früher wir uns damit auseinandersetzen, wie wir uns einrichten möchten und wie wir mit unserem Körper, unseren Fähigkeiten und letztlich unserem Leben umgehen, desto besser. Ist es nicht ein Skandal, dass in einer Zeit, in der Anti-Aging zum Modethema geworden ist, immer mehr Kinder und Jugendliche an Übergewicht und Bewegungsmangel leiden und Experten bereits jetzt warnen, dass es hierdurch zu einer drastischen Zunahme der so genannten Zivilisationskrankheiten kommen wird? Bereits heute erkranken Kinder vermehrt an »Altersdiabetes«, also einer Form des Diabetes, die bisher typisch für Ältere war.

Wie ist es, das Älterwerden? Was passiert da – mit unserem Körper, aber auch mit unseren Gefühlen, unserem Geist, unserer Psyche? Über das Älterwerden des Körpers und Anleitungen, wie wir dessen Gesundheit möglichst lange erhalten, gibt es eine Vielzahl von Ratgebern. Das Thema Psyche und seelisch-geistige Gesundheit wird dagegen eher stiefmütterlich behandelt. Obwohl wir alle wissen »Jung sein beginnt im Kopf«, gibt es da noch viel zu entdecken. Klug werden bedeutet, die körperlichen und vor allem die psychischen Blockaden, Stolpersteine und Probleme, die das Älterwerden zur Last machen, rechtzeitig zu durchschauen. Ebenso entdeckenswert sind die dem Alter eigenen Qualitäten, die ihm eine neue Dimension geben. Psychische, geistige Stärken im Sinne von Erfahrung, Geduld, Weitsicht und manchmal auch Weisheit zeichnen ältere Menschen aus und machen sie der jüngeren Generation überlegen. Nicht umsonst schätzen viele Völker den so genannten Ältestenrat.

Das Problem: Die meisten psychischen Prozesse laufen unbewusst ab. Ahnungslos tappen wir in Fallen, die vermeidbar wären, und fügen uns selbst Schäden zu, die das Altern beschleunigen. Vielen Beobachtungen wollen wir auch gar nicht auf den Grund gehen. Wer weiß schon, was wirklich hinter der Sorge vieler älterer Frauen um ihre Handtasche steckt? Wer kennt die psychologische Erklärung dafür, dass Menschen, die lange Zeit miteinander verheiratet waren, oft kurz hintereinander versterben? Und wie oft werden Beschwerden, zum Beispiel Vergesslichkeit oder Herzschmerzen, vorschnell dem Alter zugeschrieben? Wer will gar hören, dass auch für ältere Menschen, womöglich sogar für die eigenen Eltern, Sexualität noch ein Thema ist? Wer will sich vor der Zeit mit dem Thema Pflege der Angehörigen beschäftigen?

Spätestens mit der Pflegebedürftigkeit von Angehörigen beginnt indes ein Lebensabschnitt, in dem es äußerst hilfreich wäre, die Hintergründe für die Verhaltensweisen der Älteren, aber auch für die eigenen Reaktionen zu verstehen. Vielfach werden ältere Angehörige entweder »abgeschoben« oder aber bis hin zur völligen physischen und psychischen Überlastung gepflegt und versorgt. Beide Extreme verdeutlichen, wie wichtig es ist, sich rechtzeitig mit den eigenen Wünschen, Bedürfnissen, aber auch den eigenen Grenzen und Ängsten auseinanderzusetzen und sich im Idealfall mit der älteren Generation darüber auszutauschen. Dann kann das Begleiten eines Menschen bis hin zum Beistand beim Tod eine Bereicherung und eine wertvolle Erfahrung statt einer Kräfte zermürbenden Pflichtübung werden.

Im Alter selbst ist es ebenfalls durchaus noch lohnend, seine eigenen uneingestandenen Wünsche und Ängste zu entdecken und dadurch die Chancen, die verbleiben, besser nutzen zu können. Diese Erkenntnis spiegelt sich auch in der Psychotherapie wieder. Die Annahme des Gründers der Psychoanalyse Sigmund Freud, dass eine solche Behandlung bei Patienten über 45 oder 50 Jahren nicht mehr angezeigt ist, ist inzwischen überholt.

Wir können heute auf viele Quellen zurückgreifen: Die gesammelten Erfahrungen vieler Generationen, wie sie in Mythen, Märchen und in der Literatur seit Jahrtausenden niedergeschrieben wurden und werden, zeigen, wie sich das Bild vom Altern stufenweise gewandelt hat und auch was über die Zeiten hinweg auf frappierende Weise gleich geblieben ist. Der »Ödipuskomplex« ist das bekannteste Beispiel dafür, wie schon vor über 2.000 Jahren (in den Dramen von Sophokles über den jungen und den gealterten Ödipus) unsere höchst aktuellen, den meisten aber unbewussten Konflikte zwischen jung und alt zeitlos gültig beschrieben wurden. Die Psychoanalyse hat zeigen können, wie Menschen sich unnötig Probleme und Krankheiten auch und gerade beim Älterwerden schaffen. Obwohl die moderne psychoanalytische Alternsforschung und die Psychotherapie darüber viele Erkenntnisse gewonnen haben, ist in der Öffentlichkeit bisher nur sehr wenig bekannt, wie sehr das Älterwerden von unbewussten Faktoren beeinflusst wird.

Wir möchten in unserem Buch daher sowohl die verborgenen Ursachen von Problemen beschreiben, die mit dem körperlichen und geistigen Abbau einhergehen und beim Verlust von Freunden oder Angehörigen auftreten, wie auch die Illusionen, die die menschliche Phantasie gefunden hat, um die schmerzlichen Fakten des Alterns erträglicher zu machen. Dabei soll deutlich werden, wann und wie lange solche Illusionen von Wert sind und wann und wie sie zur Gefahr werden. Dargestellt werden ferner die positiven Themen des Alters, der spezifisch menschlichen Entwicklung und Reifung jedes Einzelnen und der von Menschen geschaffenen Leistungen wie Kultur, Medizin und Technik, mit denen wir unnötigem Altern viel besser begegnen, Entgleisungen rechtzeitig zuvorkommen und ein würdiges Älterwerden angemessen gestalten können. Weitere Themen sind die Vergänglichkeit, mit der sich jeder früher oder später konfrontiert sieht, und die Probleme der letzten Lebensphase.

Was wir meinen, wird im Grimm'schen Märchen *Die Bremer Stadtmusikanten* sehr schön dargestellt: Vier Haustiere waren alt und nutzlos geworden und sollten umgebracht werden. Sie lassen sich das aber nicht gefallen, sondern machen sich unter dem Motto »Etwas Besseres als den Tod findest du überall« gemeinsam auf den Weg, setzen sich neue Ziele und beschließen, Musik zu machen. Durch List und mit Humor überwinden sie gefährliche Hindernisse, erfüllen sich ihre Bedürfnisse, nutzen ihre Chancen und finden schließlich ein neues Zuhause, wo sie sich wohl fühlen. Sie haben eine neue Orientierung zuwege gebracht, neue Kräfte gewonnen und ihr Altern mit Leben erfüllt.

Zwar gestaltet jeder Mensch sein Älterwerden auf seine persönliche Weise, dennoch gibt es häufige typische Muster, nach denen Alterungsprozesse ablaufen können. Das wollen wir anhand von Beispielen aufzeigen. Aus Datenschutzgründen haben wir diese anonymisiert und typisiert.

Zwischen uns, den beiden Autoren, ist im Laufe der Zeit ein Dialog zwischen zwei Generationen, zwischen jünger und älter, über die Geheimnisse des Älterwerdens und doch Jungbleibens in Gang gekommen. Unsere Hoffnung ist, dass die ursprünglich aus professioneller

Arbeit eines Psychoanalytikers gewonnenen und aus Sicht des Älteren gesehenen Erfahrungen durch die Ansichten und Anmerkungen einer um mehr als eine Generation jüngeren Ärztin und Journalistin so ergänzt und modifiziert worden sind, dass ein allgemein verständliches und vielen Altersklassen hilfreiches Buch herausgekommen ist. Wichtiger als konkrete Ratschläge zu geben, war uns dabei, unsere Leser für die in jedem von uns latent bereitliegenden Einsichten und kreativen Kräfte zu sensibilisieren, damit sie selbst für ihr individuelles Altern die passenden Lösungen und den eigenen Weg finden können.

Helmut Luft
Monika Vogt

1
Verborgenes sehen lernen

Wir hören und lesen es fast täglich: Unsere Lebenserwartung ist in den letzten Jahren drastisch gestiegen. Seit 1871 hat sie sich mehr als verdoppelt und wird inzwischen bei Jungen auf 80 bis Mitte 80 (damals 39), bei Mädchen auf schon fast 90 (damals 42) Jahre geschätzt. Ebenso ist die weitere Lebenserwartung der Erwachsenen gestiegen: Bald wird ein 60-jähriger Mann im Durchschnitt noch 22 Jahre, eine ebenso alte Frau noch 27 Jahre vor sich haben. Viele von uns werden demnach ein drittes (60 bis 79 Jahre), nicht wenige sogar ein viertes Alter (80 bis 120 Jahre) erleben (Modellrechnung basierend auf Generationensterbetafeln, Statistisches Bundesamt 2006). Das ist für uns Neuland. Uns werden zum ersten Mal in der Geschichte der Menschheit zusätzliche Lebensabschnitte geschenkt.

Älterwerden – Was kommt da auf uns zu?

Älterwerden ist ein gleitender Vorgang, der mit der Geburt beginnt und nicht erst mit 30, 40, 50 oder mehr Jahren. Selbst die von der Weltgesundheitsorganisation festgelegte Grenze des Alters von 60 Jahren wird meist unbemerkt überschritten. Als der Ältere der Autoren erschrocken feststellte, dass er über 60 war, sich aber überhaupt noch nicht alt fühlte, wollte er es wissen. Er befragte alle seine Patienten und Bekannten, die 61 oder älter waren und verglich dann mit Jüngeren. Dabei ergaben sich ganz klar einige Probleme, die nur die Älteren haben. Sie lassen sich in sieben Themenkreisen zusammenfassen, die miteinander vernetzt sind und den komplexen Vorgang des Älterwerdens ausmachen.

Die sieben Themenkreise

A. Verluste

1. *Krankheiten:* Der Körper macht sich störend bemerkbar.
2. *Psychisch:* Gedächtnis, Denken und Verhalten ändern sich.
3. *Sozial:* Wir verlieren unsere gewohnten Rollen und Bezugspersonen.

B. Gewinne und Antworten

4. *Entwicklung:* Wir gewinnen Erfahrung, werden reifer und finden neue Lösungen und Ziele.
5. *Vergänglichkeit:* Wir begreifen, dass wir endlich sind und wollen unsere Lebensbilanz abschließen.
6. *Generationen:* Wir möchten in unseren Nachkommen weiterleben.
7. *Transzendenz:* Was kommt danach, und was bleibt von uns?

Die ersten drei Themen sind die Veränderungen, die uns beim Älterwerden zustoßen. Die weiteren Themen zeigen, dass sich dabei neue Perspektiven eröffnen und wir einen Spielraum für Antworten und Entscheidungen gewinnen.

Von den Verlusten ist früher oder später jeder betroffen. Das geschieht nicht schlagartig und nicht bei allen im gleichen Alter. Es richtet sich auch nicht nach dem kalendarischen Lebensalter, nimmt aber im Durchschnitt doch mit den Jahren zu. In der Gruppe der 60- bis zirka 75-Jährigen »jüngeren Alten« gibt es noch viele, die sich durchaus recht jugendlich fühlen und sich zwar für gereift, aber in keiner Weise für alt halten und es auch nicht sind. Bei den über 80-Jährigen »älteren Alten« wird das zur Ausnahme, die Anzeichen und Probleme des Alterns überwiegen und sind nicht mehr zu übersehen.

Beim Älterwerden leben wir mit dem Widerspruch, dass wir zwar den Veränderungen ausgeliefert sind, sie uns aber lange verborgen bleiben, weil wir sie – aus inneren Gründen – nicht wahrnehmen wollen. Oft bemerken es die anderen eher als wir selbst. Aber nur wenn wir nüchtern ins Auge fassen können, was da auf uns zukommt, können wir uns darauf einstellen und ihm angemessen begegnen. Je früher wir damit beginnen, desto eher können wir die Beschwernisse abwenden oder abmildern. Um dies im Einzelnen besser aufzuzeigen, ist jedem der oben genannten Themen ein eigenes Kapitel gewidmet.

Warum der Durchblick so schwer ist

Das Älterwerden hat noch weitgehend unbekannte Dimensionen. Wir wissen noch viel zu wenig darüber, was uns in den neu gewonnenen Lebensabschnitten erwartet, und dort zurechtzukommen ist noch nicht in unsere Erfahrung und unsere Instinkte eingegangen. Das Leben läuft auch in der zweiten Lebenshälfte nicht nur an der Oberfläche ab, sondern wird von vielen Faktoren beeinflusst, äußeren wie inneren. Wenn man die Übersicht gewinnen will, muss man durchschauen, dass Älterwerden nicht nur auf der Ebene des Bewusstseins, sondern auch in tieferen, oft nicht bedachten und nicht bewussten Schichten verläuft. Man beginnt dann zu ahnen, welchen entscheidenden Einfluss Verborgenes auf den Ablauf des Alterns, auf die Lebensqualität und sogar auf die Lebenserwartung nehmen kann.

Warum wir uns so schwer tun, mit dem Älterwerden zurechtzukommen, liegt zum guten Teil daran, dass nicht einfach zu durchschauen ist, was da geschieht, sodass sich Vieles unserer Kontrolle entzieht und unsere bewussten Absichten durchkreuzt werden.

Diese Undurchschaubarkeit und Vielschichtigkeit der menschlichen Natur hat sich im Laufe der sehr langen und sehr komplizierten Evolution ergeben. Die über Millionen Jahre erfolgte Differenzierung des Menschen vom Tier zum Homo sapiens (Hominisation) hat über das nur vom Körper und von Instinkten gesteuerte Verhalten hinaus zur

Entwicklung von Geist und Seele, zur immateriellen Psyche, geführt. Das zur Gattung Mensch gereifte Lebewesen hat viele nur ihm mögliche Fähigkeiten wie Bewusstsein, Sprache, Erinnerung, Verwertung von Erfahrungen, planendes Denken, lebenslanges Lernen oder Plastizität, um sich neuen Situationen anzupassen, entwickelt. Ergebnisse davon sind zum Beispiel Verbesserungen der Lebensbedingungen, die zum Entwicklungssprung der höheren Lebenserwartung beitragen. So sind durch die Fortschritte im medizinischen Bereich viele Erkrankungen, an denen man früher vorzeitig alterte oder starb, heute ausgerottet oder heilbar.

Die Relikte der animalischen Instinkte bestimmen indes – mehr als uns bewusst und lieb ist – noch immer weitgehend unser aktuelles Verhalten und führen zu ständigen Spannungen und Konflikten mit unseren spezifisch menschlichen Zielen und Wertungen, gerade auch beim Älterwerden.

Die Fähigkeiten der Gattung Mensch muss jeder Einzelne von Geburt an mühselig erst nochmal erlernen (Ontogenese). Eine sehr gute Nachricht ist die neue Einsicht, dass die Entwicklungs-, Anpassungs- und Reifungsprozesse im Alter nicht aufhören, sondern sich prinzipiell das ganze Leben hindurch und bis zum Lebensende weiter fortsetzen. Es gibt also ein lebenslanges Lernen, und das schafft gute Voraussetzungen, um das Älterwerden zu erleichtern.

Stirb und werde – Eros und Thanatos

Leben besteht aus dem ewigen Kreislauf von Stirb und Werde, dem täglichen Abbau und der Neuproduktion von Körperzellen, dem täglichen notwendigen Vergessen und dem Lernen von Neuem, der Lösung von alten Bindungen und dem Eingehen von neuen, dem Erlöschen von Interessen und der Suche nach neuen, der Trauer und dem Glück. »Und so lang du das nicht hast, Dieses: Stirb und Werde! Bist du nur ein trüber Gast auf der dunklen Erde.« (Goethe, *Selige Sehnsucht*) Das ist ein gutes Motto, um mit dem Älterwerden besser zurechtzukommen.

Nach einem von Sigmund Freud entwickelten Modell werden Leben und Sterben von gegenläufig wirkenden Triebkräften in uns selbst gesteuert. Das macht die verborgenen Vorgänge beim Älterwerden sehr gut verständlich und gibt uns Handhaben, Einfluss darauf zu gewinnen.

Nach diesem Modell steht Eros, in der griechischen Mythologie der Gott der Liebe, für Aufbau und Erhalt des Lebens; Thanatos, der Gott des Todes, für die Gegenkräfte. Der Lebenstrieb Eros hat aus der unbelebten Natur Leben entstehen lassen und es zu immer höheren Organisationsstufen mit immer mehr Bindungen gebracht. Thanatos, der »Todestrieb«, ist jedoch von Anfang an ebenso in uns wirksam, schädigt und zerstört unbemerkt, löst Bindungen wieder auf, baut auf stumme Weise Organisationsstufen ab, sodass »alles Lebende aus inneren Gründen stirbt« (Freud 1920g, S. 248) und schließlich in die Ruhe des Unbelebten zurückfällt. »Das Zusammen- und Gegeneinanderwirken von Eros und Todestrieb ergibt für uns das Bild des Lebens.« (Freud 1925d, S. 84)

Altern »aus inneren Gründen«

Das Erkennen dieser unbewussten inneren Vorgänge hilft uns sehr, die vom Todestrieb auf verborgene Weise bewirkten schädlichen Einflüsse auf körperlicher wie psychischer Ebene, die uns unnötig altern lassen, eher erkennen und vermeiden zu können.

Und noch wichtiger: Wir entdecken neue Chancen, mit den Zumutungen des Alters besser zurechtzukommen, wenn wir darauf achten, was die Anzeichen des Älterwerdens uns wohl sagen möchten. So kann ein Körpersymptom bedeuten, eine Illusion aufrechtzuerhalten und eine Bedrohung zu verleugnen oder im Gegenteil ein Alarmsignal sein, das in der Körpersprache auf einen dringlichen Konflikt aufmerksam machen möchte.

Wie wir uns blind machen

Wie alt wir werden, wie lange unser Leben dauert und wann es wohl zu Ende sein wird, sind sehr menschliche Fragen. Der Mensch ist das einzige Lebewesen, das weiß, dass es altert und sterben wird, aber er will es nicht wissen. Seine Intelligenz und seine Phantasie helfen ihm, Tricks anzuwenden, um von den Schrecken und Unwägbarkeiten des Alterns keine Kenntnis nehmen zu müssen und das, was er rational wohl weiß, emotional von sich fernzuhalten. Das Thema wird so weit es geht aus dem Bewusstsein verdrängt, individuell wie kollektiv. Der erste Schritt um Übersicht zu gewinnen, ist deshalb, das, was uns blind macht, durchschauen zu lernen.

Der Durchblick, der so wichtig wäre, wird uns aber versperrt, sodass solche verborgenen Zusammenhänge bisher allenfalls bruchstückweise bekannt geworden sind. Das liegt nicht nur daran, dass es soviel Schwerdurchschaubares und Erklärungsbedürftiges gibt, sondern vor allem daran, dass tief verwurzelte Vorurteile und eine instinktive Abwehr uns davon abhalten, uns mit dem Altern zu beschäftigen. Es beruht auf magischen Methoden, der Vogel-Strauß-Politik, dem Glauben, dass das, was man nicht sieht, auch nicht vorhanden ist und nicht gefährlich werden kann. So wenden wir unwissentlich einige sehr trickreiche Methoden an, um uns blind zu machen und uns damit – vermeintlich – vor den Gefahren des Alterns und des Todes zu schützen. Die Skala reicht von Verleugnung und Ausweichen über Protest und Anklage bis zur Annahme und kreativen Verarbeitung. Manche Auffälligkeiten Älterer sind nicht als Defizit, sondern als sinnvolle Antwort, als Suche nach Chancen und als produktive Auseinandersetzung und Selbstheilungsversuch zu verstehen (Kipp und Jüngling 2000). Diese Sichtweise ist ein Schlüssel für das Verständnis des Verhaltens älterer Menschen.

Ich will es nicht wissen – Verleugnung des Alters

Der Abneigung, sich mit dem Altern und seinen Auswirkungen zu befassen, begegnet man in vielen Formen. Eine häufige Methode der Abwehr ist, sich für die Zukunft blind zu machen. Man will lieber nichts von dem wissen, was einem bevorsteht. Das hat Vorbilder in der Mythologie. Das Motiv des verbotenen Blicks besagt, dass man in eine bestimmte Richtung nicht schauen dürfe, sonst bringe es unweigerlich den Tod.

Ein Beispiel dafür ist Orpheus, der den Tod seiner Gattin Eurydike beweint. Er bittet die Götter um Gnade und Zeus (Jupiter) erlaubt ihm, zum Hades hinunter zu steigen. Wenn er die Furien dort mit seinem Gesang rühren kann, darf er seine Frau wieder ins Leben zurückführen. Die Bedingung ist aber, dass er sich auf dem Rückweg nicht zu ihr umsieht. Er führt sie hinaus, aber als sie schon fast ins Tageslicht treten, beklagt sich Eurydike, ihr Mann sehe sie nicht an, liebe sie also nicht mehr und sie wolle deshalb in die Unterwelt zurückkehren. Orpheus kann nicht umhin, sich umzudrehen und verliert sie dadurch endgültig.

Ein in den Anden lebender Volksstamm hat die Lösung gefunden, einfach die Richtung der Zeitenfolge umzudrehen. Die Vorstellung dabei ist, dass die Vergangenheit, die man sehen und betrachten kann, vor einem liegt, die Zukunft, die man nicht sehen und kontrollieren kann, aber hinter einem. Man bewegt sich also rückwärts durch den Strom der Zeit und muss nicht der gefürchteten Zukunft ins Auge sehen. Das erinnert an die magische Denkweise von Kindern, die meinen, weil sie selbst nichts sehen, wenn sie sich die Augen zuhalten, könnten auch die anderen sie nicht sehen, und wenn sie etwas, wovor sie Angst haben, nicht aussprechen, würde es auch nicht eintreten. In Bezug auf unser Altern machen wir es gerne ebenso.

Mir kann nichts passieren – Unsterblichkeitsphantasien

Kinder sind in der Regel ganz selbstverständlich davon überzeugt, sie seien unverletzlich und unsterblich, wie sich in ihrem wagemutigen, oft gefährlichen Verhalten zeigt. Diese Überzeugung gibt der Jugend die

Sicherheit, gegen die Gefahren des Lebens gefeit zu sein, ist also eine gesunde, lebensfördernde Abwehr. Freud stellte auch für Erwachsene fest, »im Unbewussten sei jeder von uns von seiner Unsterblichkeit überzeugt« (1915b, S. 49). »Alle Menschen müssen sterben und vielleicht, vielleicht auch ich«, sagt man im Scherz, hofft aber insgeheim, man sei die Ausnahme oder habe wenigstens bis dahin noch sehr viel Zeit. Der Umgang mit dem Altern wird also nicht nur von unserem rationalen Wissen bestimmt, sondern viel mehr als uns bewusst ist von den Phantasien, die sich seit der Kindheit trotz allen späteren Wissenserwerbs in uns erhalten haben. Sie wirken als verborgener Faktor, der Schaden zur Folge haben kann.

Die besonders bei Männern weit verbreitete Überzeugung »Mir kann nichts passieren« gibt zwar ein Gefühl von Sicherheit, wird aber gefährlich, wenn man zu sorglos bleibt, Risikofaktoren nicht beachtet, Vorsorgeuntersuchungen nicht wahrnimmt, bei Krankheitszeichen nicht rechtzeitig zum Arzt geht oder notwendige Behandlungen ablehnt. Sobald man selbst von Alterungsvorgängen betroffen ist, ist die Verleugnung keine gesunde Abwehr mehr, sondern wird gefährlich und bedrohlich. Erst wenn man eine Idee davon bekommt, dass man etwas abwehrt und welche persönlichen Abwehrmethoden man verwendet, wird es möglich, den vermeidbaren negativen Alterungsschäden rechtzeitig zu begegnen und darüber hinaus die Vorteile, die Entwicklung und Reifung bieten, zu nutzen.

So will ich nicht werden – Angst vor dem Altern

Bewusstseinsnähere Hindernisse, sich mit dem Alter zu beschäftigen, sind die weit verbreiteten, verzerrten Altersklischees. Das Bild älterer Menschen ist von dem Vorurteil, der Prozess des Alterns bedeute ausschließlich Abbau und Verluste, geprägt. Danach sind alle Alten entnervend langsam, umständlich, starrsinnig und rigide. Sie sind vergesslich, wiederholen sich und erzählen immer die gleichen Geschichten. Sie sind urteilsschwach, fatal gutgläubig wie König Lear oder schwerhörig und daher krankhaft misstrauisch. Selbstverständlich gelten sie als asexuell, vereinsamt und isoliert. Unabwendbar kommen dann Gebrechlichkeit, Hinfälligkeit und Pflegebedürftigkeit hinzu, die »zweite Kindheit« (Shakespeare 1598, *Wie es euch gefällt*, II/7, vgl. S. 38).

Die Auffassung, das Altern ausschließlich als Verlust von Funktionen zu sehen (Defizitmodell), ist inzwischen weitgehend widerlegt. Die Medien klären seit einigen Jahren über viele Aspekte des Alterns, positive wie negative, auf. Sie berichten realistisch über die körperlichen und psychischen Defizite, über Demenz, Pflegebedürftigkeit etc. Die Aufklärung hilft, die gröbsten Vorurteile, zum Beispiel, dass jeder spätestens ab 70 abbaut, dement wird und ausgegrenzt werden müsse, zu korrigieren. Im Verborgenen kann trotzdem das Klischeedenken weiter bestehen und wirksam werden, zum Beispiel, wenn es um Pflege von Angehörigen, Heimunterbringung oder Erbe geht. Aber auch auf politischer Ebene kann man bei den Themen Rentenalter, Machtverhältnisse (»graue Panther«) oder Finanzierungslasten manchmal sehr drastische Töne (»den Löffel abgeben«) hören. Auch wenn deutlich ein Umdenken im Gange ist, bricht noch allzu leicht die latente pauschale Entwertung der Alten durch. Das dient der eigenen Abwehr, ist aber schade, weil es die sachliche Abwägung blockiert und natürlich die positiven Aspekte des Alters ausblendet. Besonders wenn wir persönliche negative Vorbilder haben, weisen wir den Gedanken, selbst so zu werden, weit von uns. »Bevor ich so alt werde wie meine verwirrt gewordene Mutter, will ich lieber sterben.«

Jung und Alt haben gegensätzliche Vorstellungen vom Alter, und tatsächlich sind Lebenssituation, Bedürfnisse und Interessenlage sehr unterschiedlich. So entsteht ein gefährliches Spannungsfeld, das entschärft werden muss, indem man das Verbindende ebenso wie das Trennende sieht und von den pauschalen Vorurteilen und Klischees zu einer sachlichen Beurteilung kommt. Wenn man erkennt, wie man selbst sich in Zukunft verändern wird, kann man die schon Altgewordenen besser verstehen und tolerieren, und man kann bewusster die Chancen nutzen, sein eigenes Altern günstiger zu gestalten.

Ich bleibe auf Distanz – Kontaktvermeidung und Ausgrenzung

Eine von Angst und Aberglauben bewirkte Abwehrphantasie ist die vom Alter als einer ansteckenden Krankheit: Ältere werden aus vielen Gründen von der Kommunikation ausgegrenzt, aber unterschwellig ist dabei oft die Phantasie beteiligt, man müsse den Umgang mit ihnen meiden. »Wir wollen uns nicht anstecken.«

Das ist tragisch und eine Quelle von Konflikten, denn Ältere sind besonders kontaktbedürftig. Sie suchen und brauchen zum Beispiel die Nähe von Kindern und Enkeln, in deren Gegenwart sie sich wieder jung fühlen. Sie suchen Körperkontakt und Zärtlichkeit, Umarmungen und Streicheln. Sie brauchen auch das Gefühl, dazuzugehören und anerkannt zu sein. Der alt gewordene Körper ruft aber bei den Jüngeren Abneigung oder sogar Ekel hervor. So entsteht die bittere Tragik, dass Ältere wie Aussätzige gemieden werden, empört und schmerzlich enttäuscht sind, sich entwürdigt und verletzt fühlen, sich aber oft nicht zu wehren wissen. Das Gespür für solche Wechselwirkungen ist vielen Menschen abhandengekommen und wird in unserer selbstbezogenen Gesellschaft auch bisher wenig gefördert.

Umgekehrt wird eine angebrachte Distanz leider dann nicht eingehalten, wenn Ältere – dem Vorurteil vom Defizitmodell folgend – vorschnell als unmündig angesehen werden oder wenn sie schon abhängig und pflegebedürftig geworden sind. Sie werden dann entpersonalisiert, ungefragt geduzt, nicht mit ihrem Namen, sondern wie im Umgang mit Kindern angesprochen: »Na Oma, wie geht es uns denn heute?«

Nur die anderen werden alt – Projektion

Die äußeren Zeichen des Alterns werden im Laufe der Zeit mehr und mehr sichtbar. Die Haut wird schlaff und zeigt Falten, Zähne und Haare fallen aus, die Haltung wird gebeugt, der Gang schleppend etc. Das kann man bei sich selbst lange verleugnen, aber es wird augenfällig, wenn man jemanden lange nicht gesehen hat und zum Beispiel bei Jubiläumstreffen betroffen feststellt: »Mein Gott, der ist aber alt geworden.« Natürlich macht man ihm das Kompliment, wie gut er sich gehalten habe, ist aber der Überzeugung, dass das nur auf einen selbst zutreffe. Man sieht das verdrängte eigene Altern in die anderen hinein. Wir tun so, als ob es für uns nicht zutreffe, wir eine Ausnahme wären, oder wir kokettieren damit. Wir sind blind für unsere eigenen Defizite, sehen aber umso deutlicher die der anderen, wie folgender Witz belegt: Ein Ehepaar sieht ein anderes nach längerer Zeit wieder und bemerkt: »Mein Gott sind die Müllers alt geworden. Vor zwei Jahren waren die doch noch in unserem Alter!« Dass die anderen einen ebenso betroffen als gealtert erleben, bleibt einem verborgen – solange die projektive unbewusste Abwehr noch funktioniert.

Das literarische Vorbild dafür ist *Das Bildnis des Dorian Gray* von Oscar Wilde. Dorian selbst altert nicht, bleibt jugendfrisch und schön. Aber sein Bildnis, das er in der Dachkammer stehen hat, altert an seiner Stelle und zeigt bei jedem alterungsfördernden Verhalten und bei jeder Verfehlung Dorians mehr Runzeln und Falten, bis er den Anblick nicht mehr erträgt und mit der Zerstörung des Bildes auch sich umbringt.

Jede Abwehr hat einen guten Grund, jedenfalls zunächst. Projektion kann sinnvoll und notwendig sein, um verborgene Bedrohungen abzuwenden, wie viele Beispiele zeigen: Es gibt einen Typus von übrigens nicht nur weiblichen Patienten, die betonen, das Alter sei für sie überhaupt kein Problem, obwohl sie ständig über ihre Beschwerden sprechen und auf ihre Falten und sonstigen Verfallssymptome hinweisen. »Ich bin gar nicht älter geworden, ich sehe nur so aus«, ist das Motto. Äußere Ursachen werden dabei gern als Erklärungen herangezogen. Eine Lebensmittelvergiftung, eine fehl verordnete Fastenkur, ein falsches Gebiss seien die wahren Ursachen für die faltige Haut und das eingefallene Gesicht. Manche befinden sich in einer Vorwurfshaltung, beschuldigen andere, sprechen von ärztlichen Kunstfehlern. Vom Arzt erwarten sie, die Schäden zu reparieren, um die vermeintliche Jugendlichkeit wieder herzustellen.

Die Projektion hat für solche Menschen eine »schützende« Funktion und wehrt bedrohliche Ängste ab. Die verborgene Ursache ist meist eine panische Angst vor dem als Verfall und Zerstörung erlebten Altern, die oft auf negativen Vorbildern in der Verwandtschaft beruht. Das wird häufig schon in wenigen Gesprächen transparent, sodass ein realistischer und angstfreier Umgang mit dem eigenen Altern möglich wird.

Was es zu entdecken gibt

Die menschliche Phantasie hat viele Methoden erfunden, um das ärgerliche und bedrohliche Schicksal des Alterns nicht wahrhaben zu wollen. Es kommt darauf an, seine persönlichen Abwehrmuster und die Gründe dafür zu durchschauen und dann bessere Lösungen und den persönlichen Weg zu finden, um das Unabwendbare erträglicher zu machen. Das geschieht in Psychotherapien, aber unser Buch möchte dazu anregen, auch selbst seine blinden Flecken zu durchschauen und Zusammenhänge zu entdecken.

Wiederholungen bestimmen unser Schicksal

Der Wert des Modells von Eros und Thanatos besteht darin, dass wir selbst den Ablauf des Lebens mitbestimmen, und zwar nicht nur im körperlichen, sondern auch im psychischen Bereich. Freud erkannte, dass verdrängte Erlebnisse mit Personen aus der Kindheit sich im Erwachsenenleben unwissend wiederholen.

So kann zum Beispiel eine gestörte Beziehung zum Vater sich immer wieder gegenüber Vaterfiguren (Lehrer, Vorgesetzte) wiederholen und dem Betreffenden beruflich und persönlich sehr schaden, solange er den Zusammenhang nicht durchschaut. Andere Beispiele sind Menschen, die sich immer wieder undankbar behandelt oder von ihren Freunden verraten fühlen (siehe Freud 1920g, S. 231f).

Die Wiederholung solcher negativer Muster kann das Schicksal eines Menschen bestimmen und eine gute Entwicklung zunichtemachen. Das ist immer aktuell, heute noch genauso wie damals. Selbstschädigungstendenzen und unbewusste Aggression als Wiederholung verdrängter Erlebnisse sind in jedem Menschen wirksam. Erst wenn man entdeckt, dass die Personen, unter denen man leidet, gar nicht so sind, sondern dass man ihnen Eigenschaften und Verhaltensweisen von Personen aus der Vergangenheit zuschreibt, hört die Selbstschädigung auf, und die Beziehungen, die man eingeht, können befriedigender verlaufen. Wir haben bei vielen Älteren gesehen, wie sie sich aus inneren Gründen selbst schädigen und dadurch unbewusst zu ihrem vorzeitigen Altern beitragen und wie es ihnen hilft, wenn sie bestimmte Verhaltensmuster als Wiederholung erkennen können.

Die Wiederholung von Verhalten, mit dem man sich schadet, ist kein Selbstzweck, sondern nur ein erster Schritt zur Heilung, sofern man dies erkennt. Sein Sinn ist, vergessene Konflikte und Schädigungen, die in einer Beziehung zu einer anderen Person wieder aufleben, zu erkennen, damit sie geheilt werden können. Während Abwehrreaktionen wie Vermeidungen, Hemmungen und Phobien dafür sorgen möchten, dass nichts wieder auftauchen soll, sind Symptome wie Angst, Schmerzen, Körpersymptome und Depressionen Ansätze zur Heilung. Das Verdrängte hat die Tendenz, sich wieder bemerkbar zu machen, wenn auch oft erst nach langer Zeit.

Im Laufe des Älterwerdens nehmen die Chancen dafür zu, weil Bedürfnisse nach Reflektion, Selbsterkenntnis und Lebensbilanz entstehen. Viele Altersbeschwerden können dann als ungelöste eigene Probleme verstanden werden, die sich bemerkbar machen und zur Lösung anbieten.

In der Lebensgeschichte verborgene Risiken und Chancen

Ältere wenden sich gern der Vergangenheit zu. Die Periode der beruflichen Aktivität und der Versorgung der Familie ist vorbei. Ältere haben mehr Zeit für sich, oft sind sie auch durch körperliche Einschränkungen behindert und können weniger unternehmen. Das fördert eine Haltung von Nachdenken und Kontemplation. Es kommt hinzu, dass das Interesse für Neues und das Neugedächtnis nachlässt, aber das Altgedächtnis, die Erinnerung an das Frühere, frisch bleibt. Ereignisse aus der ganzen Lebensgeschichte tauchen in Träumen und im Wachen leicht wieder auf.

Die Lebensbilanz, die die meisten Älteren ziehen, kann den Sinn haben, dass man wissen möchte, wer man eigentlich ist, woher man kommt, wie man geworden ist und was man aus sich gemacht hat.

Beim Älterwerden haben wir mehr Zeit und Gelegenheit, unsere Beziehungen zu überprüfen und zu korrigieren. Im Guten bedeutet das dankbare Erinnerung an Liebe und Förderung, die man erfahren hat, Zufriedenheit und Stolz auf das, was man erreicht hat. Wer in der Kindheit Urvertrauen und Selbstsicherheit gewonnen hat, im Erwachsenenleben gut zurechtkam und frühere Krisen schon gut meistern konnte, hat gute Chancen, sein Leben auch weiter positiv gestalten und befriedigend abrunden zu können. Für viele bedeutet das, Versäumtes nachzuholen, Vorhandenes zu vervollkommnen und bestimmte Ziele noch zu erreichen. Ebenso kann aber auch die Einsicht reifen, dass man Ziele, die einem früher wichtig erschienen, als nicht mehr angebracht oder nicht mehr erreichbar erkennt und sie aufgeben kann.

Bei anderen tauchen in der Lebensbilanz Erinnerungen an ungünstige Einflüsse aus der Kindheit oder später und an ungelöste Konflikte auf, die – wenn sie undurchschaut bleiben – die Wirklichkeit verzerren und den Altersrückzug beschleunigen. Im Alter entsteht jedoch ein besonderes Bedürfnis, ungelöste Konflikte zu aktivieren und sie endlich zu lösen. Die Auseinandersetzung mit Entgangenem, mit Fehlentscheidungen und mit eigener Schuld wird vordringlich. Man möchte mit sich und anderen ins Reine kommen. Günter Grass' Geständnis, dass er in der Waffen-SS war – »Es musste raus, endlich« – ist ein Beispiel dafür (vgl. auch Kapitel 11, S. 212).

Besonders die traumatischen Prägungen und Erlebnisse drängen ans Licht. Damit verbunden sind die damaligen Beziehungsmuster, Konflikte und Affekte. Mit heftigen Affekten – bei den Betroffenen wie bei den Personen ihrer Umgebung – verbundene Störungen des Verhaltens, oft als Altersschrullen oder als Demenz abgetan, gewinnen nicht selten ihre Brisanz daraus, dass sie an eine ebenso brisante unbewältigte Situation aus der Kindheit erinnern.

Bei den heute 70- bis 80-Jährigen, die von Kriegseinwirkungen betroffen waren, finden sich häufig Verhaltens- und Beziehungsmuster wie das folgende: Eine Frau Mitte 70 wird trotzig und widerspenstig und bildet die Eigenart aus, jeden Vorschlag ihres Partners mit einem wie automatisch erfolgenden harten »Nein« zurückzuweisen und darüber auch nicht mit sich verhandeln zu lassen. Früher sehr befriedigende gemeinsame Aktivitäten sind dadurch nicht mehr möglich, Freundschaften und soziale Kontakte gehen verloren und das Paar isoliert sich.

Der aktuelle Rückzug auf trotzige Selbstbehauptung kann zum Beispiel durch Enttäuschungen durch den Partner oder die Kinder oder auch durch körperliche Krankheiten ausgelöst werden, sodass bestimmte, immer sehr gewissenhaft ausgeführte Aufgaben im Haushalt nicht mehr wie gewohnt ohne Hilfe möglich sind.

Die Rekonstruktion der Kindheitssituation ergibt dann oft typische Situationen der Kriegszeit: Die männlichen Mitglieder der Familie, Vater und Großvater, waren im Krieg, die Mutter war umgekommen oder lebte weit weg. Die Frauen fühlten sich als Kinder alleingelassen und ganz auf sich selbst angewiesen, mussten sich um die Nahrungsbeschaffung kümmern und für den Haushalt sorgen. Vor Zudringlichkeiten und Bedrohungen von Besatzungssoldaten mussten sie sich selbst schützen. Wenn die Erziehung zum Beispiel durch eine strenge, wenig liebevolle und überforderte Großmutter erfolgte, gegen die das Kind vergeblich rebellierte, kann dieses Muster im Alter wieder auftauchen, und die Lösung möchte nun nachgeholt werden.

So hat die Patientin als Mitte 70-Jährige in der jetzt wieder bedrohlich gewordenen Lebenssituation auf die damals rettende trotzige Selbstbehauptung zurückgegriffen. Wenn der Zusammenhang mit dem aktuellen Verhalten verständlich wird, bessert sich meist auch das Verhalten, sodass Kontakte eher wieder aufgenommen werden, verbunden mit besserem Befinden und Vitalisierung.

Der Einfluss der Lebensgeschichte auf den Verlauf des Älterwerdens ist so groß, dass er sich nicht nur bei Partnerkonflikten und der Reaktualisierung von Traumen, sondern auch bei körperlichen Beschwerden, Umgang mit Medikamenten und Diät, Erbstreitigkeiten – als Fortsetzung von Geschwisterkonflikten – und auch beim Umgang mit Vergänglichkeit und Tod auswirken kann. Wir werden deshalb in allen Kapiteln anhand von Beispielen darauf eingehen. Mit der Entdeckung verborgener Zusammenhänge verbessern sich die Chancen für gutes Altern oft wesentlich.

Die anderen in uns – Bindungen beeinflussen den Alternsprozess

Unsere Lebensgeschichte wird ganz entscheidend von Bindungen (Objektbeziehungen in der Fachsprache der Psychoanalyse) bestimmt. Mutter, Vater und Geschwister sind die prägenden Personen der Kindheit, und wir gehen das ganze Leben hindurch neue Bindungen ein. Aber nicht jede ist wirklich neu.

Die frühen Bindungen behalten auf verborgene Weise das ganze Leben hindurch ihre Macht. Sie können in bestimmten Situationen wieder aktiv werden und negativen oder positiven Einfluss auf unser Verhalten und unser Älterwerden gewinnen. Bei den von Freud gegebenen Beispielen ging es meist um ein in die Gegenwart hineingesehenes negatives Vaterbild, das sich schädigend auswirkte und die Chancen für eine gute Entwicklung blockierte. Das ist aber nur ein kleiner Ausschnitt aus den vielen gegebenen Möglichkeiten. Bekannt ist, dass die Partnerwahl oft unbewusst nach dem Vorbild des jeweiligen Elternteils – der Mutter beim Sohn, des Vaters bei der Tochter – erfolgt. Jede Beziehung kann die Neuauflage einer früheren sein und eine tragende emotionale Basis bilden oder auch zu Verkennungen und Missverständnissen führen.

Der Verlust von Bindungen wird beim Älterwerden zunehmend häufiger. Der Kreis von Familienangehörigen, Freunden und Kollegen wird allmählich kleiner. Für Ältere wird es schwerer, Ersatz zu finden, und die Ressourcen, um ohne das Verlorene auskommen zu können, werden geringer. Verluste von Personen sind deshalb besonders belastend und werden mit einer Skala von Abwehr- und Bewältigungsversuchen beantwortet. Es ist nicht selten, dass nach einem Todesfall der überlebende Partner kurz danach ebenfalls stirbt oder deutlich altert, sodass man sagt, er ist ein wenig mitgestorben. Schon die frühe Psychoanalyse (Freud, Abraham) erkannte, dass wir bei jeder Bindung den anderen wie einen Teil von uns selbst in uns aufnehmen und ihn nach seinem

Verlust auf komplizierte Weise erst wieder aus uns herausbringen müssen. Kann oder will man das nicht, weil man ohne den Partner keine Perspektive mehr sieht, ist Dahinwelken oder Sterben die Folge.

Andere Bindungen von enormer Bedeutung sind die an Beruf und soziale Rollen. Deren Wert für Identität und Stabilisierung der Persönlichkeit wird offenbar unterschätzt, denn sonst würden nicht Frührente und das möglichst frühe Zur-Ruhe-Setzen häufig so gepriesen. In Wirklichkeit kommen viele nach Aufgabe ihres Berufes und ihrer sozialen Rollen zuerst einmal in Krisen (vgl. Kapitel 5, S. 121ff). Manche werden depressiv, andere flüchten in psychosomatische Krankheiten, einige sterben sogar nach kurzer Zeit. Wäre man darauf vorbereitet, wären solche Krisen vermeidbar oder besser zu bewältigen.

Weitere verborgene Bindungen mit gewaltigen Auswirkungen sind die des unbewussten kollektiven Erlebens, der Beziehungen zwischen den Generationen, den Verwandten und Wahlverwandten, dem Netzwerk der vielen Gruppen, in die jeder eingebunden ist. Das ist unserer aufgeklärten Denkweise fremd und wird deshalb nicht gern zur Kenntnis genommen. In einer Zeit, in der die Selbstverwirklichung des Individuums Priorität hat, ist es schwer akzeptabel, dass Familie, Vorfahren und andere Personen in uns wirksam sein sollen. Wir gestehen den Afrikanern zu, sich ihren Ahnen sehr verbunden zu fühlen, sie in ihr Leben einzubeziehen und Entscheidungen von ihnen abhängig zu machen, fühlen uns in Europa aber darüber erhaben. Tatsächlich sind die emotional bedeutungsvollen Personen unseres Lebens unbewusst in uns oft ebenso wirksam. Sie bestimmen unsere Vorstellungen vom Altern, geben positive oder negative Vorbilder ab und hinterlassen uns Tradierungen und Daten, die unser Schicksal bestimmen können.

So ist der Ausbruch von Krankheiten nicht selten an Daten aus dem Leben der Vorfahren gebunden. Nur wenige bemerken das. Zwar betreiben viele Ahnenforschung und stellen zum Beispiel fest, dass die meisten ihrer männlichen Vorfahren mit 60 oder wenig später gestorben sind. Wenn sie dann aber selbst mit Beginn ihres 60. Lebensjahres in rätselhafter Weise an »endogener Depression« erkranken, so sieht spontan kaum jemand den auf der Hand liegenden Zusammenhang.

- Der Dichter Theodor Fontane erkrankte, als er in das Alter eintrat, in dem sein Vater gestorben war, an einer schweren Depression und glaubte, Zeichen sicheren Todes bei sich festzustellen (vgl. Kapitel 10, S. 195).
- Ein junger Mann, der eine sehr erfolgreiche Karriere machte, fiel ohne erkennbaren Anlass über Nacht in eine schwere Depression, die ihn arbeitsunfähig machte. Erst als er nach Monaten erkannte, dass sein Leiden genau in dem Alter und sogar am gleichen Datum begonnen hatte, in dem sein Vater im Krieg gefallen war, löste sich die Depression, und er konnte seinen Beruf wieder aufnehmen.
- Ein Mann starb am gleichen Tag an Herzinfarkt, an dem auch sein Vater 20 Jahre zuvor verstorben war.
- Verwitwete Personen sterben nicht selten ebenfalls, wenn sie das Lebensalter erreicht haben, in dem ihr/e Partner/in verstorben ist. Von manchen wird nach dem Tod des Partners oder der Partnerin durchaus zunächst noch ein befriedigendes Leben geführt. Eine Witwe kann zum Beispiel mit einer Freundin Reisen unternehmen und Geselligkeit pflegen. Auslöser für Altern und Sterben ist dann unter Umständen ein neuer Verlust, zum Beispiel, dass die Freundin einen neuen Mann findet, während bei der Witwe die innere Bindung an den verstorbenen Mann überwiegt. Es kann aber auch einfach nur die Tatsache sein, dass man das Todesalter des Partners oder der Partnerin erreicht hat. Der Zusammenhang bleibt meist verborgen, obwohl häufig keine überzeugende körperliche Todesursache zu finden ist.
- Kollektive Traumen von Holocaust- und Kriegsopfern werden oft unbewusst in die nachfolgende Generationen tradiert. Noch die Enkel setzen sich auf verborgene Weise mit den schrecklichen Ereignissen auseinander, auch wenn sie bewusst nichts oder kaum etwas davon wissen.

Das Schicksal und der Verlust unserer Bindungen können somit entscheidenden Einfluss auf den Verlauf unseres Älterwerdens und sogar auf unsere Lebenserwartung nehmen. Das rechtzeitige Erkennen der Bindungen und ihrer Bruchstellen im Beziehungsnetz unseres Lebens und der darin verborgenen Gefahren ist deshalb eine wichtige Voraussetzung für gutes Altern.

Chancen erkennen

Der Prozess des Älterwerdens wird vom Fluss der Zeit bewirkt, die unentrinnbar abläuft:

> Nur die Götter sind vom Alter ausgenommen
> und allzeit vom Tod
> das andre alles tilgt die allgewaltige Zeit
> der Erde Kraft, die Kraft des Leibs vergeht.
> (Sophokles [1996], Vers 607)

Im Mittelalter war die Sanduhr das Symbol für die verrinnende Zeit, in moderner Zeit ist es die Uhr, die tickt, der Countdown, der läuft.

Das Bild vom Fluss veranschaulicht, wie sich das Verrinnen der Zeit auf das Älterwerden auswirkt. Erkennbare Zuflüsse – körperlicher Abbau, Krankheiten, Ereignisse – bedingen zusammen mit den verborgenen Quellen der inneren Gründe, mit denen wir uns selbst schädigen, das Gefälle des Älterwerdens. Der Fluss des Lebens, der in der Jugend so kräftig strömt, lässt in den reiferen Jahren allmählich nach, versickert, versandet oder stagniert an Riffen, stürzt abrupt in Kaskaden ab, fließt danach nur noch auf niedrigerem Niveau weiter und versiegt schließlich.

Die nur dem Menschen zur Verfügung stehenden Chancen, dem Altern entgegenzuwirken, ergeben sich aus seiner geistigen Überlegenheit und Reifung. Nur er kann durch Phantasie, Abwehrmethoden, Anpassung und Kreativität Antworten darauf finden und den Ablauf des Älterwerdens günstiger gestalten. Er kann den wilden Fluss zähmen, Dämme bauen, eine ruhigere Strömung bewirken, Stauseen und idyllische Buchten nutzen. Die Entdeckung von Chancen ist ein lustvolles Spiel.

Verlauf und Tempo des Alterungsflusses werden nicht allein durch einzelne Quellen bewirkt. Damit ein Symptom entsteht, muss es – nach den Erkenntnissen der Psychoanalyse – mehrfach determiniert sein, das heißt mehrere Zuflüsse aus verschiedenen Schichten und Quellen haben. Körperliche, psychische und soziale Zuflüsse vernetzen sich und beeinflussen sich gegenseitig. Das Älterwerden kommt uns deshalb wie ein verwickelter und schwieriger Prozess vor.

Durchschauen wir die verborgenen Zusammenhänge besser, merken wir bald, dass und wie wir uns unnötig schwertun. Die Mühe, über die Erscheinungsformen unseres Älterwerdens etwas nachzudenken, lohnt sich sehr. Ein Gespür für die Rolle der inneren Gründe zu entwickeln, sie überhaupt in Betracht zu ziehen, ist befreiend, bedeutet es doch, dass das Älterwerden nicht nur von negativen Faktoren gesteuert wird, denen wir blind und hilflos ausgeliefert sind. Die Gegenkräfte der Lebenstriebe liegen ebenso in uns bereit, wir können Durchblick gewinnen, uns verändern und selbst auf unser Schicksal Einfluss nehmen. In den reiferen Jahren sind die Chancen besonders günstig, das Spiel der Kräfte zu entdecken und Schaden von uns abzuwenden. Der Herbst des Lebens ist eine sehr gute Zeit, um die Ernte an Erkenntnissen und Erfahrungen einzubringen.

2
Wieso denn Altern? Phantasien und Fakten

Die demographischen Fakten führen zu einer Spaltung der Meinungen. Die einen reagieren mit Angst auf das Altern unserer Gesellschaft, sehen es als Bedrohung und Katastrophe an, sprechen von »Tsunami« und »age quake« (Schirrmacher 2004). Sicher ist, dass die enormen Verschiebungen im Altersaufbau politische und wirtschaftliche Probleme bisher nicht gekannten Ausmaßes aufwerfen. Das wird die Gesellschaft als Ganzes zunehmend verändern und jeden mit einbeziehen. Umso notwendiger ist es, sich mit den Auswirkungen des Älterwerdens bei sich selbst und in der Gesellschaft zu befassen.

Die meisten sind jedoch damit zufrieden, dass wir wesentlich älter werden als unsere Vorfahren und uns zusätzliche Jahre geschenkt werden, verbunden mit der Aussicht, die gewonnene Lebenszeit in bisher nie gekanntem Ausmaß an guter Gesundheit und Lebensqualität verbringen zu können. Medizin, Technik und soziale Versorgung – heute auf früher undenkbar hohem Niveau – werden selbstverständlich dafür in Anspruch genommen. Die inneren Möglichkeiten, die Alterungsvorgänge günstiger zu gestalten, werden aber noch nicht optimal genutzt. Wichtige Kenntnisse, die hilfreich wären, sind bisher nur Fachwissen. Viele Symptome des Alterns überraschen uns deshalb und kommen uns rätselhaft vor.

Älterwerden – eine Menschheitsfrage

Der Homo sapiens altert wie jedes andere Lebewesen auch. Wieso das so ist und was da mit uns geschieht, hat die Menschen seit jeher beschäftigt. Wir möchten in diesem Kapitel nachzeichnen, welche Gedanken man sich über die Geheimnisse des Älterwerdens seit Urzeiten gemacht, welche Erklärungen man gefunden hat und wie man stufenweise von den Phantasien zu den Fakten, von der Mythologie zur Aufklärung und von der Empirie zur Wissenschaft gekommen ist. Besonders aufschlussreich ist, wie viel an längst widerlegten Phantasien, Mythologien und Irrtümern noch in uns steckt und unnötigerweise hemmt und stört. Der Überblick über das angesammelte Wissen soll dabei helfen, den persönlich richtigen Weg herauszufinden.

Leben als Kreislauf der Natur

Die Erkenntnis, dass die Zeit, die unerbittlich den Ablauf des Lebens bestimmt, vom Lauf der Gestirne vorgegeben ist, führte zu entsprechenden Metaphern. Das Bild vom Morgen, Mittag und Abend des Lebens setzt den Lebenslauf mit dem Lauf der Sonne gleich, sieht das Leben eines Menschen als Ablauf eines Tages an. Bei der Metapher von den Jahreszeiten als Frühling, Sommer, Herbst (auch »zweiter Frühling«) und Winter wird das Leben als Ablauf eines Jahres aufgefasst. Ein weiteres Gleichnis ist das Leben als Fluss, der von der Quelle bis zur Mündung unaufhaltsam hinabfließt.

Die der Natur entnommenen Metaphern begreifen das Leben als natürlichen zeitlichen Ablauf mit Beginn, Höhepunkt und Ende, Auf- und Untergang, Orient, Zenit und Okzident, Frühling bis Winter oder Quelle, Strom und Mündung. Es sind Darstellungen vom biologischen Kreislauf des Lebens, dem wir wie alles Lebende unterworfen sind. Sie geben Anlass, über Anfang und Ende nachzudenken, und illustrieren, dass wir geboren werden, leben, altern und sterben. Sie mahnen uns, Verleugnung und Abwehr zu durchschauen und uns zu besinnen, wie wir mit dem biologischen Ablauf zurechtkommen wollen.

Menschliches Leben – Wanderung und Erfahrung

Im Laufe der Zeit sind weitere Bilder entstanden. Das Alter wird als Teil eines Lebenslaufs, einer Wanderung mit Sammeln von Erfahrung (Lehr- und Wanderjahre) begriffen, als Lern- und Reifungsvorgang, wie er in Abenteuer- und Entwicklungsromanen dargestellt wird. Meist geht man von einem Ursprungsort, einer Heimat aus, zu der man am Ende des Lebens schließlich zurückkehrt.

Diese Metaphern für das Leben illustrieren die nur dem Menschen möglichen Fähigkeiten, selbst Einfluss auf den Lebensweg zu nehmen, die Richtung und das Tempo zu bestimmen. Damit sind wir nicht mehr passiv der Natur ausgeliefert, sondern können selbst durch unsere Entscheidungen die Chancen für gutes Älterwerden versäumen oder verbessern.

Überliefertes aus Mythologie und Literatur

In die seit ca. 6.000 Jahren entstandene abendländische Literatur sind die seit Urzeiten in Mythen und Märchen mündlich tradierten Erfahrungen eingegangen und schriftlich festgehalten worden. In der *Bibel* (Methusalem), bei Homer (Nestor, Teiresias) und in den Sagen und Dramen der Antike werden auf vielfältige Weise die Erscheinungsformen des Alterns und die menschlichen Phantasien darüber dargestellt.

Vor über 2.500 Jahren teilte Solon (ca. 640-560 v. Chr.), einer der Sieben Weisen von Athen, in seiner Elegie die Lebensalter in zehn Stufen zu je sieben Jahren ein. Die neunte Phase beginnt mit 56 Jahren, in der man

> zu weich und schwach ist aber
> für große Leistung, Redekraft und Geschick.
> Doch wenn das zehnte man beschließt
> und gut am Zielpunkt ankommt,
> dann ist es wohl kaum vor der Zeit,
> wenn man den Tod empfängt.

Das Leben endet für Solon mit 70 Jahren, und es verläuft im Einklang mit der Natur. Das beginnt sich bei Sophokles (496-406 v. Chr.) zu ändern. Ödipus, die Hauptfigur im gleichnamigen Drama von Sophokles, löst das Rätsel der Sphinx, welches Wesen sich erst auf vier, dann auf zwei und schließlich auf drei Beinen fortbewegt (mit der Antwort, dass es natürlich der zuletzt gebrechlich gewordene Mensch ist). Sophokles lässt es aber nicht bei der Beschreibung des Alterns bewenden, sondern fragt nach den Gründen. Seine Antwort ist, das Schicksal der Menschen – Leben, Altern und Tod – werde allein von Fluch oder Gnade der Götter bestimmt. Zwar stellte er diese noch nicht in Frage, fing aber an, gegen sie aufzubegehren und ihre Willkür und Ungerechtigkeit anzuklagen.

In der Literatur der Neuzeit werden die Phasen des Älterwerdens auf differenziertere Weise beschrieben. Vor 400 Jahren nennt Shakespeare (1564-1616) sieben Lebensalter. Das Altern fängt mit der sechsten Stufe an, für die Pantalon, ein alt und trottelig gewordener Mann, typisch ist. Die siebte Stufe ist das Greisenalter, die »zweite Kindheit«:

> Das sechste Alter macht den besockten, hagern Pantalon,
> Brill auf der Nase, Beutel an der Seite,
> die jugendliche Hose, wohl geschont,
> 'ne Welt zu weit für die verschrumpften Lenden,
> die tiefe Männerstimme umgewandelt zum kindischen Diskante
> pfeift und quäkt in seinem Ton.
> Der letzte Akt, mit dem die seltsam wechselnde Geschichte schließt,
> ist zweite Kindheit, gänzliches Vergessen,
> ohn' Augen, ohne Zahn, Geschmack, ohn' alles.
> (Shakespeare, *Wie es euch gefällt*, II. Akt, 7. Szene)

In Shakespeares Dramen liegt der Akzent nicht mehr auf dem Wirken der Götter, denen der Mensch ohnmächtig ausgeliefert ist, sondern auf den psychologischen Hintergründen, mit denen wir selbst unser Schicksal mitbestimmen. Die zeitlos gültigen Probleme des Älterwerdens sind durch alterstypische Personen und in hinreißenden Szenarien dargestellt. Bei *König Lear* geht es vordergründig um Erbteilung und die Abgabe von Macht, untergründig aber um die Tragik unrealistischer Liebeswünsche (vgl. Kapitel 10, S. 191). In seinem letzten Werk *Der Sturm* hat Shakespeare seine eigene Lebensbilanz gezogen und mit der

Figur des Prospero die bis heute unveränderten Probleme des Rückzugs und des Alters und die Dialektik zwischen dem bewussten Verhalten und den verborgenen Motiven dargestellt (vgl. Kapitel 5, S. 126f).

Die genannten Werke der Weltliteratur gehören auch heute noch zu den meistgelesenen Büchern und den meist aufgeführten Theaterstücken. Sie berühren uns emotional tief und sind eine Quelle von Beunruhigungen, aber auch von Erkenntnissen, Befriedigungen und Trost. Sie zeigen uns, dass die mit dem Älterwerden verbundenen untergründigen Probleme und Spannungen nicht durch Aufklärung und Wissen gegenstandslos geworden und durch die Zeit überholt sind, sondern dass vieles davon in uns wie seit Urzeiten noch lebendig geblieben ist.

Unsterblichkeit – der unerfüllbare Menschheitstraum

Schon in mythologischen Vorzeiten haben die Menschen sich mit dem ärgerlichen Faktum, dass sie altern und sterblich sind, nicht abfinden wollen. Die menschliche Phantasie hat die vorläufige Lösung gefunden, das, was Menschen offensichtlich nicht erreichbar ist, erst Tieren, dann Totemtieren, Götzen und schließlich Göttern in Menschengestalt zuzuschreiben. Es sind die Wünsche nach Allmacht, Allwissenheit, Voraussicht der Zukunft, Unverwundbarkeit, Unverwelkbarkeit, Unvergänglichkeit und Unsterblichkeit. Die Unvereinbarkeit unseres biologischen Schicksals der Vergänglichkeit mit unseren Wunschphantasien nach Unsterblichkeit wird deutlich erkannt und, da für uns unlösbar, in die Götterwelt versetzt: Für Tithonos, einen Sterblichen, war klar, dass er nur deshalb alterte, weil seine Frau Eos, die Göttin der Morgenröte, vergessen hatte, Zeus auch um seine ewige Jugend zu bitten. Das andere Privileg der Götter, die Unsterblichkeit, hatte sie von Zeus erbeten und für ihren Mann erhalten, als sie sich verliebt hatte. So lebte das ungleiche Paar Äonen lang miteinander, aber er alterte und verfiel. Sie konnte sich mit ihm im Kreis der ewig jugendlichen Götter nicht mehr blicken lassen, konnte auch selbst mit ihm nichts mehr anfangen und schloss ihn schließlich hinter bronzenen Türen weg. Aus Mitleid verwandelte sie ihn in eine Zikade, damit er wenigstens ab und zu seine Haut abwerfen konnte.

Die Altersblindheit des Teiresias wird im Mythos darauf zurückgeführt, dass er Athene nackt im Bad gesehen habe und von ihr dafür mit Blindheit bestraft worden sei. Sein hohes Alter wurde damit erklärt, dass ihm als Entschädigung ein siebenfach langes Leben und die Gabe des Sehers zugestanden worden sei.

Das sind Beispiele, wie man sich damals die biologischen Defizite wie Verwelkbarkeit und Blindheit auf phantastische Weise zu erklären und sich auch darüber zu trösten suchte. Der Jungbrunnen wurde darin gesehen, sich an die Götter wenden und irgendwie an ihrer Unsterblichkeit und Allmacht teilhaben zu können. Durch entsprechende Verdienste konnte man sich das Recht erwerben, selbst zu einem Gott erhoben zu werden. So erlangt zum Beispiel Ödipus durch seinen Tod göttliche wundertätige Kräfte und Unsterblichkeit.

Auch beim modernen Menschen sind im Gegensatz zu unserem aufgeklärten bewussten Denken solche Wünsche unbewusst noch wirksam. Wie in Kapitel 1 erwähnt, bleiben die kindlichen Phantasien von Unsterblichkeit, Unverwelkbarkeit und Unverletzlichkeit trotz allen späteren Wissenserwerbs lange erhalten. Viele Menschen glauben daran, dass ihnen das, was anderen geschieht, nicht passieren kann, das heißt, sie gottähnliche Eigenschaften haben. Gern auch suggerieren wir uns, durch abergläubische Praktiken wie zum Beispiel Horoskope an überirdischen Mächten teilhaben und unser Schicksal voraussehen und lenken zu können.

Schon in der Bibel heißt es: Wir werden 120

In den Glaubenssystemen der monotheistischen Weltreligionen ist die Verheißung enthalten, dass es nach dem leiblichen Tod zur Auferstehung und linearen Fortsetzung des irdischen als jenseitiges ewiges Leben oder zu einer Folge von Wiedergeburten in zyklischem Rhythmus kommt. In Zeiten der Aufklärung zweifeln viele an diesen Glaubensinhalten. Die Wünsche bleiben aber bestehen und verschieben sich auf die Vorstellung, wenn schon nicht alterslos und unsterblich zu sein, dann wenigstens möglichst lange zu leben, so alt zu werden wie Methusalem. Das Bestreben, im Jenseits Glück und Erlösung zu finden, wird dann durch den Wunsch ersetzt, sich den Genuss im diesseitigen Leben lange erhalten zu können.

Ein hohes Lebensalter zu erreichen, ist ein ewiger Menschheitstraum. Phantasien und Wunschdenken gehen dabei weit über das, was erreichbar ist, hinaus. So wird Methusalem, dem sprichwörtlich Uralten, eine unrealistisch lange Lebensdauer zugeschrieben. Er wird in der *Bibel* im Buch *Genesis* 5 erwähnt. Dort werden die Lebensalter Adams (930 Jahre) und der ihm folgenden acht Erstgeborenen (von 365 bis 962 Jahren) aufgezählt. Den Rekord hält Methusalem, hebräisch der Speerwerfer, mit 969 Jahren.

Aus heutiger Sicht sind diese Altersangaben aus dem *Alten Testament* nicht nachzuvollziehen. Eine Erklärung wäre, dass man damals noch nach einem Mondkalender statt nach Sonnenjahren rechnete. Auf Jahre umgerechnet wäre Methusalem dann 78 Jahre geworden, was für die damalige Zeit wirklich ein sehr hohes Alter bedeutete. Gegen die Zählung in Mondzyklen sprechen jedoch unter anderem die Angaben für das Zeugungsalter der Patriarchen Henoch und Mahalalel. Sie wurden nach der *Genesis* beide im Alter von 65 Jahren Vater; wären das Monate, so müssten sie im Alter von 5,4 Jahren zeugungsfähig gewesen sein. Andererseits zeugte Noah im Alter von 500, das heißt mit 41 Jahren, noch drei Kinder, was wiederum die Monatshypothese bestätigt.

Von Religionswissenschaftlern wird überwiegend angenommen, dass Zahlen in der Zeit der Entstehung des *Alten Testaments* symbolisch zu verstehen sind. Als Metapher unvorstellbar hohen Alters wird der Begriff Methusalem somit bestehen bleiben.

Interessanterweise wird bereits in der *Bibel* der Widerspruch zwischen den Wunschphantasien des Menschen und seiner biologisch begrenzten Lebenszeit beschrieben. Gott habe die Menschen ursprünglich vollkommen und für ein ewiges Leben erschaffen, sich aber zu einer Korrektur genötigt gesehen:

> Als sich die Menschen über die Erde hin zu vermehren begannen und ihnen Töchter geboren wurden, sahen die Gottessöhne, wie schön die Menschentöchter waren, und sie nahmen sich von ihnen Frauen, wie es ihnen gefiel. Da sprach der Herr: Mein Geist soll nicht für immer im Menschen bleiben, weil er auch Fleisch ist; daher soll seine Lebenszeit 120 Jahre betragen. (*Genesis* 6)

Unsere Gottähnlichkeit wird durch unsere fleischliche Natur begrenzt. Das ist deshalb bemerkenswert, weil die moderne Forschung tatsächlich 120 Jahre für das dem Menschen vorgegebene Alter hält und es inzwischen möglich geworden ist, ein solches Alter wirklich zu erleben.

Millionäre an Lebenszeit – Wunsch und Wirklichkeit

Zwischen Methusalem mit dem absoluten, aber fraglichen Rekord von 969 Jahren und den in der Neuzeit nachgewiesenen Ältesten gibt es zahlreiche Berichte von Menschen, die 130, 150, 200, ja sogar 250 Jahre alt geworden sein sollen. Diese Angaben ließen sich indes nicht bestätigen, beruhen also eher auf Wunschphantasien, Zeitungsenten oder Erinnerungstäuschungen. Die *New York Times* meldete 1933, ein chinesischer Professor sei mit 256 Jahren gestorben. Er habe gerade seine 24. Ehefrau geheiratet. Seine Regierung habe ihm zum 150. und 200. Geburtstag offiziell gratuliert. Einem Kolumbianer, der 159 Jahre alt geworden sein soll (Javier Pereira, 1799-1958), widmete die Regierung eine Briefmarke. Das Alter war von einem Zahnarzt aus der Inspektion seines Gebisses geschätzt worden.

Erst in der Neuzeit, in der Geburts- und Sterberegister geführt werden, ist eine exakte Altersbestimmung möglich. »Ältester Mensch« ist sogar zu einer Kategorie in *Guinness Buch der Rekorde* geworden, doch auch da kam es zu Irrtümern. So stellte sich heraus, dass der Japaner Shigechiyo Izumi nicht 121, sondern »nur« 106 Jahre alt wurde, weil wahrscheinlich das Geburtsdatum mit dem seines gleichnamigen, früh verstorbenen Bruders verwechselt worden war. Die Grenze der Glaubwürdigkeit dürfte derzeit etwa 120 Jahre betragen.

Nachgewiesen ist, dass die Französin Jeanne Calmet den Rekord des bisher ältesten Menschen der Welt hält. Sie wurde am 21. Februar 1875 in Arles geboren und verstarb am 4. August 1997 im Alter von 122 Jahren, 5 Monaten und 14 Tagen.

Der Rekord bei Männern liegt weltweit bei bisher »nur« 115 Jahren. Über-100-Jährige gibt es zunehmend häufiger. Auch 110-Jährige (Supercentenarians) sind inzwischen nicht mehr selten. Der letzte deutsche Soldat des Ersten Weltkriegs – der noch bei einer Parade an Wilhelm II. vorbeimarschiert war – starb mit 107 Jahren. Der letzte britische Veteran starb 2009 mit 113.

Ein Zeichen der bei allem Interesse doch überwiegenden Abwehr und Verdrängung des Themas ist, dass Rekorde von Langlebigkeit kaum beachtet werden. Dabei ist es doch bemerkenswert, dass die 115-Jährigen in Stunden gemessen Millionäre an Lebenszeit sind.

Die Suche nach dem Jungbrunnen

Im Laufe seiner Entwicklung suchte der Homo sapiens nach Mitteln und Möglichkeiten, wie man den Altersverfall aufhalten und das Leben möglichst lange erhalten könnte. Zuerst gab es darüber nur Phantasien, die zu Mythologien wurden, dann sammelte man Erfahrungen und machte Beobachtungen, schließlich folgte gesichertes Wissen.

Die Suche nach dem Jungbrunnen ist so alt wie die Menschheit. Schon im *Gilgamesch-Epos* wird eine Insel der Jugend vermutet. Es lag auch nahe, die Wunschphantasien in Gruppen von Menschen zu projizieren, die nahe den Göttern in hoch- und abgelegenen Gebirgstälern leben. Ein Beispiel ist Shangri-La in Tibet, nach einem Roman von James Hilton aus den 1920er Jahren; in der Realität wurde dieses Gebiet indes nicht gefunden.

Die Stufe von Erkenntnissen, die auf Beobachtungen beruhen, ist in dem Buch *Makrobiotik oder die Kunst das Leben zu verlängern*, das Christoph Wilhelm Hufeland (1762-1836) aufgrund seiner Erfahrungen als Arzt 1796 geschrieben hat, repräsentiert. Er erkannte, dass der Mensch ein viel höheres Lebensalter erreichen kann, als es damals die

Regel war. Jeder Mensch verfüge über ein vorgegebenes Maß an Lebenskraft, die nach höchstens 200 Jahren aufgebraucht sei. Die Gesundheit sei ein Kapital, das sich bei Vergeudung vorzeitig aufbrauche, sich bei kluger und maßvoller Verwaltung aber erhalte und vermehre. Jungbleiben war also nicht mehr etwas, was nur von außen, von den Göttern oder einem Jungbrunnen kam, sondern ein Gut, zu dessen Erhaltung man selbst etwas beitragen konnte. Das ist ein großer Schritt hin zu den modernen Erkenntnissen. Hufelands Hinweise für den Weg zum guten Altern beruhen auf einer ganzheitlichen Auffassung vom Menschen mit körperlichen wie psychischen, äußeren wie inneren Faktoren und sind im Prinzip auch heute noch gültig.

Was die Jubilare erzählen

Um ein Bild zu vermitteln, wie heutige Langlebige sich fühlen und in welcher Welt sie leben, haben wir über 50 in Tageszeitungen und Fachzeitschriften erschienene Artikel über Ehrungen von 70-jährigen und älteren Jubilaren ausgewertet. Der Aussagewert einer solchen Recherche ist natürlich begrenzt und die Methode nicht wissenschaftlich exakt. Es wird aber eine Fülle von Erfahrungen aus langen Lebensläufen mitgeteilt. Vieles scheint im ersten Moment bekannt und selbstverständlich zu sein, es lohnt sich aber dennoch zuzuhören, denn die Erfahrungen dieser Menschen helfen, Vorurteile und Klischees zu korrigieren. Wenn auch innere Gründe und verborgene Faktoren nur zu erahnen sind, so wird doch deutlich, dass die meisten Jubilare wenig Neigung zur Selbstschädigung zeigen, sondern ihre Chancen weitgehend genutzt haben.

Viele berichten, ein Leben voller Arbeit, Pflichten und Entbehrungen hinter sich zu haben, gemäß dem Text aus der *Bibel*: »Das menschliche Leben währet 70 und wenn es hochkommt 80 Jahre, und wenn es köstlich war, so ist es Mühe und Arbeit gewesen.«

Ein häufiges Motto ist, man dürfe seine Fähigkeiten nicht einrosten lassen. Meist wird die gewohnte Tätigkeit fortgesetzt, etwa als Berater oder Urlaubsvertretung. Andere fangen etwas gänzlich Neues an, erfüllen sich aufgeschobene Wünsche oder suchen endlich ihre wahre

Identität. Einer holte im Ruhestand sein Funkerpatent nach und fuhr auf Frachtschiffen durch die Welt. Ein über 100-jähriger Praktiker, der eigentlich hatte Forscher werden wollen, wertete seine Daten aus und arbeitete an wissenschaftlichen Projekten.

Viele Jubilare sind ihr Leben lang körperlich aktiv gewesen, haben sich gern bewegt und sich damit eine gute Kondition erworben, von der sie im Alter zehren. Sie setzen das fort, gehen täglich spazieren, wandern etc. Der Schriftsteller Ernst Jünger, der 101 Jahre wurde, nahm jeden Morgen ein kaltes Bad und ging dann ein bis zwei Stunden im Wald spazieren. *Der Waldgänger* ist der Titel eines seiner Bücher. Von ihm stammt das Bonmot, er wolle sich als Haustier eine Schildkröte – die bis zu 180 Jahre alt werden können und in Ostasien als Symbol für Langlebigkeit gelten – zulegen, mit der er in Ruhe alt werden könne, während man Katzen und Hunde zu häufig zu betrauern habe.

Ebenso häufig wie körperliche Aktivitäten werden geistige Interessen wie Zeitungslesen, Schachspielen oder ein Bedürfnis nach lebenslangem Lernen genannt. Manche spielen wieder Klavier, beginnen ein Studium oder besuchen Sprach- oder Computerkurse und erschließen sich damit eine neue Welt. Man müsse sich immer etwas vornehmen, eine Aufgabe haben, die einen fordere. Mehr Bildung sei die Quelle für Langlebigkeit, sagt eine Frau, die 115 wurde.

Eine grundsätzlich lebensbejahende, heiter-gelassene Haltung ist offensichtlich hilfreich. Manche sehen es als entscheidend an, trotz aller Einschränkungen nicht aufzugeben und das Leben positiv zu sehen. Heitere Resignation ist das Stichwort hierfür. Er habe bei allem Schweren immer Gelassenheit bewahrt, und er sei für alles, was ihm bleibe, dankbar, sagt ein 95-Jähriger. Humor und die Fähigkeit über sich selbst lachen zu können, helfen sehr, die Bürden des Alters zu tragen: »Gut sehen kann ich schlecht, aber schlecht hören kann ich gut.«

Andere finden das Glück in der Stille und im Einklang mit der Natur. Viel schlafen, mit Tieren und Pflanzen leben, sich im Garten beschäftigen, Musik hören oder Romane lesen werden als Beispiele genannt.

Die Fähigkeit zum Maßhalten ist wohl ebenfalls hilfreich. »Ich rauche und trinke, aber nur in kleinen Portionen, zähle alles genau ab.«

Oder: »Ich freue mich auf das Viertelchen abends, aber mehr wäre von Übel.« Viele sagen, sie hätten – wenn überhaupt – nur wenig geraucht oder Alkohol getrunken.

Für manch einen sind jüngere Partner(innen) das Verjüngungsmittel schlechthin. Ein 100-Jähriger empfiehlt Fitnesstraining und Sex mit jungen Frauen. Ein 95-Jähriger führt seine Frische auf das Schachspielen, aber, wie er verschmitzt hinzufügt, auch auf seine drei wesentlich jüngeren Frauen zurück, von denen er schon zwei überlebt hat.

Für Männer ist die Kommunikation in Gemeinschaften und Vereinen, in denen sie anerkannt und noch gebraucht werden, ein offenbar lebenserhaltendes Element. Ein 95-Jähriger hat bis zu 18 Ehrenämter gehabt, ist jetzt noch ins Vereinsleben eingebunden und wird oft um Rat gefragt. Ein 99-Jähriger ist noch aktiver Golfer und gründete einen Verband.

Bei Frauen bezieht sich die Kommunikation in erster Linie auf die Familie. Eine 90-Jährige braucht immer jemanden, für den sie sorgen, für den sie waschen, bügeln, putzen kann, ohne das kann sie nicht sein. Eine 97-Jährige fühlt sich nach dem Tod ihres Mannes und dann ihrer Schwester darauf angewiesen, dass die Verwandten nach ihr sehen. Eine 82-Jährige vermisst ihren schon lange verstorbenen Mann sehr und versucht, in der Pflege ihrer Wohnung und ihres Gartens Trost zu finden. Am meisten helfen ihr die Besuche ihres Sohnes.

Die meisten Männer und Frauen, bei denen die familiären Bindungen intakt sind, leben in enger Verbundenheit mit ihren Angehörigen. Man lebt mit Kindern, Enkeln, Urenkeln unter einem Dach oder mit Geschwistern, und man freut sich, die Kinder und Enkel jeden Tag zu sehen (vgl. Kapitel 10, S. 187). Nicht selten ist der Typ der Clanmutter, die mit großer Vitalität ganze Familien betreut. Eine 92-Jährige ist der Mittelpunkt für Kinder, Enkel, Freunde und Gäste, hilft allen und gibt Anregungen.

Selbstständigkeit und Selbstbewusstsein sind wichtige Faktoren. Eine 97-Jährige sagt selbstbewusst, dass sie ihren Haushalt immer noch allein führe. Sie hänge sich den Hausschlüssel um den Hals, wenn sie zum Briefkasten gehe, um nicht ausgeschlossen zu sein. Sie ist sich der

Einschränkungen ihres hohen Alters bewusst, stellt aber eindeutig klar, dass sie damit zurechtkommt. Einige entwickelten erst dann Selbstständigkeit und Unabhängigkeit, als sie Verluste zu bewältigen hatten.

Wir wollten einen Einblick in die Welt der höher Betagten geben, und es kam ein farbiges Stimmungsbild ihrer Lebendigkeit heraus. Von ihnen geht die Botschaft aus, dass wir das biologische Altern zwar hinnehmen müssen, aber nicht passiv und hilflos, sondern dass wir selbst durchaus Einfluss auf die Ausgestaltung der gewonnenen Zeit und auch auf die Lebensdauer haben. Es fällt auf, dass die Wellnessangebote, Anti-Aging-Mittel und Kosmetika, von denen in Medien und Reklame so viel die Rede ist, bei den Jubilaren bisher keine wesentliche Rolle spielen. Sie sind 70 Jahre oder älter und halten sich selbstverständlich und unreflektiert an die alt hergebrachten Methoden, von denen sie in ihrer Jugend geprägt wurden und die sie mit Disziplin befolgen. Sie folgen damit den Regeln ihrer Alterskohorten, das heißt ihres gleichaltrigen Jahrgangs (vgl. Kapitel 10, S. 200f).

Von den in unserer Recherche noch nicht enthaltenen jüngeren Jahrgängen werden Wellnessmaßnahmen, die durchaus sinnvoll sein können und überall reichlich angeboten werden, ebenso selbstverständlich genutzt wie diverse sportliche Aktivitäten. Günstig verändert haben sich auch das Informationsangebot und das Meinungsklima. Die Jüngeren haben damit – zumindest theoretisch – bessere Chancen, alle Möglichkeiten wahrzunehmen und über ihren Lebensstil des Älterwerdens selbstverantwortlich und frei zu entscheiden. Inwieweit sie diese nutzen, bleibt abzuwarten. Die Einbeziehung der inneren Faktoren kann dazu wesentlich beitragen.

Von der Mythologie zum Wissen

Im Laufe langer Zeiträume haben Mythenschöpfer, Märchenerzähler und Dichter viele Wahrheiten des Älterwerdens erkannt. Die erst seit weniger als 100 Jahren forschende Wissenschaft des Alterns (Gerontologie) untersucht die gleichen Themen auf exakte Weise. Die vermutete

Wirkung bestimmter Faktoren auf die Lebensdauer konnte an einigen Beispielen bestätigt werden. So ergaben die Untersuchungen, dass in klimatisch günstigen Gebieten, vor allem in Meeresnähe wie auf der Insel Okinawa, in der Provinz Nuoro auf der Insel Sardinien und in der Bucht von Valencia, die durchschnittliche Lebenserwartung deutlich erhöht ist. Es ist auch keine Phantasie, dass in bestimmten hochgelegenen Orten das Altern verzögert ist. Im »Tal der Hundertjährigen«, im 3.000-Seelen-Dorf Vilcabamba, hoch in den Anden in Ecuador, leben überdurchschnittlich viele Über-100-Jährige. Das gesunde Wasser, die kräftige Bergluft und die hier wachsenden Kräuter werden als Erklärungen angeboten. Es ist aber zu vermuten, dass sich in solchen abgeschlossenen Regionen ethnische Gruppen mit Religion, Gebräuchen und Verhaltensweisen erhalten haben, die – möglicherweise mehr als die genannten äußeren Faktoren – Einfluss auf Lebensqualität und Lebensdauer nehmen könnten.

Nach einer wissenschaftlichen Untersuchung über 25 Jahre sollen die Bewohner der japanischen Insel Okinawa die weltweit höchste Lebenserwartung haben, viele sind über 100 Jahre alt, die meisten davon Frauen (Willcox et al. 2001). Westliche Zivilisationskrankheiten wie Herz- und Kreislaufleiden, Krebs und Alzheimer haben (hatten) dort die niedrigste Rate der Welt.

Als Ursachen werden das warme Klima, das ganzjährig ein Leben im Freien erlaubt, und die vegetarische, salz-, fett- und kalorienarme Kost genannt. Besonders bemerkenswert sind Einstellung und Verhalten. Die Bewohner Okinawas essen nicht bis zur Sättigung, sondern in vielen kleinen Portionen. Sie finden, ihre Arbeit mache das Leben lebenswert, und sie möchten deshalb keine Pensionierung, sondern arbeiten bis ins hohe Alter auf dem Feld und fahren zum Fischen aufs Meer. Sie führen auch als Ältere ein ausgeprägtes Gemeinschaftsleben, nehmen an allen sozialen Aktivitäten teil und treffen sich zu Volkstanz, Musizieren und Ballspielen im Freien. Sie pflegen enge Beziehungen zu Kindern, Enkeln und Freunden.

Lehrreich ist, dass die Jüngeren, die sich inzwischen von Fastfood ernähren, Alkohol trinken, Auto fahren und fernsehen, nicht mehr so alt werden und auch nicht mehr von den »Zivilisationskrankheiten« verschont bleiben. Oft sterben sie sogar vor ihren Eltern.

Das Beispiel zeigt, dass das Nutzen von menschlichen Möglichkeiten – hier: Maßhalten im Konsum, positive Wertung von Arbeit, aktive Teilnahme am Gemeinschaftsleben, lustvolle Bewegung im Freien, zuversichtliche Erwartung der Zukunft – Voraussetzungen für Langlebigkeit und Erhalt der Lebensqualität sind. Werden sie aufgegeben und treten Schlaraffenlanddenken und direkte Wunscherfüllung an ihre Stelle, nehmen die Chancen, sein Altern befriedigend ausgestalten zu können, dramatisch ab.

Die moderne Wissenschaft ist dabei, das Wissen über die Alterungsvorgänge sprunghaft zu erweitern. Die Erforschung von biologischen, genetischen, körperlichen und soziologischen Vorgängen bringt eine Fülle von Erkenntnissen, die dazu beitragen, die Rätsel des Alterns zu lösen und die offenen Fragen nach und nach zu beantworten.

Was will die Evolution?

Warum setzt die Natur uns ein Ende, lässt uns altern und sterben? Der Grund ist nach der Logik der Evolution, dass ein Lebewesen überflüssig geworden ist, wenn es seine Gene weitergegeben und für die Erhaltung der Art gesorgt hat. Tiere sterben, sobald ihre Fortpflanzungsfähigkeit erloschen ist. Vorher werden Gefahren für das Überleben durch Selektionsfilter ausgemustert, danach wird kein unnötiger Erhaltungsaufwand mehr getrieben.

Die fatale Wende kann sogar dazu führen, dass bestimmte Stoffe und Systeme, die in der Jugend Vorteile bringen, im Alter ihre Wirkung umkehren und sich nachteilig und zerstörend auswirken. So können die nicht nur für die Fortpflanzung nötigen, sondern unser emotionales Erleben so sehr bereichernden Sexualhormone in späteren Jahren Krebserkrankungen der Geschlechtsorgane begünstigen.

Die Evolutionsforschung hat aber auch zutage gebracht, dass der Spezies Homo sapiens ein Alter von etwa 120 Jahren vorgegeben ist. Wir müssen uns also nicht mehr an die von unseren Vorfahren gewohnte Lebensdauer gebunden fühlen, sondern haben gute Chancen, deutlich länger als diese in körperlicher und geistiger Frische zu leben.

Wie viel Macht haben die Gene?

Der Einfluss der Gene wird bei der Progerie, einem durch einen Gendefekt erzeugten vorzeitigen Altern, evident erkennbar. Die betroffenen Menschen altern wie im Zeitraffer, sehen als Kinder wie Greise aus, bekommen »Alterskrankheiten« wie Arteriosklerose und Osteoporose und sterben meist schon im zweiten Lebensjahrzehnt.

Es ist offensichtlich, dass die Erbanlagen das Altern und die Lebensdauer beeinflussen, der genetische Anteil wird auf 30 bis 60% geschätzt. Wer Vorfahren hat, die sehr alt geworden sind, hat bessere Chancen, ebenfalls ein hohes Alter zu erreichen. Da an den Alterungsvorgängen eine noch unbekannte Zahl von Genen beteiligt ist, ist es jedoch eher utopisch, ein bestimmtes »Methusalem-Gen« finden zu können, das hohes Alter bei vollem Wohlbefinden bewirkt.

Die Dialektik zwischen genetischen und anderen Faktoren zeigt sich zum Beispiel daran, dass die Lebenserwartung in einigen Klöstern überdurchschnittlich hoch ist und vor allem die Mönche dort genauso alt werden wie die Nonnen, also länger leben als Männer außerhalb der Klostermauern. Das spricht dafür, dass Männer unter den Bedingungen des »normalen« Lebens früher sterben als genetisch vorgegeben, während die Mönche mit geregeltem, stressfreiem, selbst gewähltem Tagesablauf, der ihnen auch nicht durch Pensionierung entzogen wird, ihr eigentliches, von ihren Genen bestimmtes Alter erreichen. Ebenso haben Menschen mit Berufen, die eine mehr kontemplative Haltung erfordern, wie Pfarrer oder Psychotherapeuten, eine höhere Lebenserwartung. Sie wird also offensichtlich nicht ausschließlich durch die Gene bestimmt, sondern durch eine die Zuwendung nach innen fördernde Lebenseinstellung mit beeinflusst.

Frauen werden hierzulande im Schnitt fünf bis sechs Jahre älter als Männer. Als Erklärung für den geschlechtsspezifischen Unterschied gilt, dass Männer ihrer traditionellen Rolle nach für Jagd, Kriegführen und Erwerbstätigkeit zuständig und deshalb zu einer aktiveren Lebensweise mit mehr Stress, mehr Risiken und mehr Unfällen gezwungen waren. »Der Mann muss hinaus ins feindliche Leben, muss schaffen und streben.« (Schiller 1799, *Das Lied von der Glocke*)

Obwohl die früher festgelegten Rollen heute nicht mehr zwingend verbindlich sind, wirken sie untergründig weiter. Nach wie vor setzen sich Männer mehr Stress als nötig aus, rivalisieren und jagen Rekorden nach. Sie leben in der Regel ungesünder, rauchen, trinken – oft stressbedingt als Erleichterungstrinken – mehr Alkohol und essen mehr Fleisch und Fett. Das alles erhöht das Risiko, vorzeitig zu sterben.

Frauen gehen in der Regel sorgsamer mit ihrem Körper um und suchen eher und häufiger einen Arzt auf. Ihr ausgeprägtes Bewusstsein für Gesunderhaltung hängt unter anderem damit zusammen, dass ihre eigene Gesundheit auch für ihre Kinder lebenswichtig ist. Der Einfluss weiblicher Hormone trägt dazu bei, dass der Verschleiß ihres Körpers (bisher) langsamer abläuft. So treten die meisten Herzinfarkte bei Männern um das 65., bei Frauen dagegen erst um das 75. Lebensjahr auf.

Experten warnen aber bereits, dass der von der Natur geschenkte Vorteil durch ungesunde Lebensweise zunichtegemacht wird. Das Streben nach Gleichberechtigung setzt viele Frauen unter enormen Druck (Doppelbelastung durch Beruf und Kinder), besonders wenn sie die erhöhten Anforderungen allein schultern müssen. Rauchen, oft auch Alkohol und Medikamente tun das Übrige. Abzuwarten bleibt schließlich noch, wie sich die sinkende Geburtenrate auf die Gesundheit der Frauen und ihre Lebenserwartung auswirken wird.

Bei Männern wie Frauen können sich das unbewusste Festhalten an zugeschriebenen Rollen und der Druck gesellschaftlicher Erwartungen selbstschädigend auswirken und das Älterwerden ungünstig beeinflussen.

Alterstheorien – ein Puzzle mit vielen Teilen

Der Entwicklungssprung der Wissenschaften in der Neuzeit hat zu einer Überfülle von Forschungsergebnissen über das Altern des Körpers geführt. Zur Zeit existieren mehr als 100 wissenschaftliche Theorien, die aus molekularbiologischer, genetischer, medizinischer, psychologischer oder soziologischer Sicht den Geheimnissen der Alterungsprozesse auf die Spur zu kommen suchen. Die Vielfalt der Theorien erklärt sich aus dem überaus komplexen Aufbau des Körpers mit unzähligen Interaktionen zwischen den Systemen. Die einzelnen hoch spezialisierten Forschungsansätze können ihre Aussagen nur aus ihrer jeweiligen begrenzten Sicht machen. Eine einzig gültige und umfassende Theorie ist bisher nicht entstanden. Die Forschungsergebnisse gleichen einem Puzzlespiel, dessen Teile sich bisher noch nicht zu einem Ganzen zusammenfügen lassen.

Die Prinzipien einiger der bekanntesten Theorien möchten wir hier kurz zusammenfassen: Nach der Theorie von Abnutzung und Verschleiß treten Schäden, zum Beispiel an Wirbelsäule, Gelenken und Gefäßen, umso eher und ausgeprägter ein, je härter und intensiver die Belastungen des Lebens sind. Der Alterungsprozess kann demnach durch eine schonende Lebensweise verzögert werden. Auch die Stoffwechseltheorien gehen davon aus, dass jedes Lebewesen mit einer definierten Menge von Energie auf die Welt kommt. Ist dieser Vorrat verbraucht, ist auch das Leben zu Ende. Wer seine »Batterie« durch ungesunde Lebensweise oder Energie raubende Erkrankungen schnell leert, altert dieser Theorie zufolge früher als jemand, der beschaulicher und stressärmer lebt.

Die Entdeckung, dass bestimmte Bindegewebszellen, die Fibroplasten, nur eine begrenzte Lebensdauer haben (L. Hayflick), war revolutionär, denn bis dahin hatte man angenommen, sie seien unbegrenzt teilungsfähig, das heißt unsterblich. Die Forschungen ergaben, dass sich menschliche Fibroplasten nur etwa 50 Mal (die Hayflick'sche Grenze) während ihrer Lebensdauer teilen und dann nach einer Zwischenphase absterben.

Das Prinzip der begrenzten Lebensdauer liegt auch der Telomerentheorie zugrunde. Danach werden die Chromosomen, die Träger der Erbsubstanz, bei jedem Teilungsvorgang an ihren Enden (Telomeren) etwas kürzer. Ist die letzte Telomereinheit aufgebraucht, kann sich die Zelle nicht mehr teilen, sie stirbt ab. Inzwischen wurde ein Enzym, Telomerase, entdeckt, das abgenutzte Telomerenden wieder auffüllt. Damit wäre der Jungbrunnen gefunden, wenn auch nur für die Zellen, die sich auch im Erwachsenenalter noch häufig teilen. Der Wermutstropfen ist, dass auch Krebs- und andere Tumorzellen diese Chance zur Unsterblichkeit nutzen, indem sie reichlich Telomerase produzieren.

Die Katastrophentheorie sieht die Ursachen des Alterns ebenfalls in der Erbsubstanz. Danach häufen sich im Laufe des Lebens immer mehr Fehler im Erbgut an, und die spezifischen Reparaturmechanismen werden im Alter zunehmend weniger präzise. Die nicht ausgebesserten Schäden gewinnen irgendwann die Überhand und schließlich kommt es zur Katastrophe: Die Zellteilung gerät aus dem Gleichgewicht.

Andere Theorien suchen nach ernährungsabhängigen Ursachen. So sollen durch Bindung von zuviel Zucker (Glucose) an Proteine so genannte AGEs (advanced glycosylation endproducts) entstehen, die zur Versteifung des Bindegewebes in Sehnen, Bändern und Arterien führen. Die CR(calorie-reduction)-Hypothese behauptet schlichtweg, zu viel essen überhaupt begrenze das Leben.

Sehr populär ist die Hormontheorie, die die Abnahme der Hormone für das Altern verantwortlich macht. Bei jungen Menschen liegen viele Hormone in hohen Konzentrationen im Blut vor; die geistige und körperliche Leistungsfähigkeit ist auf ihrem Zenit. Schon ab etwa 30 Jahren fällt der Hormonspiegel kontinuierlich ab. Das führt schließlich zu Funktionseinbußen vieler Organe, der Körper welkt, schrumpft, altert. Der verbreitete Rückschluss, man müsse, um dem Altern entgegenzuwirken, einfach nur die entsprechenden Hormone einnehmen, ist aber leider falsch. Der unkritische Einsatz von Hormonen kann sogar schwerwiegende Folgen haben, zum Beispiel hormonabhängige Krebsarten begünstigen.

Nach der Theorie der freien Radikale bleibt normalerweise bei der täglichen Umwandlung von Sauerstoff in Energie ein kleiner Rest von

Sauerstoffmolekülen übrig, die sich als freie Radikale hochaggressiv verhalten. Sie sind für das Immunsystem unentbehrlich, um Bakterien und von Viren befallene Zellen zu zerstören. Mit zunehmendem Alter aber greifen sie auch die noch funktionsfähigen, körpereigenen, abwehrgeschwächten Zellstrukturen, Eiweißmoleküle und das Erbgut an und sind deshalb für vorzeitiges Altern verantwortlich. Sie schädigen zum Beispiel häufig die Makula im Auge, sodass man sich vor dem doch so belebenden Licht schützen muss. Der Wirkungswandel der freien Radikale ist ein Beispiel für die fatale Wende vorher nützlicher Systeme zu solchen, die dazu führen, dass der eigene Körper im Alter geschädigt wird.

Die erwähnten Alterstheorien beziehen sich auf jeweils einzelne körperliche Vorgänge und wurden überwiegend in Labor- und Tierversuchen gewonnen. Der Wert dieser Forschungen besteht darin, die Grundlagen bestimmter Alterungsvorgänge zu erkennen und damit Chancen zu eröffnen, diese günstig zu beeinflussen.

Abbauvorgänge beginnen nicht erst im Alter und haben primär auch nicht den Tod des gesamten Individuums zum Ziel. Vom Anfang des Lebens an sorgt ein so genanntes molekulares Selbstmordprogramm (Apoptose) dafür, dass beschädigte oder alte Zellen auf ruhige Weise entsorgt werden, was der Erneuerung dient und lebensnotwendig ist. Das Stirb und Werde, das Zusammenwirken gegenläufiger Kräfte findet auf körperlicher Ebene permanent und unbemerkt statt. Das Konzept der Psychoanalyse vom Ineinandergreifen von Lebens- und Todestrieben umfasst die körperlichen und darüber hinaus die psychischen Alterungs- wie Regenerationsprozesse und zeigt damit die Chance auf, individuell darauf Einfluss zu nehmen.

Älterwerden hat viele Gesichter

Die Psychoanalyse hat ihre Einsichten in die Psychologie des Älterwerdens aus Erfahrungen mit Menschen gewonnen. Ihr Ansatz ist ganzheitlich und begreift die Alterungsvorgänge in ihrer Wechselwirkung zwischen dem Körper, dem Erleben des Menschen und seinem sozialen Netzwerk. Nach ihrem heutigen Wissen ist Alter kein statischer Zustand, sondern ein mehrdimensionaler und sich ständig verändernder Vorgang. Je nachdem, wie Alter definiert wird, kann ein Mensch daher unterschiedlich alt sein.

Chronologisches Alter – Kalender und Urkunden

Wir werden jedes Jahr ein Jahr älter. Wann aber sind wir alt? Wie man diese Frage spontan beantwortet, hängt sehr vom eigenen Alter ab. So kann man bei Vorträgen über Altersprobleme gelegentlich feststellen, dass Untersuchungen an angeblich Älteren sich nicht auf die gleiche Altersgruppe beziehen: Ältere Referenten neigen dazu, Über-75-Jährige als »Alte« anzusehen, andere die Über-60-Jährigen und jüngere manchmal schon die Über-35-Jährigen. »Trau keinem über 30«, ist die Vorstellung von Altsein, die wir als junge Revolutionäre haben.

Die Festlegung der Weltgesundheitsorganisation (WHO), wonach das Alter mit dem 61. Lebensjahr beginnt, ist deshalb notwendig und klärend. Diese chronologische Definition von Alter ist das kalendarische, äußere Alter, das in Ausweisen, Pässen und Urkunden eingetragen ist und nach dem sich die administrativ festgelegten Daten wie Schuleintritt, Mündigkeit, Wahlalter, Mindestalter für berufliche Positionen, Pensions- und Renteneintrittsalter bemessen.

Dass man mit dem 61. Lebensjahr automatisch zu den Alten gehören soll, wird von den meisten Betroffenen jedoch gar nicht bemerkt oder nur widerwillig und unter Protest zur Kenntnis genommen. Die meisten Menschen schätzen sich selbst zehn Jahre jünger ein, als sie kalendarisch sind. Die Erwartungen der Ab-61-Jährigen entsprechen unbewusst weitgehend dem bereits geschilderten negativen Bild. Sie fürchten, dass ihre Zeit abgelaufen ist, und versuchen, das zu überspielen: »Ich habe lieber mit Jüngeren zu tun.« Statt sich mit den realen und auch positiven Perspektiven, die das Alter bietet, zu befassen, wird das Thema oft nur mit negativen Phantasien von Abbau, Verfall und Lebensende besetzt. Um diese abzuwehren, hält man sich lieber an die narzisstische Phantasie, unverwundbar und unvergänglich zu sein, das heißt an die Wunschphantasie, den Fluss der Zeit anhalten zu können (vgl. Kapitel 1, S. 33).

Die biologische Uhr – wie wir uns fühlen

Das biologische Alter wird vom Zustand des Körpers bestimmt, der von der biologischen Uhr vorprogrammiert ist. Es wird von genetischen Faktoren und von Krankheiten beeinflusst. Unser eigener Beitrag besteht darin, wie wir mit unseren Risikofaktoren umgehen, welche Gewohnheiten wir haben und wie wir uns eventuell unbewusst selbst schädigen.

Es ist das Alter, wie wir uns fühlen und erleben. »Seitdem ich merkte, dass ich in Gesellschaften nicht mehr die schönste Frau bin, die Blicke der Männer sich nicht mehr auf mich, sondern auf andere richten, fühle ich mich alt und bin neidisch auf die Jüngeren.« Nicht alle gestehen sich das so offen ein. Sich anderen Lebensinhalten und Zielen als dem nie erreichbaren Ideal der ewigen Jugend zuzuwenden, setzt den Mut voraus, die eigene Vergänglichkeit zu akzeptieren (vgl. Kapitel 9, S. 179).

Es gibt sowohl Menschen, die biologisch vorgealtert sind, als auch Menschen, die jünger sind, als es der Zahl ihrer Jahre entspricht. Die Diskrepanz zwischen den beiden Altersbegriffen kann zu Identitätsproblemen führen. Wir fragen uns: »Bin ich wirklich schon so alt, wie es im Pass steht, oder noch so jung, wie ich mich fühle?« – oder auch umgekehrt. Die Spannung zwischen diesen differierenden Selbstbildern wird häufig zum Anlass von Mogeleien. »Die feiert ihren 60. Geburtstag schon zum fünften Mal«, wird gespottet. Es können aber auch ernste Konflikte und Krisen daraus entstehen. Der Blick in den Spiegel, der die Anzeichen des biologischen Alters erkennen lässt, ist für viele so unerträglich, dass die gewonnene Erkenntnis abgewehrt werden muss, zum Beispiel mit Hilfe der in Kapitel 1 (vgl. S. 25) beschriebenen Projektion nach dem Muster des Dorian Gray. Das kann – manchmal lange mit Erfolg – helfen, das eigene illusionäre Selbstbild zu erhalten, bis wir schließlich so weit gereift sind, unser wirkliches biologisches Alter akzeptieren zu können.

Praktisch ist die Einteilung in ein 3. und ein 4. Lebensalter. Das 3. Alter reicht kalendarisch definiert etwa bis zum 75. Lebensjahr. Biologisch gesehen fühlen sich die meisten aus dieser Altersgruppe heutzutage durchaus noch fit und sind von Altersproblemen kaum betroffen, auch wenn es individuell große Unterschiede gibt. Im 4. Alter ab 75 oder 80 kehrt sich das Verhältnis zunehmend um: Die meisten sind dann körperlich und psychisch eingeschränkt, bedürfen der Hilfe und ziehen sich zurück. Aber auch dann noch gibt es jetzt schon viele Ausnahmen, Tendenz steigend.

Im Traum bleiben wir jung – das psychische Alter

Der dritte Modus des Alterns ist ein psychisches Alter. Der Begriff ist wenig bekannt, denn es ist ein inneres, verborgenes Alter, das einem selbst nur gelegentlich bewusst wird.

Ältere sind nicht nur Alte und sonst nichts, sondern in jedem von uns gibt es auch die Personen, die wir früher waren. Die bekannte Redewendung vom Kind im Manne bezieht sich meist auf den männlichen Wunsch, mit Eisenbahnen, Autos oder Computern zu spielen, seine Bedeutung reicht aber viel tiefer. Ebenso gibt es das Kind in der Frau. So kann man bei älteren Damen manchmal entzückt feststellen, dass sie wie ein Mädchen lächeln oder wie ein Backfisch erröten.

Im psychischen Alter ist die individuelle Lebensgeschichte mit ihren Erlebnissen und Konflikten aus den früheren Lebensepochen bis zurück in die Kindheit lebendig geblieben und wirkt latent immer mit. In Tagträumen und in Alltagssituationen fühlen und benehmen wir uns oft so jugendlich wie früher, ohne dass es uns recht bewusst wird. Das unbewusste Erleben ist zeit- und alterslos, und wir haben keinen Grund, die von uns erwartete Rolle des unlebendigen, gefühlsstarren Alten anzunehmen.

In unseren Träumen tauchen oft Szenen mit Personen, Gefühlen und Konflikten aus früheren Lebensepochen wieder auf, und wir erleben uns dabei als so jung, wie wir damals waren. Träume werden meist vom aktuell Erlebten angeregt und greifen die daran erinnernden Szenen aus allen Epochen des persönlichen Lebenslaufs auf. Häufig kommen Träume aus Lebensepochen, in denen Traumatisierungen stattfanden, die noch nicht verarbeitet werden konnten, das heißt im unbewussten Erleben noch unerledigt sind und auf Bearbeitung warten.

Ein 70-Jähriger hielt in seinem Traumtagebuch fest, dass er in den insgesamt 130 ausgewerteten Träumen 67 Mal wesentlich jünger als in der Realität war: Es kamen alle Stufen seines Lebens vor, einmal war er gerade erst geboren. Eine Häufung von 14 Träumen bezog sich auf sein 17. und 18. Lebensjahr und erklärte sich aus bisher nicht verarbeiteten Traumatisierungen im Zusammenhang mit Kriegserlebnissen. Die Träume drängten ihn, sich damit zu befassen.

In der Generation der Verfolgten, Vertriebenen und der Kriegsteilnehmer gibt es viele, die psychisch in einem Alter geblieben sind, in dem sie verletzt wurden, wodurch ihre Entwicklung gestört wurde.

Träume helfen aber auch sehr bei der Lösung aktueller und zukünftiger Probleme. Die Erinnerungen an frühere ähnliche Situationen werden herangezogen, um nach Lösungen für das heutige Problem zu suchen. Wir erleben im Traum zum Beispiel, wie wir bei einem ähnlichen Problem damals durch jugendliche Verblendung zu Fehlentscheidungen kamen, die uns jetzt als Warnung vor Augen geführt werden, oder wie wir mit jugendlichen Kräften eine Lösung fanden, die auch heute helfen könnte. Die moderne Hirnforschung bestätigt diese Erkenntnisse der Psychoanalyse und hat nachgewiesen, dass Entscheidungen tatsächlich durch unbewusstes Vergleichen mit früheren analogen Problemsituationen getroffen werden und dass diese Vorgänge sich sogar in die anatomischen Strukturen des Gehirns eingeprägt haben.

Die in uns stetig wirksamen psychischen Kräfte halten uns lebendig und helfen, mit dem Älterwerden besser zurechtzukommen. Sie sind nicht vom kalendarischen und nicht vom biologischen Alter abhängig, sondern greifen auf alle jeweils relevanten psychischen Altersstufen des gesamten Lebenslaufs und oft bis in die Kindheit zurück.

Die drei Formen des Alterns existieren auf verschiedenen Ebenen nebeneinander. Es ist möglich, chronologisch 70, biologisch 60 und von der psychischen Entwicklung her 18 oder drei Jahre alt zu sein.

Zitiert sei hier Peter Ustinov, der als älterer und gehbehinderter Mann sagte, wenn er sich von einem Zimmer ins andere bewegen müsse, fühle er sich uralt, wenn er dort angelangt sei wieder etwas jünger, und wenn er sich endlich setzen könne, fühle er sich so alt, wie er immer gewesen sei: 10 Jahre etwa.

Viele Menschen haben auch ein Wunschalter, an dem sie heimlich festhalten möchten, zum Beispiel eine Zeit, in der sie sich am besten verwirklichen konnten oder in der das Leben für sie besonders befriedigend verlaufen ist.

Der Jungbrunnen in uns

Niemand muss Altern nur als biologisches, unabwendbares Schicksal hinnehmen. Älterwerden ist ein mehrdimensionaler, von körperlichen, psychischen und sozialen Faktoren wechselseitig beeinflusster Prozess, den mitzugestalten wir gute Chancen haben. Die Fähigkeiten, sich weiterzuentwickeln und sich an veränderte Bedingungen anzupassen (Plastizität), bleiben bei vielen im Alter vorhanden. Die in jedem Menschen enthaltene Dimension des psychischen Nicht-alt-Seins hält eine Fülle von Ressourcen bereit, auf deren Basis sich die aktuelle Lebenssituation besser bewältigen lässt. Bis ins höhere Lebensalter bietet sich eine Fülle von Möglichkeiten, etwas aus dem Potential des gesamten Lebens wieder aufzugreifen, Vorhandenes weiterzuentwickeln oder Neues zu finden. Der Jungbrunnen kommt mehr aus uns selbst als von außerhalb.

Der Volksmund sagt es einfacher und bringt es auf den Punkt: »Alt ist, wer den Mut verliert und sich für nichts mehr interessiert.« Das Ziel ist nicht, dem Lebenskalender unbedingt noch mehr Jahre hinzuzufügen, unbedingt 100 Jahre alt werden zu wollen, sondern den Jahren, die man gewinnt, mehr Leben zu geben, die kostbare Zeit aus sich heraus lebendiger zu gestalten und intensiver und zufriedener zu leben.

3
Der alternde Körper – eine Zumutung?

Folgende Geschichte der Brüder Grimm verdeutlicht, dass Altern ein biologisch-animalischer Vorgang ist, den wir mit den Tieren gemeinsam haben, und dass für den Menschen der alternde Körper eigentlich eine Zumutung ist.

Nach der Erschaffung der Welt wollte Gott dem Esel, dem Hund, dem Affen und dem Menschen je 30 Jahre Lebenszeit zuteilen. Den Tieren war das zu lang.

Der Esel argumentierte: »Bedenke mein mühseliges Dasein: vom Morgen bis in die Nacht schwere Lasten tragen, Kornsäcke in die Mühle schleppen, damit andere das Brot essen, mit nichts als mit Schlägen und Fußtritten ermuntert zu werden. Erlass mir einen Teil der langen Zeit!«

Der Hund beklagte sich: »Bedenke, was ich laufen muss, das halten meine Füße so lange nicht aus; und habe ich erst die Stimme zum Bellen verloren und die Zähne zum Beißen, was bleibt mir übrig, als aus einer Ecke in die andere zu laufen und zu knurren?«

Der Affe antwortete: »Wenn's Hirsebrei regnet, habe ich keinen Löffel. Ich soll immer lustige Streiche machen, muss Gesichter schneiden, damit die Leute lachen, und wenn sie mir einen Apfel reichen und ich beiße hinein, ist er sauer. Wie oft steckt die Traurigkeit hinter dem Spaß! 30 Jahre halte ich das nicht aus.«

Gott war gnädig und gab dem Esel 18, dem Hund 12 und dem Affen 10 Jahre.

Dem Menschen aber waren 30 Jahre viel zu kurz. »Wenn ich mein

Haus gebaut habe und das Feuer auf meinem Herde brennt, wenn ich Bäume gepflanzt habe, die blühen und Früchte tragen, und ich meines Lebens froh zu werden gedenke, so soll ich sterben? O Herr, verlängere meine Zeit.«

Gott legte die 18 Jahre des Esels, dann noch die 12 Jahre des Hundes und schließlich auch noch die 10 Jahre des Affen dazu. Der Mensch war immer noch nicht zufrieden, aber mehr bekam er nicht. Seine Lebenszeit beträgt also 70 Jahre.

Die ersten dreißig sind seine menschlichen Jahre; da ist er gesund, heiter, arbeitet mit Lust und freut sich seines Daseins.

Hierauf folgen die achtzehn Jahre des Esels, da wird ihm eine Last nach der anderen aufgelegt: Er muss das Korn tragen, das andere nährt, und Schläge und Tritte sind der Lohn seiner treuen Dienste.

Dann kommen die zwölf Jahre des Hundes, da liegt er in den Ecken, knurrt und hat keine Zähne mehr zum Beißen.

Und wenn diese Zeit vorüber ist, so machen die zehn Jahre des Affen den Beschluss. Da ist der Mensch schwachköpfig und närrisch, treibt alberne Dinge und wird ein Spott der Kinder. (Brüder Grimm 1857, *Die Lebenszeit*)

Der Körper macht sich störend bemerkbar

Das Hauptproblem beim Älterwerden ist, dass die Funktionen des Körpers nachlassen und körperliche Beschwerden verursachen. Sie sind ungewohnt, stören, schränken uns ein und verändern unser Leben. Wir können aber, erstmalig in der Geschichte der Menschheit, den meisten Beschwernissen, die der Körper im Alter schafft, wirksam begegnen. Wir müssen uns nur zeitig damit vertraut machen, welche körperlichen Veränderungen und Leiden typischerweise auf uns zukommen werden, wie sie sich ankündigen und wie wir darauf Einfluss nehmen können.

Als Zeichen des »normalen« Alterns werden Sehstörungen, Schwerhörigkeit und das Ausfallen der Haare und Zähne angesehen. Mit diesen zunehmenden Einschränkungen findet man sich ab, wohl auch weil durch Brillen, Hörgeräte und Zahnersatz ein Ausgleich möglich ist. Dennoch bergen sie Gefahren, die nicht ausreichend bekannt sind und vermeidbar wären.

»Nicht sehen trennt den Menschen von den Dingen«
(Immanuel Kant)

Bei Sehstörungen wird die Orientierung im Raum, das Lesen, das Betrachten, das Bedienen von Geräten und die lustvolle Teilhabe an der farbigen sichtbaren Welt eingeschränkt und der Mensch von den Dingen getrennt. Es ist deshalb für jeden wichtig, die Sehfähigkeit für die persönliche Zukunft, die ja viel länger als früher dauern kann, zu erhalten. Gut sehen hilft sehr, Unabhängigkeit, Autonomie und Lebensqualität aufrechtzuerhalten. Das wird sofort klar, wenn man bedenkt, dass oft durch Sehstörungen der schmerzliche Entzug des Führerscheins erzwungen wird und welche Kaskade von Einschränkungen und psychischen Reaktionen dadurch eingeleitet wird (vgl. Kapitel 6, S. 137f).

Sehstörungen betreffen fast jeden. So kann die Altersweitsichtigkeit (Presbyopie) schon mit 40 Jahren beginnen und unaufhaltsam fortschreiten. Man kann dann kleine Schrift nicht mehr lesen und das Telefonbuch nicht mehr entziffern, weil die Linse des Auges auf die Nähe nicht mehr scharfstellen kann. Das lässt sich heute leicht durch eine Lesebrille ausgleichen. Ebenso wird beim Grauen Star (Katarakt), der zunehmenden Eintrübung der Linse, durch einen ambulanten Routineeingriff (Austausch der Linse) wieder freie Sicht ermöglicht. Das sind eindrucksvolle Beispiele für die spezifischen Möglichkeiten des Menschen, den altersbedingten Einschränkungen etwas entgegenzusetzen.

Andere Augenleiden können unbehandelt bis zur Altersblindheit führen. Die häufigsten sind der Grüne Star (Schädigung des Sehnervs durch erhöhten Augeninnendruck oder andere Faktoren), die altersbedingte Makuladegeneration (AMD) sowie die diabetische Retinopathie (Netzhautschäden in Folge der Zuckerkrankheit). All diesen Erkrankungen ist gemeinsam, dass sie den Betroffenen selbst oft erst auffallen, wenn sie bereits weit fortgeschritten und beide Augen betroffen sind. Vorher können Einschränkungen unbemerkt bleiben, weil sie unbewusst mit dem noch gesünderen Auge ausgeglichen werden. Ein 65-Jähriger bemerkte den Verlust der linken Hälfte seines Gesichtsfelds erst, als er mit einem entgegenkommenden Auto zusammengestoßen war. Diese Zusammenhänge zu kennen, ist deshalb so wichtig, weil eine verlorengegangene Sehfunktion in der Regel nicht wiederhergestellt werden kann.

Die gute Nachricht: Niemand muss Sehstörungen als unabwendbares Altersschicksal hinnehmen. Durch Vorsorgeuntersuchungen beim Augenarzt können die meisten Erkrankungen rechtzeitig erkannt und behandelt oder zumindest deren Fortschreiten verhindert werden. Beim Augenarzt wird unter anderem der Augeninnendruck gemessen, das Gesichtsfeld bestimmt und der Augenhintergrund angeschaut. Dabei sind auch Gefäßveränderungen infolge Bluthochdrucks, Arteriosklerose oder Zuckerkrankheit zu erkennen.

Die Gefahr der Erblindung infolge von Diabetes ist ein gutes Beispiel dafür, wie wir das Bagatellisieren einer Erkrankung in jungen Jahren später mit schweren Folgen bezahlen müssen. Wir sagen zwar täglich: »Man muss die Augen offen halten, man muss der Gefahr ins Auge blicken, man darf etwas nicht aus den Augen verlieren.« Im Gegensatz dazu verschließen wir aber nur allzu gern die Augen vor den Auswirkungen unseres selbstschädigenden Verhaltens.

Auf psychischer Ebene ist das Augenlicht etwas sehr Kostbares und Bedrohtes, »man hütet etwas wie seinen Augapfel«. Die Befürchtung, blind zu werden, spielt bei vielen Menschen eine große Rolle. Das hat tief verborgene Gründe. Ödipus bestrafte sich für seine verbotenen Triebwünsche, indem er sich die Augen ausstach. Es geht um die unbewusste Angst, für triebhafte Neugier bestraft zu werden. »Wenn du hinschaust, wirst du blind«, drohte man früher Kindern, wenn sie Nacktheit oder sonst Verbotenes anschauen wollten. Die Selbstschädigung könnte so aussehen, dass man nichts gegen die drohende Erblindung unternimmt, weil man sie unbewusst als verdiente Strafe ansieht.

»Nicht hören trennt den Menschen vom Menschen«
(Immanuel Kant)

Hören verbindet die Menschen, ermöglicht die Kommunikation mit der Umwelt, die Abstimmung mit Angehörigen und Gruppen, die Wahrnehmung von Wertschätzung, Kritik und Ablehnung innerhalb einer sozialen Gemeinschaft, die Teilhabe an den hörbaren Informationen, den Genuss der hörbaren Welt, der menschlichen Stimme und der Welt der Musik.

Den meisten Menschen geht das im Verlauf des Älterwerdens durch die Altersschwerhörigkeit (Presbyakusis) verloren. Diese wird oft sowohl vom Betroffenen selbst als auch von den Angehörigen lange Zeit nicht bemerkt oder nicht akzeptiert. Die Schwerhörigen halten die anderen für rücksichtslos, glauben, dass sie nuscheln und undeutlich sprechen, und reagieren darauf empört und ärgerlich. Wenn sie dann wissen, dass es an ihnen liegt, schämen sie sich, es zuzugeben. Die Angehörigen werfen den Schwerhörigen oft vor, sie stellten sich taub. »Der hört nicht gern gut«, sagt der Volksmund. Durch den Gebrauch moderner Hörgeräte können die Missverständnisse zwar ausgeräumt und die Kommunikation wieder hergestellt werden, aber viele Ältere machen aus inneren Gründen davon keinen Gebrauch.

Bei Schwerhörigen büßt die Sprache ihre Informations- und Kommunikationsfunktionen ein. Oft werden besonders die Konsonanten ausgeblendet, so dass Worte wie »ein« und »kein«, »Liebe«, »Triebe«, »Diebe«, »Hiebe« ununterscheidbar werden. Die Sprache des anderen klingt dann wie ein schwer verständlicher Dialekt. Da in diesem Lückentext das Nichtverstandene durch Phantasien ersetzt wird, kommt es ständig zu den aus Witzen bekannten komischen, in ihrer Auswirkung auf die Kommunikation aber tragischen Missverständnissen. In den folgenden Schwerhörigenwitzen sind die verschiedenen Aspekte des Fehlhörens gut zu erkennen.

– Das beziehungslose Aneinander-Vorbeireden, das Monologisieren: »Zwei Freunde, beide schwerhörig, unterhalten sich. ›Siehst du dir heute Abend die Sportschau an?‹, fragt der eine. ›Nein, ich sehe mir lieber die Sportschau an‹, antwortet der andere. Darauf der erste: ›Auch gut – das macht sowieso mehr Spaß als die Sportschau.‹«

- Verwechslungen durch Nichthören von Konsonanten: »Der Verkäufer empfiehlt einen bestimmten Rasierapparat. ›Ich benutze ihn selber.‹ ›Und was kostet er?‹ ›Nein, er ist aus Edelstahl und rostet überhaupt nicht.‹«
- Das Nichtbemerken der eigenen Schwerhörigkeit: »Der Gast bestellt einen Apfelsaft. Die Bedienung antwortet: ›Sie müssen nicht so schreien, ich bin doch nicht schwerhörig. Mit oder ohne Sahne?‹«
- Schwerhörige werden oft misstrauisch, weil sie das Nichtgehörte oder Missverstandene durch ihre negativen Phantasien ersetzen. Ein häufiger Typus von Witzen zeigt jedoch, dass sie mit ihrem Misstrauen nicht selten etwas Richtiges spüren. »Der Arzt fragt, wie sich das neue Hörgerät bewährt hat. Der Patient berichtet, dass er damit gut höre. ›Da werden sich die Kinder aber freuen‹, meint der Arzt. ›Die Kinder? Ach denen habe ich es noch gar nicht gesagt. Aber ich habe seitdem mein Testament schon zweimal geändert.‹«
- Ein besonders infames Beispiel: »Der Diener empfängt den heimkehrenden Grafen. ›Na, alter Lüstling, wieder im Café gewesen, Weiber angequatscht und Sekt gesoffen?‹ ›Nein, Johann‹, antwortet der Graf, ›in der Stadt gewesen und Hörgerät gekauft.‹«

In der Praxis kann das Missverstehen gravierende Folgen haben. Versteht ein unter Depressionen leidender Patient zum Beispiel statt »Ich sehe *eine* Indikation zur Behandlung« »Ich sehe *keine* Indikation zur Behandlung«, wird er diesen Arzt nicht mehr aufsuchen und sich missverstanden und abgewiesen fühlen. Das Fatale: Die depressiv-pessimistische Stimmung, die ihn zum Arzt geführt hatte, bewirkte, dass der Patient das tatsächlich Gesagte in eine für ihn negative Botschaft umdeutete. Das ist ein gutes Beispiel dafür, wie sich eine unbewusste Selbstschädigungstendenz durchsetzen kann.

Die Altersschwerhörigkeit ist nicht nur ein Problem des äußeren Hörorgans, sondern die Schallschwingungen des Trommelfells werden im Innenohr in elektrische Impulse umgewandelt, in das Gehirn geleitet und von Nervenzellen der Hörbahn verarbeitet und ausgewertet. Das ist ein aufwendiger, eventuell auch altersbedingt verlangsamter Vorgang, sodass der Schwerhörige Zeit braucht, um die akustischen Lücken auszufüllen, das Gehörte zu verarbeiten, den Sinn eines Satzes mühselig zu dekodieren und aus den gehörten Bruchstücken einen Sinn zusammenzusetzen. Er kann deshalb nicht prompt antworten, sondern muss erst nachdenken. Das Gespräch läuft aber weiter, er verliert den Anschluss und die Jüngeren halten ihn, so glaubt er zumindest, für »altersabgebaut« oder einfach für doof (niederdeutsch für: taub). Es geht jedoch nicht um einen geistigen Abbau im Ganzen, sondern um eine Besonderheit und manchmal auch einen Vorteil. Wer bei hörgestörten Älteren die nötige Geduld aufbringt, bekommt eine oft sehr präzise und überlegte Antwort.

Praktisch wichtig ist das bei neuen Hörgeräten. Es genügt nicht, sie akustisch anzupassen, sondern die Aufgabe ist, mit Verständnis und Geduld auf den Älteren einzugehen, bis er nicht nur die Technik wirklich verstanden hat und selbst anwenden, sondern die Hörverbesserung auch innerlich annehmen kann.

Die Verarbeitung von Gehöreindrücken im Gehirn kann auch zu Überregulationen und zu selektiver Feinhörigkeit führen. Leises wird dann gelegentlich gut wahrgenommen und normale Lautstärke oder bestimmte Frequenzen als unerträglich empfunden. Das verbreitete Vorurteil, der Betroffene wolle nur nicht hören und sei eigensinnig, wird dadurch gefördert.

Hörprobleme haben einen sehr hohen Anteil an der Tragik der Isolierung und Vereinsamung Älterer. Für Schwerhörige werden Gespräche mit Freunden, die Teilnahme an Festen oder der Besuch von Vorträgen zur Qual. Sehr schmerzlich ist auch, dass man Witze nicht versteht, da, während man noch nachhört, das laute Lachen einsetzt und die Pointe überdeckt; man fühlt sich dann ganz ausgeschlossen.

Schwerhörige sind aber nicht nur Opfer, sondern können auch eine Belastung für ihre Umgebung sein. Es ist sehr nervig, wenn sie nachfragen und man ihnen immer wieder erklären muss, was gesprochen wurde. Häufig stören sie im verzweifelten Bemühen, einem Vortrag oder einer Vorführung noch zu folgen, den Sitznachbarn – eine tragische Situation. Moderne Akustikanlagen, die das Problem durchaus lösen können, sind bisher leider erst Ausnahmen. Belästigend ist unter Umständen auch, wenn sie, ihre Schwerhörigkeit nicht bemerkend, zu laut reden. Das überlaute Einstellen des Fernsehers kann, besonders zur Nachtzeit, die Harmonie mit den Mitbewohnern sehr stören und ist oft der Anlass, auf Heimunterbringung zu drängen.

Zähne – das Lächeln und der Biss

Das Schreckensbild des Mümmelgreises gehört zu den negativen Altersklischees. Von der zahnlosen alten Hexe mit ihrem eingefallenen Gesicht wenden sich alle ab. Das ist glücklicherweise nicht mehr notwendig, denn die moderne zahnärztliche Behandlung kann die Kontur des Gesichts und die Fähigkeit, sich mimisch auszudrücken, wieder herstellen. Auf das Lächeln mit seinen Funktionen von Kontaktfindung und gemeinsamer Lebensfreude braucht heute also niemand mehr zu verzichten.

Zähne zu pflegen und zu erhalten, lohnt sich zur Sicherung der Lebensqualität sehr, und zwar aus vielen Gründen. So zählen Zahnfleischentzündungen (Parodontitis) auch zu den Risikofaktoren für Herzinfarkt und Schlaganfall. Zähne haben zudem einen hohen symbolischen Stellenwert: Das Ausfallen von Zähnen ist ein Symbol für Altern und den Verlust von Kraft und Potenz. Noch »den Biss« zu haben steht deshalb für Selbstbewusstsein und Konkurrenzfähigkeit, man hat sich noch nicht ausgrenzen lassen. Die erotische Signalwirkung von gepflegten Zähnen und frischem Atem macht sich auch die Werbung zunutze.

Viele sind aber nicht oder nicht oft genug zum Zahnarztbesuch zu bewegen – mit negativen Auswirkungen auf die körperlichen und die kommunikativen Grundlagen des Älterwerdens. Die bekannten Ängste vor dem Zahnarzt und dem Bohren haben meist unbewusste, aus der Lebensgeschichte kommende Ursachen. Da die örtliche Betäubung den Schmerz ausschaltet, ist eine reale Grundlage für Angst heute nicht mehr gegeben.

Bekannt sind auch Ältere, denen das Gebiss nie passt und die damit symbolisch darstellen, dass ihnen im Leben etwas nicht passt. Das Zahnproblem symbolisiert ihr Lebensproblem und drückt Appell und Anklage aus (psychogene Prothesenunverträglichkeit). Verständnisvolles Eingehen auf ihre Lebenssituation, gegebenenfalls psychotherapeutische Behandlung, ist dann mindestens genauso wichtig wie weitere Reparaturen am Gebiss.

Die Bürden des Alters – Multimorbidität

Es sind ganz überwiegend die körperlichen Leiden und Beschwerden, die uns das Gefühl geben, älter geworden zu sein. Die biologischen Alterungsprozesse sind unser unabwendbares Schicksal, denn, wie in Kapitel 2 dargestellt, wendet die Evolution keine Mühe mehr auf, um den Körper nach der Fortpflanzung noch zu erhalten. Hauptproblem der Älteren ist deshalb, mit dem allmählichen Untergang, dem Verlust von Körperfunktionen und den sich einstellenden Altersleiden zurechtzukommen. Je älter wir werden, desto häufiger treten verschiedene Leiden nebeneinander auf (Multimorbidität). Bei den meisten 70-Jährigen liegen fünf oder mehr Diagnosen gleichzeitig vor. Sie leiden unter Diabetes, Hochdruck, Arthrosen etc. und haben häufig einen Herzinfarkt, einen Schlaganfall, eine Krebserkrankung oder mehrfache Operationen hinter sich.

Wir möchten auf einige altersspezifische körperliche Krankheiten und Faktoren hinweisen, nicht um den vielen guten medizinischen Ratgebern einen weiteren hinzufügen, sondern um auf mögliche Ansatzpunkte der verborgenen inneren Gründe aufmerksam zu machen und zum Nachdenken anzuregen. Wir haben uns dabei auf wenige Beispiele begrenzen müssen, das unbewusste selbstschädigende Verhalten findet sich aber auch in sehr vielen anderen Bereichen wieder.

Mit zunehmendem Alter werden die Gefäße durch Ablagerungen und Umbauten starrer und enger, es kommt zur Arteriosklerose, umgangssprachlich Verkalkung. Dieser Prozess verläuft langsam und kann, wie allgemein bekannt, durch gesunde Lebensweise und Vorsorge günstig beeinflusst werden. Die Frage ist, warum so viele die Gunst der langen Vorlaufzeit nicht nutzen, um ihrem Körper bessere Chancen zu geben. Es ist eine verhängnisvolle Selbstschädigung, das rationale Wissen nicht umzusetzen, die persönlichen Risikofaktoren nicht zu beachten oder erst gar nicht zur Vorsorge zu gehen. Die mangelnde Mitarbeit ihrer Patienten, über die Ärzte häufig klagen, ist ein Indiz dafür.

Ein häufiges Muster: Seit Jahrzehnten besteht ein pathologisches Übergewicht und seit Jahren ein schwerer Diabetes, der im Alter eine Herzschwäche nach sich zieht. Die Warnungen werden nicht beachtet, rechtzeitige Arztbesuche und Untersuchungen verweigert. Erst unter dem Leidensdruck von Beschwerden werden Medikamente genommen. Die dringend empfohlene gewichtsreduzierende Diät wird aber nicht eingehalten, sodass der Zustand potentiell lebensbedrohend bleibt.

Die Gespräche ergeben dann oft Traumen, zum Beispiel dass man als Kriegskind gehungert hatte, Geschwister oder die kranke Mutter versorgen musste und jemand davon an Unterernährung – wie man jedenfalls annahm – starb. Es kann sich dabei die Überzeugung festsetzen, dass das Leben nur durch reichliche Ernährung zu erhalten ist, und Nahrungseinschränkung (Diät) bedeutet dann unbewusst, nochmal am Tod eines Menschen schuldig zu werden. Eine solche unbewusste Überzeugung kann dazu führen, sich und die Angehörigen überzuernähren und dieses Fehlverhalten trotz aller Aufklärung und ärztlichen Bemühungen beizubehalten.

Vernichtungsschmerz – Infarkt oder Angstneurose?

Am Vernichtungsschmerz, den Herzleidende erleben, lässt sich gut aufzeigen, dass ein Symptom nur die Oberfläche ist. Das gleiche Symptom kann für ganz unterschiedliche organische Befunde stehen und auf ganz verschiedenen unbewussten Problemen und Abwehrmethoden beruhen.

So neigen Menschen, die einen Herzinfarkt erlitten haben, dazu, das schnell wieder zu bagatellisieren. Sie halten mitunter eine Behandlung für unnötig oder versuchen gar zu verhindern, dass ein Arzt gerufen wird. Im Gegensatz dazu fürchten Patienten mit einer Herzneurose, einen Herzinfarkt zu bekommen, klagen über anhaltende Schmerzen, fühlen sich in Not und in Lebensgefahr. Sie drängen auf sofortige Behandlung und werden oft mit Blaulicht in die Klinik gefahren. Bei ihnen liegt aber keine körperliche Ursache vor, sondern eine Angstkrankheit. Die verborgenen Ursachen für dieses Verhalten sind bei dem einen das Fehlen von Angst aufgrund von Verleugnung, beim anderen Angst als Alarmsymptom, das auf Konflikte, die zur Sprache kommen sollten, hinweist.

Alles dauert länger

Im Laufe des Lebens verlangsamen sich allmählich alle Stoffwechselfunktionen, sodass es länger dauert, bis aufgenommene Stoffe wie Alkohol, Medikamente und belastende Nahrungsmittel von Leber, Nieren und anderen Organen entgiftet und wieder ausgeschieden werden. Daraus folgt, dass schon geringe Dosierungen zu den gleichen Wirkungen wie vorher größere Mengen führen.

Bei Medikamenten wirkt sich die verlangsamte Ausscheidung oft folgenschwer aus, weil ja auch die Wirkung länger anhält und es besonders bei dämpfenden oder Schlafmitteln dann zu einer Anhäufung im Körper (Kumulierung) kommt: Das Mittel des Vortages ist noch nicht ganz ausgeschieden, wenn es erneut genommen wird, sodass sich täglich mehr davon im Körper anreichert. Die Folge sind chronische Vergiftungen (Intoxikationen), die zu Benommenheit und damit fälschlich zum Bild eines Demenzsyndroms führen können. Mancher Patient lebt wieder auf, wenn die aus vorübergehender Indikation verordneten, aber in nicht altersgerechten Dosen und zu lange beibehaltenen dämpfenden Mittel endlich abgesetzt werden.

Es ist nicht angebracht, eine Beruhigung und längere Schlafdauer durch dämpfende Medikamente erzwingen zu wollen. Ältere brauchen meist nicht mehr soviel Tiefschlaf. Sie nehmen die Mittel, um sich zu beruhigen und Alpträume zu vermeiden. Beruhigungsmittel wie Benzodiazepine sind angstlösend und helfen, gelegentlich genommen, sehr gut. Auf Dauer machen sie aber abhängig und führen oft zu Benommenheit und Gleichgewichtsstörungen, was die Gefahr von für Ältere verhängnisvollen Stürzen steigert. Sinnvoller wäre es, keine Schlaf- und Beruhigungsmittel zu nehmen, sondern herauszufinden, welche Ängste, Träume, Probleme und Konflikte nachts hochkommen und nach Lösungen zu suchen.

Krebs, das Damoklesschwert

Die Langlebigkeit bringt mit sich, dass Erkrankungen ausbrechen, die bei kürzerer Lebensdauer gar nicht erst erlebt würden. Anders ausgedrückt: Unsere Vorfahren verstarben oft schon, bevor es zu diesen Erkrankungen kam. Insbesondere Krebs ist heute ein sehr häufiges Altersleiden. Schätzungen zufolge ist jeder Vierte betroffen. Je länger wir leben, desto eher erreichen wir ein Alter, in dem unser Körper Schäden nicht mehr reparieren, entartete Zellen nicht mehr bekämpfen kann und Krebs ausbricht.

Neben dem Alter spielen bei der Entstehung von Krebs viele weitere Faktoren eine Rolle, die sich wechselseitig beeinflussen. Über Risikofaktoren, Möglichkeiten zur Vorbeugung, Behandlung und Nachsorge gibt es eine Vielzahl von Literatur und Informationen (zum Beispiel www.krebsinformationsdienst.de). Um zu erfahren, für welche Krebsarten und andere Krankheiten eine familiäre Anfälligkeit, eine ererbte Veranlagung besteht, kann die Ahnenforschung aufschlussreich sein. Die exakten Todesursachen sind zwar erst seit etwa 100 Jahren registriert, aber schon die Feststellung der Todesdaten kann auf eine besondere Gefährdung in einem bestimmten Lebensalter hinweisen.

In den 1990er Jahren wurde auch intensiv diskutiert, ob es eine »Krebspersönlichkeit« gibt. Einzelne Beschreibungen und Romane möchten das nahelegen, und man kann das in Einzelfällen durchaus nachempfinden. Wissenschaftlich ist aber bisher kein eindeutiger Zusammenhang zwischen der Charakterstruktur und einer bestimmten Krebsart nachwiesen worden. Es muss sich also niemand vorwerfen, seinen Krebs selbst verschuldet zu haben, weil er nicht positiv genug gelebt und gedacht hätte.

Nach klinischer Erfahrung ist aber vorstellbar, dass ein bösartiger Tumor, der vermutlich latent schon vorhanden war, dann ausbricht, wenn die Abwehrkraft durch physischen oder psychischen Stress geschwächt ist. So weiß man, dass Menschen in Situationen, in denen sie sich alleingelassen, hilflos und hoffnungslos fühlen, vermehrt krank werden. Das Ausbrechen von Krebs ist indes nur eine der Möglichkeiten. Ebenso kann die Selbstaufgabe und die Flucht vor Problemen in Rauchen, Alkohol- und Medikamentenmissbrauch einer Krebserkrankung den Weg bahnen.

Die Diagnose Krebs trifft die Patienten oft wie ein Blitz aus heiterem Himmel und verändert ihr Leben grundlegend. Brustkrebs, die häufigste Krebsform bei Frauen, konfrontiert diese nicht nur mit der Endlichkeit des Lebens, sondern auch mit der Vergänglichkeit ihrer Weiblichkeit. Analog fürchten Männer mit einem Prostatakarzinom den Verlust ihrer Männlichkeit. Bei hormonabhängigen Tumoren hat sich die Funktion der Geschlechtshormone ins Gegenteil verkehrt: Standen sie bisher für Leben, Vitalität und Bindung an den Partner, fördern sie nun das Krebswachstum und den möglichen Tod.

Die Chancen der Früherkennung werden auch bei der Krebsvorsorge häufig vertan. So nutzen zum Beispiel viele nicht die Möglichkeit der Darmspiegelung (Koloskopie) zur Darmkrebsvorsorge, durch die eine Geschwulst frühzeitig erkannt und dabei gleich entfernt werden kann.

Vorsorgeuntersuchungen für Brustkrebs, Darmkrebs, Prostatakrebs etc. werden von den Krankenkassen angeboten. »Ich wollte nicht aus Dummheit sterben«, sagte eine Patientin, die von sich aus rechtzeitig zur Untersuchung gegangen war und die deshalb von einem Krebsleiden geheilt werden konnte. Die moderne Medizin mit Diagnostik, Operationstechniken, Medikamenten und anderem bietet gute Antworten, um das Älterwerden des Körpers auf das Unvermeidliche zu beschränken. Die große Gefahr ist, aus Angst und inneren Gründen die Chancen zur rechtzeitigen Früherkennung nicht wahrzunehmen.

Die Angst vor Untersuchungen ist heute real nicht mehr begründet, die Folgen der Unterlassung können gravierend sein: Viele sterben vorzeitig und unnötig, aus inneren Ursachen, von denen sie nichts wissen und die sie nicht in Betracht ziehen. »Ich habe eine Reihe von Freunden sterben sehen, einige qualvoll. Es waren Ärzte darunter und Professoren, Leute, die es wissen sollten oder auch wussten, und die sich trotzdem nicht untersuchen und nicht rechtzeitig behandeln ließen.« (Helmut Luft) Wie mächtig müssen die inneren Gründe sein!

Der Körper übernimmt die Regie

Die Beziehung zum Körper verändert sich durch die Multimorbidität und die krankheitsbedingten Behinderungen grundlegend. Wir sind daran gewöhnt, dass er unser gehorsamer Diener ist, der funktioniert und seine Pflichten erfüllt, und zwar auf unauffällige, diskrete Weise. Er führt aus, was wir wollen, und bleibt dabei selbst unbemerkt.

Im Lauf des Älterwerdens aber macht er sich bemerkbar, zwingt uns, sich mit ihm zu beschäftigen, und produziert Beschwerden, die unsere gewohnten Tätigkeiten behindern. Er ist nicht mehr der Leib, der wir sind, untrennbar von uns selbst, sondern wird zu einem Körper, den wir haben und der sich von uns selbstständig macht. Er schwingt sich vom Diener zum Herrn auf, übernimmt die Regie über unsere Lebensführung und zwingt uns zu grundlegenden Einschränkungen. Er nimmt uns die Autonomie. Wir können nicht mehr tun, was wir möchten, sondern nur noch das, was der Zustand unseres Körpers zulässt. Vieles verbietet er, oft müssen liebgewordene und wichtige Aktivitäten aufgegeben werden. Man kann sich nicht mehr auf ihn verlassen und lebt in Angst vor der nächsten unangenehmen Überraschung. »Aus der Liebesbeziehung zu meinem Körper ist eine zerstrittene Ehe geworden«, sagte eine leidgeprüfte 70-Jährige. Der alternde Körper wird somit zum spezifischen »Organisator der Entwicklung« dieser Lebensphase (Heuft, Kruse und

Radebold 2000, S. 42). Der Kampf mit dem Körper um den Erhalt von Körperfunktionen wird zur wichtigsten Aufgabe.

Schmerz – die Plage des Alters

Schmerzen und ihre Folgen sind die Plagen, die das Alter zur Last machen. Von Schmerzsyndromen bleibt im Lauf des Älterwerdens niemand verschont. Sehr häufig sind schmerzhafte Arthrosen der Knie- und Hüftgelenke und der Wirbelsäule. Das Gehen wird dadurch behindert, der Aktionsradius schränkt sich ein. Während Schmerzperioden können die Betroffenen oft das Haus nicht mehr verlassen und sind auch im Haus behindert, müssen sich mit den Händen die Treppe hinauf- und hinabhangeln. Das wird untergründig als Erniedrigung, Demütigung und Kränkung erlebt, denn der aufrechte Gang ist eine der Errungenschaften in der Evolution, die den Homo sapiens über die Tiere erhebt und der Übersicht und geplante Bewegung möglich macht. Geht das verloren, fühlt man sich wieder in die Hilflosigkeit des Kleinkinds versetzt – mit entsprechenden Gefühlen von Scham und Erniedrigung.

Arthrosen der Fingergelenke behindern die feinen Bewegungen: Zu- und Aufknöpfen sowie das An- und Ausziehen von Strümpfen und Schuhen werden zu mühseligen und zeitraubenden Tätigkeiten oder sind ohne Hilfe nicht mehr möglich. Die zu kleinen, überdies meist mit unlesbaren oder unverständlichen Aufschriften versehenen Tasten von elektronischen Geräten können nicht mehr bedient werden. Die von den Enkeln in bester kommunikativer Absicht geschenkten und eigentlich sehr nützlichen Fernseher, Videorecorder, Handys und mp3-Player bleiben dann leider unbenutzt.

Schmerz ist eigentlich ein Warnsignal, das auf Schäden hinweist, und da die Evolution den alternden Körper auf Verfall programmiert hat, können die Schäden überall auftreten. Jeder neu auftretende Schmerz muss sorgfältig untersucht werden. Anhaltende Kreuzschmerzen können harmlose degenerative Veränderungen der Wirbelsäule als Ursache haben oder ein Alarmsignal für eine lebensbedrohliche Krankheit, zum Beispiel Knochenmetastasen, sein. Die meisten Schmerzursachen sind klar zu diagnostizieren und wirksam zu behandeln. Nicht immer führt die Medizin aber weiter.

Fast alle Älteren haben vor allem nachts und an wechselnden Stellen Schmerzen, die ganz normal sind, in den Träumen und Halbwachphantasien aber oft ins sehr Bedrohliche gesteigert werden. Ein tröstliches Bonmot, das verschiedenen Personen zugeschrieben wird, formuliert es so: »Wenn mir morgens beim Aufwachen einmal wirklich gar nichts weh tun sollte, dann weiß ich, dass ich tot bin.« Tatsächlich vergeht nach dem Aufstehen durch Bewegung die Steifheit, die Schmerzen lassen nach und sind bis zum Frühstück oft völlig verschwunden. Das ist ein alltägliches Beispiel dafür, dass Bewegung ein unserer Natur immanentes, lebensnotwendiges und heilsames Element ist.

Eine große Gefahr mit nachteiligen Folgen ist, wenn Ältere dem Schmerz nicht nur in Stadien akuter Entzündung, in denen Schonung angebracht ist, sondern auf Dauer nachgeben, Bewegung vermeiden und sich immer mehr einschränken. Bewegung ist überlebenswichtig. »Wer rastet, der rostet«, und nicht benutzte und geübte Organe verlieren ihre Funktion. Durch Schonung wird auch die Osteoporose gefördert. Die Knochen werden brüchig und es kommt, mitbewirkt durch Gangunsicherheit, Gleichgewichtsstörungen oder Schwindel, leicht zu Stürzen mit Knochenbrüchen, die zu den häufigsten Ursachen von Pflegebedürftigkeit gehören. Man muss also üben und seine Kraft und Beweglichkeit erhalten.

Auch zuviel Schonung hat oft verborgene Gründe. Die Lebensgeschichte gibt vor, welche von Jugend an vertraute Sport- und Bewegungsarten man im Alter wieder aktivieren kann, um der Selbstschädigung entgegenzuwirken, und welche aus unbewussten Gründen blockiert bleiben, mit der Folge, dass noch so notwendige Verordnungen für Bewegungstherapie nicht befolgt werden können.

Aus der Multimorbidität ergeben sich nicht nur die Schmerzen als Last und Bürde, sondern weitere Folgen, die Kaskaden von Einschränkungen und Behinderungen nach sich ziehen können (vgl. Kapitel 6, S. 137f). Der Schriftsteller Philip Roth bezeichnet das Alter schlichtweg als »Massaker« (2006). Von vielen Älteren kann man ähnliche drastische Aussprüche hören.

Nach den Definitionen der WHO ist jede Krankheit mit einem Schaden verbunden, der zur Einschränkung von Funktionen und zu einer sozialen Beeinträchtigung führt. Bei der Arthrose zum Beispiel besteht der Schaden in der krankhaften Veränderung der Knochen und Gelenke und die Funktionsstörungen in Bewegungsschmerz und Versteifung. Die sozialen Handicaps ergeben sich, wenn der Betroffene das Haus nicht mehr verlassen, weggehen, dann auch nicht mehr Auto fahren oder öffentliche Verkehrsmittel benutzen kann. Bei vielen anderen alterstypischen Leiden, zum Beispiel der Parkinson-Krankheit, geschieht das Gleiche.

Gerade die sozialen Beeinträchtigungen verändern das Leben grundlegend. Es ist für Jüngere schwer vorstellbar, was es bedeutet, nicht mehr spazierengehen, wandern, joggen, Ski laufen, reisen zu können, und wie schwer es ist, die Skatrunde und den Stammtisch aufzugeben, die Freunde nicht mehr zu besuchen und nicht mehr an Veranstaltungen teilzunehmen. Es bedeutet Rückzug auf eine reduzierte Lebensweise, Minderung der Autonomie, Isolierung mit Wegfall von Anregungen und Befriedigungen, geminderte Lebensfreude und Verlust von Zukunftsperspektiven. »Ich fühle mich wie im Gefängnis, bin in mein Haus eingesperrt und immer auf jemanden angewiesen, wenn ich nach draußen gehen will.«

Die zentrale Angst der meisten Älteren ist weniger die vor dem Tod als die vor einem weiteren Versagen des Körpers mit Verlust der Autonomie, Hilfloswerden, auf andere Angewiesensein, Abhängigkeit und Pflegebedürftigkeit.

Wir haben das, was uns in fortgeschrittenen Stufen des Alterns erwartet, so deutlich dargestellt, um dafür zu motivieren, sich rechtzeitig – und das heißt sofort – darauf einzustellen. Wir sollten alles dafür tun, um den Entgleisungen möglichst zuvorzukommen und uns auf der Ebene des biologischen Alters so lange und so jung wie möglich zu erhalten.

Offenbar sind wir schon auf dem richtigen Weg. Nach den Ergebnissen der Berliner Altersstudie (Baltes et al. 1996) liegen bei den meisten Älteren zwar Krankheiten vor, aber zwei Drittel fühlen sich dadurch nicht eingeschränkt, beurteilen ihren Gesundheitszustand als sehr gut bis befriedigend und sind der Meinung, dass sie ihr Leben selbst bestimmen. Trotz aller Beschwernisse überwiegen also bei Weitem die Chancen, gute Wege des Älterwerdens zu finden.

Antworten auf das Älterwerden

Die Zumutungen des biologischen Abbaus werden von den Menschen, im Gegensatz zu den Tieren, nicht als naturgegeben hingenommen. Vielmehr haben sich im Laufe der Hominisation eine Fülle von Gegenbewegungen, Reaktionen und Kompensationen herausgebildet, die nur dem Menschen mit seinem Geist und seiner Phantasie möglich sind. Manche Auffälligkeiten Älterer sind nicht als Defizit, sondern als sinnvolle Antwort, als Suche nach Chancen und als produktive Auseinandersetzung und Selbstheilungsversuch zu verstehen (Kipp und Jüngling 2000). Diese Sichtweise ist ein Schlüssel für das Verständnis des Verhaltens älterer Menschen.

Warum mir? – Altern als Kränkung

Wenn die allgemeine Verleugnung des Alterns (siehe Kapitel 1) nicht mehr aufrechtzuerhalten ist, etwa weil Ereignisse wie ein Schlaganfall oder eine Krebserkrankung eingetreten sind, reagieren viele Menschen nicht nur mit Erschrecken, Angst und Verunsicherung, sondern oft auch mit Widerspruch und Protest. Sie fühlen sich von ihrem Körper, der nicht mehr gehorcht, verlassen und beklagen sich darüber. Manche sind deutlich gekränkt und beschweren sich über die Zumutung, dass ausgerechnet ihnen ein solches Schicksal widerfährt. Die nicht mehr zu übersehenden Zeichen des Alterns fügen dem gesunden Narzissmus (Selbstwertgefühl, Stolz und Liebe zu sich selbst) tiefe Wunden zu. Die unbewussten Phantasien von der eigenen Unverwelkbarkeit und Unzerstörbarkeit (»Mir kann nichts passieren«) werden erschüttert.

Das ungläubige, erschreckende Erleben beim Eintreten körperlicher Defizite wird von dem Dichter Robert Gernhardt so formuliert:

> Durch einen Fehler im Weltenplan
> Verlor ich meinen Schneidezahn.
> Da fuhr mir eiskalt durch den Sinn:
> Wie, wenn ich nicht unsterblich bin?
> Und also ward mir sonnenklar,
> dass ich ein sterblich Wesen war.
> (Robert Gernhardt, *Gesammelte Gedichte 1954-2006.*
> © S. Fischer Verlag GmbH, Frankfurt am Main, 2008)

Ein typisches Alterungszeichen, Zahnausfall, kann nicht als naturgegeben akzeptiert werden, sondern wird als Fehler im Weltenplan, als Erschütterung der Weltordnung und als persönliche Kränkung erlebt.

In einer Rehaklinik für Krebskranke fiel auf, dass viele, besonders Männer, wieder in die Kirche gingen. In den Gruppengesprächen ergab sich, dass neben der Fürbitte um Hilfe auch das Motiv der Kränkung dafür maßgeblich war: Sie wollten sich höheren Orts, beim Allmächtigen, über die Zumutung beschweren, ausgerechnet ihnen, Krone der Schöpfung, ein Krebsleiden geschickt zu haben.

Die Überzeugung, gottähnlich und sogar gottgleich zu sein, ist uns zwar nicht bewusst, aber fest in uns verankert und wird uns durch die *Bibel* verbrieft:

> Und Gott sprach: Lasset uns Menschen machen, ein Bild, das uns gleich sei, die da herrschen über die Fische im Meer und über die Vögel unter dem Himmel und über das Vieh und über alle Tiere des Feldes und über alles Gewürm, das auf Erden kriecht. Und Gott schuf den Menschen zu seinem Bilde, zum Bilde Gottes schuf er ihn: und schuf sie als Mann und Weib. (*Erstes Buch Mose*)

Der Glaube daran, dass wir das Bild Gottes sein und über die Tiere herrschen sollen, wird durch die Erfahrung des Altersabbaus, der uns vor Augen führt, dass unser Körper ebenso wie der der Tiere auch nur vergängliches Fleisch ist, erschüttert. Es ist die zweite der drei großen Kränkungen, die nach Freud dem menschlichen Narzissmus durch Erkenntnisse der Wissenschaft zugefügt wurden. Die erste Kränkung ist, dass er aufgrund der Forschungen von Kopernikus nicht mehr der Mittelpunkt des Weltalls ist und sich nicht mehr als der Herr der Welt fühlen kann. Die zweite, dass er sich nach den Forschungen Darwins aus mit Tieren gemeinsamen Vorstufen entwickelt hat und wie diese den Gesetzen der Biologie unterliegt (Freud 1917, S. 6-11). Die dritte ist, dass wir nicht Herr im eigenen Hause sind, sondern von unbewussten Motiven bestimmt werden (vgl. Kapitel 4, S. 117).

Scham – Altern als Stigmatisierung

Ältere haben große Angst davor, von den Jüngeren als alt und damit minderwertig angesehen zu werden. Die Zeichen des Alterns, die Runzeln und Falten und mehr noch die Behinderungen möchte man verbergen, als ob man sich dafür schämen müsste. Wenn man nicht mehr ohne Hilfe gehen, sich nicht die Schuhe binden kann oder Inkontinenzprobleme hat, fühlt man sich wie ein Kind, das ungeschickt und noch nicht stubenrein ist. Diese tief schmerzhaften und erniedrigenden Affekte von Scham sind einer der verborgenen Gründe, Alterungssymptome lieber zu verstecken als Hilfe anzunehmen.

Viele Ältere wollen sich beim Aufstehen aus dem Sessel oder beim Anziehen des Mantels nicht helfen lassen, weil sie nicht als altersbehindert gelten wollen. Das kann so weit gehen, dass sie verständnisvolle und gut gemeinte Hilfsangebote brüsk zurückweisen. »Das ist für die Alten, aber nicht für mich«, sagen Ältere, sobald etwas als »für Senioren« bezeichnet wird. Aus Angst vor Stigmatisierung ließen sich sehr hilfreiche Erfindungen wie Handys, Fernseher und Haushaltsgeräte mit altengerechter Tastatur bisher am Markt schlecht einführen. Ebenso werden Erleichterungen beim Autofahren, zum Beispiel Automatikschaltungen, die die schwierigen Koordinationsleistungen der Handschaltung ersparen und mehr Sicherheit und Überblick beim Fahren bringen würden, beharrlich abgelehnt, wobei wohl auch der Wunsch, nichts aus der Hand zu geben, sich seine Autonomie zu erhalten, beteiligt ist.

Wenn die Autonomie verlorengeht und es zu Hilflosigkeit oder Verwahrlosung kommt, kann die Scham mit aller Macht herausbrechen und gelegentlich auch eine enorme Aggression gegenüber den Helfern entfachen.

Rückgriff auf Erfahrungen

Es gibt jedoch über diese teilweise unbewussten Strategien von Verleugnung und Scham hinaus auch aktive Versuche und Antworten mit dem Ziel, die altersbedingten Einschränkungen und ihre Folgen auszugleichen.

Eine Art von Antworten greift auf Erfahrungen zurück, mit denen frühere vergleichbare Situationen bewältigt werden konnten. Dabei gibt es geschlechtsspezifische Prägungen. Männer neigen dazu, ihre Defizite aktiv beheben zu wollen. Sie versuchen, ihren Körper unter Kontrolle zu bekommen, ihn wie den Motor eines Autos zu reparieren und wieder zum Laufen zu bringen. Sie greifen hierzu gern ihre beruflichen Fähigkeiten wieder auf. So neigen frühere Verwaltungsleute und Buchhalter dazu, bei Altersleiden wie Kreislaufleiden, Schlaganfall etc. ihre Blutdruck-, Puls-, Blutzucker- und Urinwerte unnötig häufig zu messen, sie in Tabellen und Kurven einzutragen und auszuwerten. Das mindert die angstvolle Anspannung, und es beruhigt und bessert das Befinden, wenn die Werte stabil bleiben. In den Gesprächen kann sich zum Beispiel ergeben, dass einer durch sorgfältiges Auswerten von Daten dazu beigetragen hatte, seine Firma in Krisenzeiten vor dem drohenden Konkurs zu retten.

Der verborgene Grund für solche Antworten auf die Altersleiden ist der Versuch, seinen Körper wie früher seine Firma unter Kontrolle zu bringen und auf die Weise, die sich damals im Beruf bewährt hatte, vor dem drohenden Untergang zu retten.

Ehemalige Angehörige technischer Berufe, Ingenieure und Handwerker versuchen, mit technischen Geräten ihre Altersdefizite auszugleichen. Sie konstruieren Seh-, Hör-, Greif- und Gehhilfen und Apparate gegen die Harninkontinenz. Dem kann zugrunde liegen, dass zum Beispiel eine bestimmte Gymnastik- oder Laufgruppe den noch verbliebenen wichtigsten Kontakt bedeutet und deshalb die Inkontinenz technisch verhindert werden muss. Misslingt das und geht der Kontakt zur Gruppe verloren, können Isolierung und Depression die Folge sein.

Die verborgenen Gründe sind hier, die Selbstständigkeit und Autonomie zu erhalten und am sozialen Leben weiter teilhaben zu wollen. Für Männer ist es besonders wichtig, selbst und aktiv etwas gegen das Altern und seine Auswirkungen tun zu können.

Das Machbare und seine Grenzen

Die Defizite des Älterwerdens auszugleichen, ist heute, im Vergleich zu unseren Vorfahren, in erstaunlichem Ausmaß technisch machbar geworden. Jeder macht ganz selbstverständlich von den herkömmlichen Hilfsmitteln, die der menschliche Erfindergeist geschaffen hat, Gebrauch.

Das Machbare hat aber seine Grenzen. Es ist nur auf den alternden Körper als Materie, die materiellen Einflüssen zugänglich ist, als Maschine, die mit technischen Mitteln repariert werden kann, anwendbar. Unser Körper ist aber von uns als Person nie ganz zu trennen, ist beseelter Leib und Ausdruck unseres Fühlens und Erlebens. Die sich daraus ergebenden Probleme zu lösen, ist weder allein technisch noch nur medizinisch machbar.

So sind künstliche Hüft- und Kniegelenke zur Verbesserung der Funktionen und Beschwerden und zur Erhaltung der Autonomie oft unumgänglich. Sie machen aber einen alternden Körper nicht jünger. Eine Metallprothese bringt nicht automatisch den federnden Gang und den Hüftschwung eines Jünglings zurück, wie man es sich vor der Operation erträumt hatte. Jahrelange Schmerzen und Schonung, die Ruhigstellung durch die Operation sowie die lange Nachbehandlung können auch einen inzwischen erfolgten Alterungsschub überdecken, der erst erkennbar wird, wenn nach der Operation die Schmerzen vorbei und die Gehbehinderungen beseitigt sind. Der Gang ist dann zwar schmerzfrei, aber doch der eines alten Menschen geworden.

Ein häufiges Problem dabei ist, dass ein neues Gelenk zuerst als Fremdkörper empfunden wird und nicht sofort als Teil des eigenen Körpers akzeptiert werden kann. Aus einem störenden Ersatzteil muss ein neuer Partner werden, mit dem zurechtzukommen man erst lernen muss. Bis daraus ein integraler Teil der Person geworden ist, braucht es bei manchen Älteren viel Zeit und Geduld. Es dauere nach einer Operation »etwa ein Jahr«, bis man sich wieder normal bewegen könne, hört man oft und fühlt sich an das »Trauerjahr« erinnert, das man nach einem Verlust braucht.

Die Perfektion der Technik verführt zu der gefährlichen Illusion, das Altern sei gänzlich aufzuhalten und ewige Jugend technisch machbar. Eine Schauspielerin, noch in der Lebensmitte, suchte ihre Haut angstvoll nach Fältchen ab, und brachte sich um, nachdem wiederholte Unterspritzungen und Operationen diese Fältchen nicht mehr am ganzen Körper verhindern konnten. Sie inszenierte damit in tragischer Zuspitzung eine weit verbreitete Fehlhaltung. Ihr fehlte die Fähigkeit, das Altern mit seinen körperlichen Anzeichen als natürlich zu akzeptieren und in Würde zu ertragen.

Es ist eine Frage des Reifegrades der Person, die technischen Möglichkeiten sinnvoll zu nutzen, aber die Grenzen des Machbaren zu sehen. Die sehr häufigen Herzkatheteruntersuchungen mit Einsetzen von Stents, zum Teil sogar mehrfach wiederholt, sind nützliche und oft lebensrettende Maßnahmen. Das suggeriert, dass mit Technik nun die Probleme gelöst und auch in Zukunft immer wieder lösbar seien, und so wird es auch dargestellt. Es bleibt dabei außer Acht, dass es sich um oft lebensbedrohliche Krankheiten handelt, die Alterungsschübe anzeigen und die verbleibende Lebenszeit verkürzen, wenn die Warnzeichen nicht beachtet werden.

Gesunde Lebensführung, Vorsorgeuntersuchungen und Beachtung der persönlichen Risikofaktoren sind selbstverständliche Voraussetzungen für gutes Altern. Nach dem modernen Ideal, alles ist machbar, müsste durch Ausschaltung der Risikofaktoren automatisch und in jedem Fall Gesundheit herstellbar sein. Das stimmt aber nicht immer. In Ausnahmefällen können Symptome, so schädlich sie objektiv sind, auch zur Abwehr tieferer Gefahren notwendig sein. Im unbewussten seelischen Erleben gibt es der Machbarkeit Grenzen setzende, verborgene Zusammenhänge, die erst auf Umwegen verständlich werden. So kann zum Beispiel Übergewicht unbewusst dazu dienen, Belastendes auf Distanz zu halten, sich gegen Verletzendes abzupuffern, sodass, wenn wirklich das Normalgewicht erreicht wird, das Abgewehrte zutage tritt.

Bringt man Patienten mit massivem Übergewicht durch forcierte Methoden zu einer massiven Gewichtsabnahme, so ist das nach dem Ausschöpfen anderer Methoden indiziert und trägt in den meisten Fällen zur Heilung bei. Es kann aber auch dazu führen, dass die erzwungen Normalgewichtigen keineswegs gesünder, sondern psychisch krank werden, zum Beispiel in eine Depression fallen oder auch körperlich erkranken. Als verborgene Ursache kann sich ergeben, dass zum Beispiel eine Frau schon als Kind unbewusst versucht hatte, sich mittels Übergewicht unattraktiv zu machen, um sich gegen Zudringlichkeiten zu schützen und gegen Missbrauch oder seelische Verletzungen abzupolstern. Unbewusst fühlt sich eine solche Patientin durch die »erfolgreiche Abmagerung« ihres schützenden Puffers beraubt und wieder wie ausgeliefert. »Mein dickes Fell ist jetzt leider weg.«

Der alleinige Glaube an die Allmacht der Technik dient der Verleugnung und entwürdigt zugleich. Da die Beschwerden, die zu Katheteruntersuchungen und Stents führen, nicht nur durch die bekannten äußeren Risikofaktoren entstehen, sondern da zumindest bei der Auslösung oft innere Gründe und verborgene Ursachen beteiligt sind, wäre es im Anschluss an die Katheteruntersuchung sehr sinnvoll, dem nachzugehen und das Gespräch darüber zu suchen. Ebenso wichtig wie das Befolgen der Therapie wäre es für den Patienten, sich auf die veränderte Lebensperspektive einzustellen und seine Angelegenheiten entsprechend zu ordnen. Die Chancen, dass dann noch eine angemessene gute Lebenszeit bleibt, werden dadurch eher besser.

Körpersprache – Wunsch nach Kommunikation

Frauen haben in der Regel ein besseres Gefühl für ihren Körper. Sie pflegen ihn und versuchen, ihre jugendlich-attraktive Erscheinung und Ausstrahlung zu bewahren. Es liegt ihnen weniger, ihre körperlichen Defizite und Leiden überaktiv zu kompensieren, sondern sie weisen eher diskret darauf hin und drücken indirekt über Gestik und Körpersprache ihre Probleme und auch ihre Sehnsucht nach Zuwendung und Hilfe aus. Sie sind oft mit ihrer gesamten Lebenssituation unzufrieden, depressiv, klagen über Schmerzen vielfältiger Art. Sie lassen sich nicht gern körperlich untersuchen, weil sie sich schämen, ihren welk und faltig gewordenen Körper zu zeigen.

Wenn bei einer Frau zum Beispiel nachts heftige Herzschmerzen den Besuch eines Herzspezialisten (»der Mann fürs Herz muss kommen«) notwendig machen, und die Schmerzen bei seinem Erscheinen abklingen, so kann sich schon in wenigen psychotherapeutischen Gesprächen ergeben, dass sie sich nach einem »Mann fürs Herz« sehnte, sich das bewusst aber nicht hatte eingestehen können. Ihre Liebeswünsche sind lebendig geblieben und helfen ihr, sich nicht als alte Frau zu fühlen.

Die Sprache des Körpers ist nicht nur Frauen vorbehalten. Es ist eine großartige Fähigkeit des Menschen, die Auswirkungen des körperlichen Abbaus so umzufunktionieren, dass sie der Kommunikation dienen. Die Zumutungen des Alterns werden viel erträglicher, wenn man Verständnis und Hilfe findet. Symptome werden dann nicht einfach nur als Zeichen des Abbaus hingenommen, sondern als psychosomatische Syndrome organisiert, die Ausdruckscharakter annehmen und als Appell und Mitteilung an die Mitmenschen verwendet werden. Älterwerdende sind wegen ihrer steigenden Morbidität und ihrer Probleme auf die Zuwendung und Hilfe von Ärzten angewiesen. Da der Arzt aber nur für den Körper zuständig ist, kann man, so glauben viele, nur mit körperlichen Symptomen zu ihm gehen, braucht also Vorzeigesymptome, um von ihm überhaupt angenommen zu werden. Das ist unbewusst, und dem liegt oft die Kindheitserfahrung zugrunde, dass man nicht immer mit Problemen zur Mutter kommen konnte, dass aber Krankheit,

Fieber, Husten und andere Körpersymptome die sofortige besorgte Zuwendung bewirkten.

Der spürbare Zeitdruck in den Praxen, aber auch verborgene persönliche Gründe können dafür ausschlaggebend sein, dass es so schwerfällt, persönliche Konflikte und Probleme beim Arzt anzusprechen. Die Kriegsgeneration zum Beispiel ist der tief eingewurzelten Ansicht, dass man kein Recht hat, für seine Probleme die Hilfe anderer in Anspruch zu nehmen, sondern selbst damit fertig werden muss. Der Körper hat wie ein Soldat zu gehorchen. Viele sehen keine Veranlassung, über sich zu sprechen, weil es ihnen verborgen bleibt, dass sie nicht nur körperliche Probleme haben. Ganz von selbst übernimmt es der Körper, das auszusprechen: Konflikte und Emotionen übersetzen sich in Körpersymptome, belastende Lebenssituationen artikulieren sich in der Sprache des Körpers, Seelenschmerz stellt sich als Körperschmerz dar.

Die Körpersprache ist in unserer sachlich-technisch orientierten Zeit leider weitgehend zu einer Fremdsprache geworden, die weder von uns selbst noch von allen Ärzten verstanden wird – und das, obwohl wir in der Umgangssprache solche Zusammenhänge deutlich benennen:

- Durch erschütternde Erlebnisse trifft uns der Schlag,
- uns bleibt vor Schreck das Herz stehen,
- das Schicksal erteilt uns Nackenschläge,
- ein Hexenschuss legt uns lahm,
- Ärger schlägt auf den Magen,
- eine Laus ist uns über die Leber gelaufen,
- es ist uns etwas zum Kotzen,
- wir machen uns vor Angst in die Hose,
- bei Unerwartetem bleibt uns die Luft weg,
- wir haben die Nase voll etc.

Treten Körpersymptome auf, die genau das darstellen, so wird in der modernen, materiell eingestellten Welt die Mitteilung nur selten verstanden, sondern das Symptom wird in eine rein körperlich verstandene Einteilung eingeordnet (deskriptive Klassifikation). So ergibt sich oft erst in einem psychotherapeutischen Gespräch, dass seit Jahren erfolglos behandelte Schmerzsyndrome, Hochdruck, Tachykardien etc. erstmals nach dem Tod der Mutter oder des Sohnes aufgetreten waren.

Verborgenes will sich mitteilen

Freud vollzog vor über 100 Jahren den Schritt zur Psychoanalyse, indem er erkannte, dass sich Verborgenes ganz von selbst mitteilen möchte. Er brauchte seine Patienten nicht mehr in Hypnose zu befragen, um ihnen ihre Geheimnisse zu entlocken, sondern ihnen einfach nur zuzuhören.

> Als ich mir die Aufgabe stellte, das, was die Menschen verstecken, nicht durch den Zwang der Hypnose, sondern aus dem, was sie sagen und zeigen, ans Licht zu bringen, hielt ich die Aufgabe für schwerer, als sie wirklich ist. Wer Augen hat zu sehen und Ohren zu hören, überzeugt sich, dass die Sterblichen kein Geheimnis verbergen können. Wessen Lippen schweigen, der schwätzt mit den Fingerspitzen; aus allen Poren dringt ihm der Verrat. Und darum ist die Aufgabe, das verborgene Seelische bewusstzumachen, sehr wohl lösbar. (Freud 1905e, S. 147f)

Er ließ dabei auch das auf sich wirken, was jeder Mensch nicht durch die Sprache, sondern durch Mimik, Gesten, unabsichtliche Fehlhandlungen und wie in der Szene einer Theateraufführung zum Ausdruck bringt. So erkannte er, dass eine Patientin durch Liebkosen und Streicheln ihres Täschchens ihren Wunsch nach Zärtlichkeiten pantomimisch darstellte.

Was Freud an seinen Patienten aufdeckte und eingehend beschrieb, trifft auf Menschen aller Lebensalter zu. Ältere neigen in besonderem Maße dazu, da andere Möglichkeiten, ihre Konflikte und Probleme zu bewältigen, oft nicht mehr gegeben sind. Freud stellte klar, dass psychische Symptome unbewusst gebildet werden, es sich also nicht um vorgetäuschte Beschwerden (Simulation) handelt. Er fand die schönen Bilder, dass sie über einen körperlichen Kern, zum Beispiel psychisch bedingten Husten über einer körperlichen Neigung zu Bronchitis, wie die Perle in der Muschel über einem Sandkorn oder wie Blumen, die auf ein Gerüst aufgesteckt werden, gebildet werden. Symptome, die ein psychisches Anliegen ausdrücken wollen, sind also als kreative Darstellung eines Problems anzusehen, die an den Zuhörenden wie ein Geschenk, eine Perle oder ein Blumenstrauß überreicht werden.

Der Körper erzählt die Lebensgeschichte

Wer unvoreingenommen zuhört und den Älteren die Zeit lässt, sich darzustellen und mitzuteilen, kann oft recht schnell etwas über die unbewusste Bedeutung erfahren, besonders wenn er auf die Lebenssituation zu Beginn der Beschwerden achtet.

Nachfolgend einige klinische Beispiele für Symptome, die leicht als Ausdruck von Belastungen und Konflikten zu erkennen waren. Sie stehen für viele, im Alltag überall zu beobachtende. Den Patienten selbst waren die Zusammenhänge nicht bewusst. Erst in den psychotherapeutischen Gesprächen wurde die Entstehung der Symptome aus der Lebensgeschichte transparent.

- Die Kopfschmerzen einer Mutter begannen, als die Tochter sich von ihr lossagte und mit einem Mann lebte, der die Mutter ablehnte.
- Die heftigen Rückenschmerzen und der gebückte Gang eines Mannes (»wie ein gebrochener Mann«) bestanden, seit er seine Stelle verloren hatte, weil sein Chef, mit dem er seit Jahrzehnten wie mit einem Vater verbunden gewesen war, mit der Firma Konkurs ging.
- Die schwere Atemnot mit Verdacht auf eine bedrohliche Lungenerkrankung einer Frau setzte ein, als der Sohn auf Drängen der Schwiegertochter unerfüllbare finanzielle Forderungen gestellt hatte. »Da blieb mir die Luft weg.«
- Schluckbeschwerden, Übelkeit und Brechreiz eines vor der Pensionierung stehenden Mannes traten seit einer Auseinandersetzung mit einem anmaßenden und drohenden Mitarbeiter auf, die ihm im wahrsten Sinne des Wortes immer wieder »übel aufstieß«.
- Das »Herzweh« eines älteren verwitweten Mannes bestand, seitdem die Schwiegertochter dem geliebten Enkel verboten hatte, ihn zu besuchen.

Der Körper erzählt aber nicht nur von den aktuellen Problemen, sondern auch von alten, scheinbar vergessenen Erlebnissen. Viele Ältere haben im Rahmen ihres Lebensrückblicks ein großes Bedürfnis, sich mit früheren, nicht verarbeiteten Ereignissen auseinanderzusetzen, die aber oft verdrängt und als körperliche Leiden verschlüsselt sind. Die Memoiren solcher Patienten sind nicht auf Papier, sondern in ihren Körper eingeschrieben, und die schlimmen Erlebnisse möchten sich über die Körpersprache mitteilen.

Frauen, die der Kriegsgeneration angehören und die wegen Depression zur Behandlung kommen, klagen nicht selten in einer Weise, die hellhörig macht, über körperliche Symptome und Schmerzen, die sie mit Begriffen wie zum Beispiel Umherwandern, Kälte, Schießen, Angst, Gefahr beschreiben. Was dahinter steht, wird klar, wenn sie im Laufe der therapeutischen Entwicklung fähig werden, über ihr bisher »vergessenes« (in Wirklichkeit wegen der zu großen Belastung verdrängtes) Erleben des Kriegs und der Vertreibung aus ihrer Heimat zu sprechen. Sie schildern dann diese schrecklichen Ereignisse oft mit den gleichen Worten, mit denen sie auch ihre Beschwerden beschrieben hatten. Die Körpersymptome haben also, wie die Wortwahl verrät, ihr verdrängtes Erleben aufgezeichnet.

Die Behandlung, die meist wegen depressiver Verstimmungen erfolgte, gibt solchen Patientinnen die Gelegenheit, erstmalig und zuerst nur in der Körpersprache ihr Trauma, das endlich bewältigt werden muss, darzustellen. Sie selbst haben ihre traumatischen Erinnerungen verdrängt, ihr Körper hatte diese aber nicht vergessen. So kann der Zusammenhang erkannt und eine Verarbeitung eingeleitet werden. Eine große Zahl der heute Älteren haben als Kinder Traumatisierungen durch Verfolgungen, Kriegs- und Vertreibungsschicksale erfahren, deren emotionale Bedeutung aufgrund der damaligen Verhältnisse und später aus Scham und politischen Tabus nicht zugelassen werden konnte. Im Alter drängen solche Erlebnisse ins Bewusstsein, so dass durch aktuelle Ereignisse, die ähnliche Gefühle wie damals hervorrufen, die Erinnerung an die Bedrohung von früher reaktiviert werden kann. Gleichzeitig werden die Lösungen, die damals rettend oder hilfreich waren, unbewusst wieder verwendet; in der Erwartung, dass sie auch diesmal helfen.

So kann es im Vorfeld von Untersuchungen und Operationen zu panischer Angst und Verweigerung der notwendigen Eingriffe kommen. Wenn zum Beispiel ein Patient, dem ein Bein amputiert werden muss, gegen Pfleger und Ärzte tätlich wird und entfliehen möchte, so kann sich als verborgener Grund ergeben, dass er sich in der gleichen Stimmung von Ausgeliefertsein und Hilflosigkeit wie als kleiner Junge im Krieg fühlte, als er seine Eltern verloren hatte, Freunde vor seinen Augen erschossen wurden und er sich nur durch Flucht retten konnte. Unter der Bedrohung einer Amputation oder einer anderen lebensgefährlichen Operation kann eine damals ebenso bedrohliche Situation unbewusst wieder aufleben und zu der damals bewährten Methode führen, der Gefahr durch Flucht zu entgehen. Der verständliche Wunsch wäre, nicht noch einmal etwas verlieren zu wollen, was zu ihm gehört, und dann auch noch ein Bein, ohne das eine Flucht nicht mehr möglich ist.

Nur wenn man auf die verborgenen Zusammenhänge achtet, versteht man, dass hinter dem logisch »völlig sinnlos« oder »verwirrt« erscheinenden Versuch des Kämpfens und Fliehens eine aus Sicht des Patienten verständliche, ihm selbst aber nicht bewusste Erfahrung steht.

Gebote der Vernunft und ihre Gegenspieler

Um die Zumutungen des körperlichen Alterns in Grenzen zu halten, ist es nötig, ihnen in einer besonnenen Weise, mit Interesse und Neugier entgegenzusehen und mit Vernunft zu begegnen. Gegenspieler von Klarsicht, Wissen und Vernunft sind das Verbot, in die Zukunft zu schauen, die Verleugnung, das Nicht-wissen-Wollen, die Projektion und andere Abwehrstrategien, mit denen wir uns blind machen und unsere Illusionen erhalten wollen.

Der Trend der Zeit, der Jugendkult, das Bestreben, seine Jugendlichkeit zu konservieren, führt zu gesteigerter Angst und Panik vor dem Älterwerden. Die Abwehrform der Projektion, mit der man sich eine illusionäre Alterslosigkeit erhalten möchte (vgl. Kapitel 1 und 2), kommt in krankhafter Form heute schon bei Mitte-30-Jährigen vor, die sich übermäßig mit ihrer äußeren Erscheinung beschäftigen und deren Gedanken nur noch um Haarausfall, Älter- und Hässlichwerden kreisen. Sie reagieren darauf mit Scham und narzisstischem Rückzug auf das eigene Ich. Vor der Annahme ihres Alterns wie den Problemen des täglichen Lebens, ihrer Ehe oder ihrer Kinder weichen sie aus. Den dazu notwendigen Reifegrad haben sie noch nicht erreicht (Brosig und Gieler 2000).

Von der Savanne ins Schlaraffenland

Was braucht der Körper, um sein Wohlbefinden so gut und so lange wie möglich aufrechterhalten zu können? Da unsere Vorfahren Jäger und Sammler waren und sich ständig bewegen mussten, hat unser Körper einen großen Bewegungsbedarf, um seine Funktionen in Gang zu halten. Im Gegensatz dazu leben wir heute in einer von Technik bestimmten Welt. Wir haben es eigentlich nicht mehr nötig, uns selbst zu bewegen. Dabei wird »Bewegung, Bewegung, Bewegung« zur Vorbeugung von Kreislaufleiden, Diabetes wie auch von Demenzen immer wieder empfohlen und ihr Nutzen zur Verhinderung von vielfältigen Alterserscheinungen ist allgemein bekannt. Wer das aber nicht tut, für den ist es eine dringende Aufgabe, darüber nachzudenken, welche Gründe dem so dringend notwendigen, vernünftigen und eigentlich lustvollen Bedürfnis nach Bewegung entgegenstehen.

Die Probleme werden verschärft, weil die moderne schonende Lebensweise nur noch einen geringen Energieaufwand erfordert. Um Erkrankungen vorzubeugen und die Körperfunktionen zu optimieren, wäre es nötig, die Ernährung in Menge und Qualität auf den heutigen Bedarf zurückzufahren. Das ist jedoch für viele nicht zu realisieren, und zwar je nach Alterskohorten aus unterschiedlichen Gründen, die von den Bedingungen in ihrer Jugend geprägt wurden.

Die jetzt älteren Älteren, 80 Jahre und mehr, sind in Zeiten von schwerer Arbeit und Entbehrungen aufgewachsen. Sie erfüllen sich – meist ohne sich dessen bewusst zu sein – mitunter endlich das, was sie damals entbehren mussten, und glauben, möglichst viel zu essen sei zur Erhaltung der Lebenskraft notwendig. Die selbstschädigende Über-

und Falschernährung wird auch gern mit den damals angebrachten Geboten begründet, wie: »Was auf dem Teller ist, muss gegessen werden«, »Nahrung ist etwas Heiliges und darf nicht weggeworfen werden«.

Der Überernährung steht das Fasten gegenüber. Unser Stoffwechsel ist auf Hungerzeiten eingestellt, und es gibt Untersuchungen, dass unser Körper nur dann bestimmte, die Langlebigkeit fördernde Substanzen produziert. Gesunde Ältere sind meist schlank. Fasten wird auch von den Religionen vorgeschrieben (Ramadan) oder empfohlen. Es entlastet den Körper, macht von ihm unabhängig und fördert Geistigkeit und Kontemplation. Regelmäßiges oder gelegentliches, nicht übertriebenes (Heil-)Fasten trägt sicher zum guten Altern bei.

Bei den jüngeren Älteren, um die 60, können es Identifizierungen mit den Eltern, die sich im Überfluss der Nachkriegszeit überernährten, sein. Bei noch Jüngeren wird das Essverhalten von zeitgenössischen Trends wie »fast-food« mit dem Ergebnis von Übergewicht oder aber von Schlankheitsidealen (Models) mit dem Ergebnis von Magersucht, Bulimie und anderen Störungen beeinflusst.

Ein Gegenspieler für eine ausgewogene Lebensweise ist auch die moderne Ansicht, man solle der Natur ihren Lauf lassen. Das mit den Risikofaktoren sei halb so schlimm, und die wissenschaftlichen Meinungen darüber seien ohnehin nicht einheitlich und wechselten. Sein Leben auf die Vermeidung von Risiken auszurichten, sei vielleicht vernünftig, gebe aber keine Garantie für weniger Krankheiten und längeres Leben. Wozu sich also quälen? Anhänger dieser These weisen darauf hin, dass in unserer Zeit doch jeder mit seinem Körper machen könne, was er wolle, und dass viele jetzt erlaubte und als nützlich erkannte Befriedigungen früher zu Unrecht für höchst schädlich gehalten wurden.

Es gibt (meist selbst beleibte) Ärzte, die vom Wohlfühlgewicht sprechen, dem nach oben keine Grenzen gesetzt seien. Ein Kollege sagte, er mache keine Vorsorgeuntersuchungen und wolle seine Risikofaktoren nicht wissen, denn an irgendetwas müsse er ja sterben. Die so denken, befinden sich nicht in schlechter Gesellschaft, denn Martin Luther sagte, er esse, was ihm schmecke, und trinke, soviel er wolle, und wann er einen zu sich rufen wolle, das solle Gott bestimmen. Luther erreichte mit 63 Jahren ein für seine Zeit recht hohes Alter. Und natürlich kennt jeder Beispiele von jung gestorbenen Gesundheitsfanatikern und uralten Kettenrauchern. Die wenigsten werden aber ein solches Glück haben, sondern sind darauf angewiesen, ihre Chancen auf ein gutes Altern zu erkennen und zu nutzen.

Gegensätze ausgleichen

Jeder hat das Recht, selbst zu entscheiden, welche Risiken er für seine Lebensqualität und Lebensdauer auf sich nehmen möchte, er sollte dabei aber auch die Verantwortung bedenken, die er gegenüber sich selbst sowie gegenüber seinen Partnern und Angehörigen hat. Moralischer Druck ist erfahrungsgemäß nicht angebracht und eher kontraproduktiv. Will man den Einsichten folgen, die wir mit diesem Buch vermitteln wollen, so ist es eine gute Leitlinie, die Balance zwischen Gegensätzen zu finden.

Balance von aktiv und passiv meint, zwischen ausreichender Bewegung und Zeiten angemessener Ruhe zu pendeln. Es wäre unwürdig und töricht, ständig wie unreife Jugendliche Action zu suchen, sondern Aktivität bedeutet, auch innerlich beweglich zu bleiben und Schwung in sein Leben zu bringen, statt nur von Medikamenten, Operationen und anderem, was von außen kommt, Gutes zu erwarten. Ebenso ist Passivität im Sinne von Trägheit und permanenter Schonhaltung schädlich, während in reiferen Jahren angemessene Ruhepausen, innere Ruhe, Gemächlichkeit und kontemplative Haltung als Ausgleich notwendig sind. Aktivsein und Passivsein brauchen einen ausgewogenen Wechsel. Der Körper spürt das genau und teilt es uns durch Signale mit. Auf diese hören zu lernen, gehört zur Kultur des Älterwerdens.

Die Balance zwischen den Extremen Überernährung und Fasten ist unter den heutigen Lebensbedingungen gut zu erreichen. Der Mittelweg einer gesunden, maßvollen Ernährung ist ohne Probleme und sogar auf hoher kulinarischer Ebene möglich.

Ein Balanceakt ist auch der Umgang mit Medikamenten. Durch den maßvollen Gebrauch vorbeugender wie heilender Medikamente wird das Leben deutlich verlängert und die Lebensqualität erheblich verbessert. Früher starb man zum Beispiel an Infektionen, die heute problemlos behandelbar sind. Aus dem Segen kann aber schnell ein Fluch werden, wenn Medikamente unverordnet, ohne gezielte Indikation, in unkontrollierten Mengen oder zu lange eingenommen werden. »Je mehr desto besser«, kann verhängnisvoll werden, denn die therapeutische Breite zwischen ausreichender und Überdosierung ist oft gering.

Zuviel ist schädlich, zu wenig aber auch. Viele nehmen die notwendigen Medikamente nur unregelmäßig oder gar nicht ein, verschlechtern damit ihren Zustand und treiben ihr Altern voran. Ein Grund kann die altersspezifische Merkschwäche sein, die dazu führt, dass man eben Getanes vergisst. Typisch ist, dass man beim Frühstück nicht weiß, ob man seine Medikamente schon genommen hat oder nicht. Manchmal findet man sie erst später. Weitere Gründe können Ängstlichkeit und Misstrauen sein, die durch die berüchtigten, unsensibel formulierten Beipackzettel noch geschürt werden, oder depressive Resignation und Selbstaufgabe mit dem Gedanken, es lohne sich sowieso nicht mehr. Dann ist es Zeit nachzudenken, welche aktuellen oder mit der Lebensgeschichte vernetzten verborgenen Gründe und Motive sich so auswirken.

Ebenso wie zwischen Aktivität und Passivität, Überernährung und Fasten, zuviel oder zuwenig Medikamenten gilt es, bei Genussmitteln eine Balance zwischen den Extremen zu finden. Viele Ältere wissen sich vor den Zumutungen des Älterwerdens nicht anders zu retten, als sich in Medikamente, Entspannungsmittel oder Alkohol im Übermaß zu flüchten. Die inneren Gründe dafür sind vielfältig, die Selbstschädigung, das Wirken des Todestriebs ist offensichtlich. Der maßvolle Genuss von Alkohol ist dagegen ein Ausdruck von Lebensfreude und gehört zur Kultur des Alters. »Rotwein ist für alte Knaben eine von den besten Gaben.« (Wilhelm Busch)

Das Gemeinsame der Ratschläge ist die Beschränkung der Menge und die Verteilung auf mehr Zeit, die der Stoffwechsel wegen der langsameren Entgiftung braucht. Am besten stimmt man sich mit seinem Körper darüber ab, der uns genau mitteilt, wieviel wir vertragen, was noch bekömmlich und wann es genug ist. Man spürt besonders am

Morgen danach genau, ob die Dosis richtig und bekömmlich oder ob es zuviel war. Man wird dann rasch herausfinden, dass man, wegen der verzögerten Entgiftung, geringere Mengen braucht und verträgt als früher.

Der Körper als Partner

Der Abbau des Körpers macht das Altern zur Last. Man wird durch Schmerzen gequält, zunehmend behindert, muss vieles aufgeben, die Lebensqualität mindert sich. Der Kalender wird mehr und mehr von Arztterminen, zu klärenden Verdachtsdiagnosen, Operationen, Klinikaufenthalten und Rehamaßnahmen bestimmt. Alle diese Zumutungen werden vom Körper verursacht. Wie soll man mit jemandem umgehen, der einen so schlecht behandelt?

Unsere Chance, den Verfall des Körpers aufzuhalten oder zumindest zu verzögern, liegt darin, mehr darüber zu lernen, wie die Zumutungen des Körpers oft Hinweise auf verborgene Probleme und versteckte Hilfen sind. Wenn man die Gründe und die Auslösesituation dafür findet, kann man die Botschaften des Körpers oft gut verstehen, sie in den Lebenszusammenhang einordnen und angemessenere Lösungen für das Problem finden.

Ein bestimmter Zusammenhang, auch wenn er noch so eindeutig ist, sollte aber niemandem eingeredet werden. Wenn der Betroffene sich wehrt – »Ich bilde mir das doch nicht ein« –, hat er Recht, denn der Schmerz ist real, unabhängig davon, auf welchen komplexen Ursachen er beruht. Vielmehr verdient der Patient Lob dafür, dass er mit der Mitteilung seines Problems in der Körpersprache eine kreative Leistung, eine nur dem menschlichen Geist mögliche Schöpfung vollbracht hat, die die gemeinsame Lösung des Problems möglich macht. Bei vielen Älteren wäre eine begleitende Psychotherapie angebracht, die sehr helfen kann, eine bessere Beziehung zum Körper zu finden. Leider wird das noch zu selten in Betracht gezogen, obwohl die Kosten in begründeten Fällen inzwischen von den Krankenkassen übernommen werden.

Was beim Älterwerden Not tut, ist eine Hinwendung zum Körper, um zu spüren, was er braucht, woran er uns erinnern und auf was er uns durch Warnsignale hinweisen will. Wir sollten ihm auf gleicher Augenhöhe begegnen, seine Signale wahrnehmen, seine Warnungen ernst nehmen, seine Beschwerden verstehen und ihm seine Launen verzeihen. Am besten gehen wir mit unserem Körper wie mit einem Partner um, mit dem wir noch lange leben wollen, auch wenn er schwierig und unzuverlässig geworden ist und uns Kummer und Ärger bereitet. Welche Probleme und gegensätzlichen Gefühle in einer solchen Partnerbeziehung auftauchen, hat der inzwischen verstorbene Dichter Robert Gernhardt in dem Gedicht *Siebenmal mein Körper* treffend dargestellt (1987, S. 62). Es ist ein noch relativ junger Körper, der schon im mittleren Lebensalter typische Anzeichen des Älterwerdens hat, sich selbst schädigt und unaufhaltsam der Abbaukurve folgt. Er wehrt das trotzig ab und ist undankbar und uneinsichtig dafür, dass er auf die Fürsorge des trotz allem geduldigen und verzeihenden Partners angewiesen ist.

Siebenmal mein Körper

Mein Körper ist ein schutzlos Ding, ein Glück, dass er mich hat.
Ich hülle ihn in Tuch und Garn, und mach ihn täglich satt.
Mein Körper hat es gut bei mir, ich geb ihm Brot und Wein.
Er kriegt von beidem nie genug, und nachher muss er spein.

Mein Körper hält sich nicht an mich, er tut, was ich nicht darf.
Ich wärme mich an Bild, Wort, Klang, ihn machen Körper scharf.
Mein Körper macht nur, was er will,
macht Schmutz, Schweiß, Haar und Horn.
Ich wasche und beschneide ihn von hinten und von vorn.

Mein Körper ist voll Unvernunft, ist gierig, faul und geil.
Tagtäglich geht er mehr kaputt, ich mach ihn wieder heil.
Mein Körper kennt nicht Maß noch Dank, er tut mir manchmal weh.
Ich bring ihn trotzdem übern Berg und fahr ihn an die See.

Mein Körper ist so unsozial. Ich rede, er bleibt stumm.
Ich leb ein Leben lang für ihn. Er bringt mich langsam um.

(Robert Gernhardt, *Gesammelte Gedichte 1954-2006.*

Wie in diesem Gedicht müssen wir unseren Körper schonen und schützen, wo er zart und verletzlich ist, ihn aber auch fördern, seiner Trägheit entgegenwirken und ihn in Übung halten, damit seine Funktionen trainiert und erhalten werden und er bei Kräften bleibt.

Sind wir genügend hellhörig geworden, so merken wir, wie der Körper – anders als der im Gedicht – uns aufmerksam machen, warnen und helfen will. Er weiß selbst am besten, was für seine Gesunderhaltung notwendig ist. Er teilt uns genau mit, wann wir genug gegessen oder getrunken haben, und wann es Zeit ist, uns zu bewegen oder zu ruhen. Er spürt besser als wir, was wir ihm und uns gewähren können oder verweigern müssen, was nützt und was schadet. Es bekommt ihm nicht gut, wenn wir gewaltsam oder ungeduldig mit ihm umgehen. Er braucht für alles mehr Zeit, und auch die Heilungsvorgänge verlaufen langsamer. Knorpel, Sehnen und Gelenke brauchen Monate und nicht nur Tage wie bei einer Hautverletzung und im Alter noch viel länger. So ist es eine tröstliche Erfahrung, dass ein lange erfolglos behandelter Schmerz nach ein oder zwei Jahren auf einmal wieder verschwindet, und zwar nicht als Ergebnis einer bestimmten Behandlung, sondern weil ein von vielen verborgenen Faktoren mitbestimmter Heilungsprozess zur Integration mit dem Körper geführt hat. Die Aktivität, alles sofort und intensiv zu behandeln, muss daher in vernünftigem Ausmaß durch Geduld und Zeitlassen ergänzt werden.

Ein guter Umgang mit dem eigenen Körper ist eine wesentliche Grundlage der Alterskultur. Wenn wir verstehen, welche Gegensätze und Konflikte sich im Körper abbilden, welche Einflüsse aus unserer Lebensgeschichte und verborgenen Wünschen und Befürchtungen sich in den Beschwerden des Körpers äußern, begreifen wir die Mitteilungen unseres Körpers nicht mehr als bloße Zumutungen.

4
Das alternde Gehirn – vergessen und bewahren

Mit dem Nachlassen der geistigen Kräfte beim Älterwerden haben wir besondere Probleme. Das normale Altern der geistigen Fähigkeiten beginnt früher oder später bei jedem: Wir werden vergesslich, können Namen und Daten nicht mehr behalten. Besonders das Neugedächtnis lässt nach. Dinge, die wir eben gesagt oder getan haben, sind wie ausgelöscht, wir können uns nicht mehr daran erinnern. Wir wiederholen uns deshalb, erzählen die gleichen Geschichten mehrmals, ohne es selbst zu merken. Wir verlegen Gegenstände, sind ständig auf der Suche nach der Brille, haben vergessen, ob wir die Medikamente schon eingenommen haben.

Umso deutlicher erinnern wir uns an Vergangenes. Es ist ein weit verbreiteter Irrtum, es sei ein Zeichen eines besonders guten Gedächtnisses, noch Einzelheiten zum Beispiel aus der Schulzeit zu wissen. In Wirklichkeit ist das der Rest an verbliebener Erinnerung, der wieder aufleuchtet, während alles Spätere schon ausgelöscht ist. Die Neigung Älterer, sich wieder mehr der Vergangenheit zuzuwenden, wird also auch vom organischen Abbau, vom Schwinden von Gehirnzellen mitbedingt.

Die Ursache des Verlusts der geistigen Fähigkeiten ist der biologische Altersabbau des Gehirns, also ein Teil der körperlicher Alterung. »Mens sana in corpore sano« (Juvenal), wussten schon die Lateiner: Nur in einem gesunden Körper wohnt ein gesunder Geist. Das allmähliche Schwinden hochdifferenzierter Gehirnzellen und ihrer Verbindungen führt dazu, dass das Gelernte und Erworbene zunehmend wieder vergessen wird. Der Mangel an Neurotransmittern (Botenstoffen) lässt zuerst das Kurzzeitgedächtnis schwinden. Die Verbindungen zwischen den Nervenzellen werden durch Ablagerungen aus Amyloiden und Tau-Fibrillen (Plaques) unterbrochen. Die erworbenen Fähigkeiten und Erinnerungen gehen nach und nach wieder verloren. Das kann, muss aber nicht in eine Demenz übergehen. Durch Computertomografie ist nachweisbar, ob und in welchem Ausmaß die Hirnrinde geschwunden ist, die Hohlräume sich vergrößert haben und besonders der Hippocamus geschrumpft ist.

Solange die Diagnose nicht eindeutig ist, kann der Verlauf von vielen Faktoren und dem Wechselspiel zwischen Eros und Thanatos beeinflusst werden und sehr schwanken. Die Befürchtung, an »Alzheimer« zu erkranken, hängt als Drohung über jedem, und die berechtigte Frage ist, was noch normal ist oder wieweit bei uns selbst oder anderen sich eine Demenz ankündigt oder schon eingetreten ist. Solange die Fähigkeit, mit seinem Leben zurechtzukommen, nicht nachhaltig beeinträchtigt ist, sind solche Veränderungen nicht als krankhaft zu bewerten. Vergessen, Verlegen etc. sind auch nicht immer Zeichen des Abbaus, sondern hängen wie bei Jüngeren auch von der Umgebung und den Beziehungspersonen ab, können als »Freud'sche Fehlleistung« auftreten und wieder verschwinden.

Warum wir uns mit dem geistigen Abbau besonders schwertun, hat damit zu tun, dass der Geist des Menschen das Höchste ist, was die Evolution bisher zuwegegebracht hat. In Millionen von Jahren hat der Homo sapiens ein Gehirn entwickelt, das dem der Tiere weit überlegen ist und das die Entwicklung von Bewusstsein, Gedächtnis und Sprache möglich gemacht hat (Phylogenese). Bei jedem Einzelnen sind die Anlagen dazu zwar angeboren, müssen aber leider nochmal nachvollzogen werden (Ontogenese). Die spezifisch menschlichen Fähigkeiten wie Reinlichkeit, aufrechter Gang, Bewusstsein, Denken, Sprechen, Lesen und Kommunizieren muss jeder für sich erst mühsam erwerben. Es ist deshalb besonders schmerzlich und kränkend, dass diese Funktionen beim Älterwerden, so wie sie stufenweise aufgebaut wurden, nach und nach einfach wieder verschwinden sollen und verlorengehen. Dagegen lehnt sich viel in uns auf.

Der Mensch ist außerdem nicht allein eine Ansammlung von kognitiven Gehirnfunktionen, sondern diese bilden nur die Basis für den Überbau der Persönlichkeit eines Menschen. Er lernt nicht nur die basalen Fähigkeiten, sondern gewinnt lebenslang an Erfahrung, Einsicht und Introspektion, Kritik und Selbstkritik hinzu. Er entwickelt Selbstbewusstsein, bildet eine Identität aus und wird zu einer Person, von der er wohl weiß, dass sie einmalig ist. Die Kennzeichnung als »Krone der Schöpfung« ist unter dem Aspekt dieser besonderen Entwicklung gesehen durchaus zutreffend. Er kommuniziert mit anderen, lebt in Familien, Gruppen und Gemeinschaften, erwirbt sich Kenntnisse, Besitz und Bildung und nimmt an Kultur und öffentlichem Leben teil.

Diese Einmaligkeit zu verlieren und die Krone wieder abgeben zu müssen, ist ein unerträglicher Gedanke. Da die geistigen Fähigkeiten im Verlauf des Älterwerdens aber unleugbar nachlassen, kommt es zum Kampf um das Bewahren der Person, ihrer Geschichte und ihres Besitzes gegen das Vergessen und Verlieren. Wir wehren uns – nach unserem Gefühl völlig zu Recht – dagegen, dass die Natur das, was wir aus uns gemacht haben, einfach wegnimmt. Wir sind darüber traurig und empört.

Da jeder Mensch eine einmalige Persönlichkeit ist, die von den Erfahrungen ihrer gesamten Lebensgeschichte geprägt wurde, entwickelt er auch seine ganz persönlichen Methoden, dem Abbau entgegenzuwirken und Antworten zu finden, um den Niedergang aufzuhalten oder sich damit zu arrangieren. Jeder möchte seine Fähigkeiten bewahren, seinen Alltag alleine bewältigen und seine Autonomie erhalten. Ebenso möchte er seine Identität bewahren, möchte der bleiben, der er ist. Er verfügt manchmal auch bei schon fortgeschrittenem Abbau noch über Möglichkeiten, das zu erreichen.

Eine 80-jährige Dame, die nicht mehr wusste, an welchem Ort und in welcher Zeit sie lebte, erkannte auch ihre Kinder nicht mehr. Als eine Tochter ihr dringlich sagte, sie sei doch die Anna, lächelte die Dame heiter und sagte: »Ich hatte auch mal eine Anna. Die ist nach Amerika gegangen, hat einen Professor geheiratet und es geht ihr sehr gut.« In Wirklichkeit hatte die Tochter die Erwartungen der Mutter enttäuscht. Die alte Dame verfügte aber über die Imaginationskraft, eine Legende zu erfinden, die der Wunschidentität, die sie für sich und ihre Kinder einmal hatte, entsprach. Damit war sie glücklich.

Die Defizite können also durchaus die Funktion einer Abwehr der bitteren Realität und von Wunscherfüllung haben. Das ist eine kreative Leistung, und es wäre grausam, auf der Wirklichkeit zu insistieren und das seelische Gleichgewicht zu stören.

Die Drohung der Demenz

Der Begriff »Alzheimersche Krankheit« wird heute ein wenig inflationär gebraucht. So wie die Älteren unter uns in unserer Jugend jeden über 50 gern als »verkalkt« bezeichneten, so sind die Jüngeren heute schnell mit der Etikettierung »Alzheimer« bei der Hand. Die so Verdächtigten sind damit ausgegrenzt und entmachtet, und man kann sich an ihre Stelle setzen. In den Medien wird das Thema manchmal so dargestellt, als ob jetzt schon fast jeder Ältere davon betroffen sei, was den Vorurteilen der Jüngeren Vorschub leistet. Die organische Demenz kommt jedoch erst ab Mitte 80 häufiger vor, ist also überwiegend ein Problem des hohen Alters.

Vom chronologischen Alter kann allerdings nicht automatisch auf Demenz geschlossen werden. Es gibt Über-100-Jährige, die noch besonnen und klar bei Verstand sind, und deren Zahl wird ebenfalls zunehmen. Die Angst, man selbst oder ein Angehöriger könne dement sein oder werden, ist verbreitet, und um die tatsächliche Bedrohung richtig einschätzen zu können, ist es wichtig, die Unterschiede zu den normalen psychischen Veränderungen beim Älterwerden zu sehen.

Die rechtzeitige sachliche Aufklärung ist notwendig, weil die Situation sich rasch ändern wird und gesellschaftliche Probleme vorprogrammiert sind. Zur Zeit werden in der Bundesrepublik rund eine Million Demenzkranker betreut, viele zu Hause, aber es werden kontinuierlich mehr. Die absolute Häufigkeit von Demenzen wird stetig zunehmen, weil immer mehr Menschen die höheren Altersstufen erreichen.

Von den vielen Formen von Demenz (Altersabbau des Gehirns) ist die nach dem Mediziner Alois Alzheimer benannte am bekanntesten geworden. Er beschrieb 1901 den ersten Fall dieser Krankheit. In der »Städtischen Irrenanstalt Frankfurt am Main« führte er mit der 51-jährigen Auguste D. folgendes Gespräch:

»Wie heißen Sie?« – »Auguste.«
»Familienname?« – »Auguste.«
»Wie heißt Ihr Mann?« – »Ich glaube Auguste.«
»Ihr Mann?« – »Ach so, mein Mann....«
»Sind Sie verheiratet?« – »Zu Auguste.«

Symptome der Demenz sind hochgradige und ständige Vergesslichkeit, Störungen des Denkvermögens, der Sprache, der Wortfindung, der Auffassungsfähigkeit und des rationalen Urteilens. Ideenfluss und Impulskontrolle sind vermindert. Auffälliges Verhalten, Wesensänderungen und Verhaltensstörungen sowie Rückzug von anspruchsvolleren und sozialen Aktivitäten, Antriebsschwäche und Desinteresse kommen hinzu. Als Vorboten können, besonders nachts, Unruhe, Umherwandern, Rufen, Aggressivität und Angst auftreten.

In Witzen wird auf makabre Art ein häufiges Charakteristikum der Demenz dargestellt, nämlich dass die Krankheit vom Patienten selbst bald nicht mehr empfunden, aber umso mehr zu einem schweren Problem für die Angehörigen wird:

Ein Arzt teilt einem Patienten das Ergebnis der Untersuchung mit: »Ich habe für Sie eine schlechte und eine gute Nachricht. Zuerst die schlechte: Sie verlieren Ihre geistigen Fähigkeiten, werden bald ihre Angehörigen nicht mehr erkennen, dann nicht mehr wissen, wer sie sind, sich nicht mehr zurechtfinden und pflegebedürftig werden.« »Um Gottes Willen«, sagt der Patient, »wie können Sie da eine gute Nachricht für mich haben?« Darauf der Arzt: »Die gute Nachricht ist, bis Sie zu Hause sind, haben Sie alles vergessen, was ich gesagt habe.«

In fortgeschrittenen Stadien geht der Realitätsbezug verloren. Die Patienten glauben, an früheren Orten zu sein (örtliche Desorientierung), halten Angehörige, Partner, auch die eigenen Kinder für fremde Personen (personelle Desorientierung), gehen davon aus, in einer früheren Zeit zu leben, kennen also Tag, Monat und Jahr nicht mehr oder verwechseln ständig Daten und Uhrzeiten (zeitliche Desorientierung). Das Zeitraster für den Tag-Nacht-Rhythmus schwindet, sodass sie zum Beispiel mitten in der Nacht das Frühstück verlangen. Sie greifen lang zurückliegende Beziehungsmuster wieder auf, wollen die Kinder in die Schule schicken oder dem Mann das Essen zubereiten.

Oft glauben sie in einer Zeit zu sein, in der ihr Leben angenehm und sie zufrieden waren. Ein dement gewordener Künstler hielt den Chefarzt unkorrigierbar für einen Museumsdirektor, der seine Bilder ankaufen solle, und einen etwas wild gekleideten jüngeren Arzt für einen genialen Maler, den man fördern müsse. Es wird deutlich, dass er in seiner Phantasie in einer früheren – für ihn besseren – Welt lebte.

Es kann zu grob auffälligen Verhaltensweisen und zu bizarrem Verhalten kommen: Eine Kranke ging mit einer sehr verrutschten Perücke zum Einkaufen, einer trug Winterkleidung im Hochsommer, ohne dies und die befremdeten Reaktionen der anderen wahrzunehmen. Eine Frau meinte beharrlich, ein fremder Mann halte sich in ihrer Wohnung auf, man solle ihn doch wegschicken. Manche können die gewohnten Abläufe im Haushalt nicht mehr erkennen, legen zum Beispiel die Wäsche in den Kühlschrank. Ein Mann nimmt täglich zum Rasieren Zahnpasta statt Rasierschaum. Demente Menschen können auch sich und andere in Gefahr bringen, sich zum Beispiel beim Duschen verbrennen, weil sie kein kaltes Wasser beimischen, oder vergessen, dass sie den Gashahn aufgedreht haben und weggehen. Manche wissen nicht mehr, wo sie wohnen, finden den Heimweg nicht, irren umher, bis sie aufgegriffen werden. Sie können Emotionen und Affekte nicht mehr gut steuern. Geselligkeit wird unmöglich, wenn die Kranken Angehörige und Freunde, mit denen sie vielleicht einmal Differenzen hatten oder auch ganz ohne Anlass, hemmungslos beschimpfen, beleidigen oder tätlich werden.

Am meisten belastet die Angehörigen der Verlust der Persönlichkeit, wenn Wesen und Verhalten der Kranken sich soweit verändert haben, dass die vertraute Person nicht mehr zu erkennen ist, sondern wie eine Fremde erscheint. Mit dem Nachlassen der Vigilanz (Wachheit) werden die Phasen des Dämmerns häufiger und länger, bis schließlich die Leere der Demenz überwiegt.

Die Diagnose Demenz darf aber nicht vorschnell gestellt werden. Die Symptomatik muss mindestens sechs Monate lang bestanden haben (vgl. auch S3-Leitlinie »Demenzen« 2009) und sollte durch Eigen- und Fremdanamnese gesichert sein. Das heißt, der aufgesuchte Arzt sollte sich sowohl durch ein Gespräch mit dem Betroffenen als auch mit den Angehörigen ein Bild machen. Es kann sich dann ein Dialog ergeben, wie ihn Alzheimer mit seiner Patientin führte, der eine Diagnose erleichtert. Manchmal bringt aber erst der Bericht der Angehörigen eine Klärung, weil eine Fassade eingeschliffener Umgangsformen und Redefloskeln Normalität vortäuschen kann.

Es gibt an vielen Orten Gerontologen, Gedächtnisambulanzen oder -sprechstunden, die entsprechende Untersuchungen anbieten. Sehr wichtig ist, dass auch die Ursache einer Demenzerkrankung geklärt wird, da es außer der Alzheimer'schen Krankheit noch andere Demenzformen gibt, darunter auch solche, die auf gut behandelbaren Ursachen wie Kreislauf- oder Stoffwechselkrankheiten beruhen.

Scheindemenz aus verborgenen Gründen

Die klare Abgrenzung ist auch deshalb so wichtig, weil es Scheinformen und Fehldiagnosen von Demenz gibt. Nicht alles, was als Demenz angesehen wird, ist wirklich eine Krankheit des Gehirns. Schein- oder Pseudodemenzen entstehen nicht aus körperlichen, sondern aus psychischen inneren Gründen und sind korrigierbar und reversibel, wenn die versteckten Ursachen erkannt werden.

Es ist also wichtig, bei einer psychischen Veränderung den Anlass und einen möglichen Konflikt zu erkennen und herauszufinden, welche Lebensziele eventuell blockiert wurden. Es kann sich dabei um Resignation angesichts von Verlusten, um Enttäuschungen, Verbitterung oder um sonstige Probleme (Auseinandersetzungen mit dem Lebenspartner, eine reale oder angedrohte Trennung, die Förderung der Kinder und Enkel, die gerechte Verteilung des Erbes etc.) handeln. Der Streit darüber kann zum Anlass für den Rückzug in eine nur scheinbare Demenz werden. Die Befreiung daraus macht es möglich, wieder für das Erreichen der Lebensziele zu leben.

Die klinische Erfahrung zeigt, dass sich sogar noch bei Patienten, die in einem Pflegeheim stumm und teilnahmslos im Bett liegen, herausstellen kann, dass sie keineswegs an Demenz leiden, sondern einen depressiven Rückzug angetreten haben. Ein sehr belastender und unlösbar erscheinender Konflikt kann der verborgene Grund sein. Ein Zugang ist schwer und eine Psychotherapie braucht viel Geduld, kann aber unter günstigen Umständen dazu führen, dass zum Beispiel eine für dement gehaltene Frau wieder selbstständig ihre Konflikte lösen und ein aktives und erfülltes Leben führen kann.

Es gibt eine Grauzone zwischen »normalen« nachvollziehbaren Ängsten und Belastungen, die zu scheinbar krankhaftem Verhalten wie Gedächtnisverlust oder vorübergehender Verwirrtheit führen. »›Das habe ich getan‹, sagt mein Gedächtnis. ›Das kann ich nicht getan haben‹, sagt mein Stolz und bleibt unerbittlich. Endlich – gibt das Gedächtnis nach.« (Nietzsche 1886, *Jenseits von Gut und Böse*, IV, S. 68) Kann man die Ursachen wie Gewissenskonflikte, Enttäuschungen oder Trennungen erkennen und darauf eingehen, so kann sich die Integrität der Persönlichkeit wieder herstellen und sich das Verhalten wieder normalisieren. Das geschieht in vielen Therapien (vgl. Kapitel 12, S. 225f).

Fehldiagnosen und Vorurteile

Schwer depressive Menschen, die motorisch gehemmt und in sich gekehrt sind, nicht sprechen und erstarrt wirken, sind von Dementen kaum zu unterscheiden. Sie haben sich vom Leben abgewandt und stehen unter dem Einfluss des Todesprinzips, sodass man nur schwer Zugang finden und die verborgenen Probleme erkennen kann. Eine Parkinson'sche Krankheit mit maskenhaftem Gesicht, kleinschrittigem

Gang und Verlangsamung kann ganz ähnlich wirken. Patienten, die unter heftigen Gelenkschmerzen leiden, müssen sich wie auf Glatteis und den Boden beobachtend äußerst vorsichtig bewegen, um den schrecklichen Schmerz nicht auszulösen. Sie können auf nichts anderes mehr achten und werden leicht als psychisch abgebaut fehl beurteilt. Die schon erwähnte Altersschwerhörigkeit gibt im Alltag häufig Anlass, als geistiger Abbau missgedeutet zu werden.

Durch geduldige Zuwendung kann der wahre Sachverhalt festgestellt werden. Das ist wichtig, weil im Gegensatz zur Demenz als organischem Abbau bei den genannten Beispielen die Kognition und die psychische Plastizität erhalten bleiben und damit bessere Chancen für eine Behandlung und günstige Prognose gegeben sind.

Persönlichkeit und Charakter verändern sich

Die meisten Älteren werden langsamer, viele auch umständlich und rigide, brauchen für alles mehr Zeit. Ihr Urteilsvermögen lässt nach, sie folgen eher ihrem Gefühl als ihrem kritischen Urteil, werden misstrauisch oder gutgläubig, lassen sich leicht etwas einreden, was nicht selten zum Anlass von Erbschleicherei und späteren Zerwürfnissen der Familien wird. Persönlichkeitsspezifische Wesensmerkmale verschärfen sich, Sparsamkeit wird zu Geiz, Autorität zu Rechthaberei. Es kommt zu altersbedingten Veränderungen des Charakters. Manche werden eigensinnig, starrsinnig und sonderlich, andere mürrisch, unzufrieden und kritisierend. Das alles geschieht in sehr unterschiedlichem, persönlich geprägtem Ausmaß. Bei manchen fängt es schon im mittleren Alter an, andere sind sogar als Hochbetagte kaum davon betroffen.

Einige der typischen Charakterveränderungen beim Älterwerden haben deutlich den Sinn, die gewohnte Lebenssituation, die Halt und Befriedigung gab, zu erhalten: Frauen sehen vermehrt Unsauberkeit in der Wohnung, finden Unvollkommenheiten an ihrem Partner, infantilisieren ihn, um noch eine Aufgabe zu haben und die Rolle als Hausfrau und Mutter fortführen zu können. Der berüchtigte Alterszorn der Männer beruht oft ebenso auf der Angst vor Veränderung und vor Verlust von Anerkennung und Liebe und ist der auf Verzweiflung basierende Versuch, die alte Ordnung noch aufrechtzuerhalten.

Typische Ängste

Das natürliche Nachlassen von Körperfunktionen, Spannkraft, Gedächtnis und Denken wird, solange es geht, verleugnet. Aber jeder setzt sich doch damit auseinander, was da mit ihm geschieht, ist beunruhigt, hat Angst und sucht nach Lösungen.

Die meisten Älteren sehen zumindest insgeheim ihrer Zukunft mit Sorge entgegen. Sie fürchten, die negativen Altersveränderungen, die sie in ihrer Umgebung beobachten, könnten auch bei ihnen selbst eintreten. Durch konkrete Erfahrungen werden die Ängste vor den Bedrohungen des Alterns verstärkt, verbunden mit der Hoffnung, dass das Befürchtete sich abwenden lässt.

Bei Männern gibt es die Angst vor dem Verlust ihrer Potenz, der real bei den meisten – nicht bei allen – früher oder später eintritt. Symbolisch hat das eine hohe Bedeutung für die Identität als Mann und kann zur Quelle schwerer Konflikte werden. Bei Frauen ist es die Angst, ihre Attraktivität als Frau zu verlieren und vom Partner verlassen zu werden.

Ältere Männer wie Frauen haben Angst, alleingelassen zu werden. Lange denken sie es nur, aber dann kann ein Stadium kommen, in dem sie sich wie ein Kind an den Partner anklammern, ihn nicht weglassen möchten, fragen, wohin er geht und wie lange er noch bleibt, versuchen ihm nachzulaufen, ihn drängen, von außerhalb anzurufen.

Die Angst zu erblinden, kommt ebenfalls sehr häufig vor. Man befürchtet die damit verbundene Hilflosigkeit, Abhängigkeit und Isolierung. Verborgene Ängste vor Selbstbestrafung wegen verbotener Triebwünsche bilden die emotionale Grundlage (vgl. Kapitel 3, S. 64). Real wäre der Wegfall eines Trostes im Alter, wenn man nicht mehr lesen und nicht mehr fernsehen kann, sehr schmerzlich. Sehverschlechterungen werden aus unterschiedlichen Gründen deshalb leicht zum Auslöser von depressiven Reaktionen.

Am stärksten ist die Sorge, gebrechlich, hilflos und pflegebedürftig zu werden. Es ist die Angst, seine Autonomie zu verlieren, seine Person aufzugeben und wieder ganz von anderen abhängig zu werden, wie man es am Anfang seines Lebens war.

Die verborgene Angst vor dem Untergang des Körpers wird oft auf Äußeres verschoben. Männer sehen an ihrem Auto und am Haus bedrohliche Mängel, achten angstvoll auf Anzeichen von Schäden, die dringend repariert werden müssen, und träumen oft davon. Bei Frauen ist es eher die Angst, die Wohnung verdrecke, Teppiche und Kleidung drohen zu verfallen, müssen gereinigt, geflickt, ersetzt werden. (Jedenfalls ist das bei den jetzt Älteren so, denn die Rolle der Frau hat sich für die Jüngeren sehr verändert.)

Andere typische Altersängste, wie zu verarmen, ausgenutzt und bestohlen, ausgegrenzt und vergessen zu werden, scheinen unbegründet oder wahnhaft übertrieben zu sein. Real kann das Befürchtete durchaus einmal vorkommen, wie die Finanzkrise zeigt. Oft aber hat es nur symbolische Bedeutung und bringt verborgene Besorgnisse und Wünsche zum Ausdruck. So kann die weit verbreitete Angst, zu verarmen und alles zu verlieren, symbolisch für die schwindende Lebenskraft stehen. Eine typische Antwort von Männern darauf ist, aktive Gegenmaßnahmen zu ergreifen. Sie berechnen ihre Rentenansprüche, verfolgen ihre Kontenstände und suchen, ihr »Vermögen« zu vermehren. Das ist normal und bedeutet, unbewusst Vitalität und Jugendkraft bewahren und den Untergang abwenden zu können, solange es sich nicht ins allzu sehr Unrealistische steigert und die Urteilskraft verlorengeht.

Die Furcht vor dem Verlieren von Gegenständen wie Schlüsseln, Ausweisen oder Geld kann symbolisch die Angst der als alt deklarierten Person ausdrücken, ihre Autonomie, Identität, Ansehen und Geltung zu verlieren. Die Angst vor Einbrechern und dem Bestohlenwerden steht für die Angst, seines Vermögens und seiner Autonomie beraubt zu werden. Gleichzeitig kann sie den Wunsch nach Verbundenheit ausdrücken (»Es kommt jemand, ich bin nicht mehr allein«).

»Hoffentlich wird meine Tasche nicht gestohlen!«, ist eine typische Furcht älterer Frauen. Sie sind in ständiger Sorge vor diesem Verlust und träumen oft davon. Im Symbol der Handtasche repräsentieren sich Weiblichkeit, Identität, Wert und Besitz. Das wollen sie verständlicherweise nicht verlieren und sich nicht nehmen lassen. Die Handtasche enthält konkret alle Wertgegenstände und symbolisch alles Wertvolle, was die ältere Frau in der Hand behalten und bewahren möchte. Diese symbolischen Mitteilungen sind Appelle an die Personen der Umwelt, Bitten um Verständnis, Mitleid und Hilfe. Nur allzu oft werden sie aber in dieser verschlüsselten Form nicht verstanden, sondern fördern sogar die befürchtete Ausgrenzung.

Angst hat ein Doppelgesicht. Sie kann Anreiz sein, das Befürchtete abzuwenden, ihm zu begegnen, etwas zu tun, damit die Angst grundlos wird. Wer Angst hat zu stürzen, kann durch Behandlung der Gehbehinderung, aktive Übungen und Gehhilfen seine Gehsicherheit verbessern. Der Angst, hilflos zu werden und auf andere angewiesen zu sein, kann man begegnen, indem man die eigenen Fähigkeiten nutzt und übt sowie ein im Rahmen des Möglichen und Sinnvollen aktives Leben führt. Angst kann aber auch lähmend wirken, und wer sich ihr zu sehr überlässt, wird das Haus nicht mehr verlassen, sich nur noch mit fremder Hilfe bewegen, seine Selbstständigkeit verlieren und damit die Weichen nur noch stärker in Richtung des Abbaus und der Alterungskaskaden stellen.

Die Resignation gegenüber dem Altern und seinen Folgen kann in depressive Verstimmungen münden. Gerade Männer tun sich oft schwer, mit körperlichen Defiziten, Krankheit, Trauerfällen und dem Verlust an Geltung und Autonomie klarzukommen. Eine sehr große Rolle spielt dabei die Angst vor Verlust der Selbstbestimmung, vor Hilflosigkeit und Pflegebedürftigkeit, vor Verlust von Lebensqualität und von positiven Perspektiven für die Zukunft.

Eine vorübergehende Verstimmung kann angemessen und zur Bewältigung bestimmter Probleme sinnvoll sein. Hält sie aber an, wird sie meist einfach auf »das Alter« geschoben und als »Altersdepression« bezeichnet. Das ist ein ernstes Problem, denn viele anhaltend Depressive finden den Weg zurück ins Leben nicht oder können keine Hilfe annehmen. Die Selbstmordrate steigt mit zunehmendem Alter steil an (vgl. Kapitel 6, S. 147).

Bei allen Ängsten ist bei näherem Hinsehen ein Netzwerk von Faktoren, Anlässen und inneren Gründen zu erkennen, die den Prozess transparent machen und Chancen auf Hilfe ermöglichen.

Der Körper setzt Verborgenes in Szene

Eine typische Antwort des Menschen auf seine Angst oder Depressionen ist deren Verschiebung in den Körper. Körpersymptome wie Verstopfung, Kopfschmerzen, Ohrgeräusche, Herzschmerzen, Schlafstörungen und viele andere sind oft Ausdruck depressiver Gefühle, sodass man von larvierter (hinter einer Larve versteckter) Depression spricht.

Alte Wunden brechen wieder auf

Angst kann ein Signal sein, das unbewältigte Ängste aus lang zurückliegenden Zeiten in Erinnerung bringen möchte: Häufige Gründe für Aufnahmen in psychosomatische Kliniken sind schwere Ängste unbekannter Ursache und Depressionen. Oft sind es Träume, die den Weg zu den verborgenen Ursachen der Ängste weisen. Wenn jemand zum Beispiel wiederholt träumt, dass sich freundliche Gesichter in grausame Fratzen verwandeln und freundliche Menschen plötzlich zu bedrohlichen Feinden werden, so ist das ein deutlicher Hinweis auf »vergessene«, aber jetzt im Alter in die Erinnerung drängende Schicksale, wie Kriegskinder sie erlebten. Sie hatten in ihren Familien in freundlicher Atmosphäre gelebt, bis plötzlich die Kriegsereignisse über sie hereinbrachen, sie von Eltern, Verwandten und Freunden getrennt wurden oder diese umkamen, sie barbarische Akte erlebten. Ein solches traumatisches Erleben kann das Leben hindurch für abgeschlossen gehalten werden, bis es sich im Alter reaktiviert und der Reflexion und Therapie zugänglich wird. Die aktuellen Ängste sind oft verborgene Erinnerungen an das damals tatsächlich Erlebte.

Wahnhaftes Erleben im Alter kann auf die verborgene Ursache hinweisen, dass ein unbewältigtes traumatisches Ereignis wieder auflebt. Besonders bei Dunkelheit hält man – wie normalerweise im Traum – seine Phantasien leicht für Wirklichkeit.

Ein typisches Erleben älterer Frauen ist die Angst, dass nachts Einbrecher kommen, die gegen die Haustür schlagen und gewaltsam einzudringen versuchen. Das führt oft zu großer Angst und Erregung, zum Alarmieren von Nachbarn und Polizei und zu stationärer Einweisung. Die Ursachen sind unterschiedlich. Manchmal kann herausgefunden werden, dass die wahnhaften Befürchtungen bis in Details die Wiederholung von Szenen darstellen, die sie als Kind oder junge Frau im Krieg mit marodierenden und vergewaltigenden Soldaten tatsächlich erlebt hatten.

Beim Wiederauftauchen von Traumatisierungen im Alter ist der unbewusste Wunsch beteiligt, sich durch emotionale Abreaktion (Katharsis) zu befreien und den Beginn einer Verarbeitung einzuleiten.

Archaische Basis von Alterssymptomen

Die biologische Alterung, die den psychischen Rückgang einschließt, verläuft sehr unterschiedlich. Die Chance, in sehr hohem Alter und in geistiger Frische »gesund zu sterben«, ist für eine wachsende Anzahl von Menschen gegeben. Bei ihnen überwiegen die selbstbewahrenden Kräfte, die wirksame Antworten auf den biologischen Abbau finden und bei denen die Reifungskurve überwiegt.

Bei ungünstigerem Verlauf folgt der Abbau dem Muster der nicht mehr durch Gegenkräfte gebremsten Alterskurve. Der körperliche und geistige Rückgang führt dann in »vormenschliche« Stadien zurück, der Zustand wird organischer, körperlicher. Die jetzt eindeutig Kranken leben nicht mehr in der gemeinsamen Welt, eine realitätsbezogene sprachliche Verständigung wird immer weniger möglich. Die Individualität geht verloren, sie sind nicht mehr die Personen, die sie einmal waren, und sie wirken auf ihre Angehörigen wie Fremde.

Wenn der Realitätsbezug verlorengeht, weisen die ins Wahnhafte gesteigerten Altersängste (Verarmungs-, Verfolgungs- und Beeinträchtigungswahn) kaum noch persönliche Ausprägung auf, sondern beruhen auf archaischen Urängsten vor Verhungern, Verfolgung und Beraubung. Was in diesem regressiven Stadium des Altersabbaus offen befürchtet wird, ist in einer tiefen Schicht des Erlebens bei jedem vorhanden und kann in Träumen und verborgenen Emotionen lebendig werden. »Das Schwanken zwischen Tier und Engel« (Blaise Pascal 1670) gehört zur Natur des Menschen.

Archaisches Denken in dem Sinne, dass die Alten eine Last sind und abtreten sollten, ist auch immer wieder einmal unter der Tünche unserer Zivilisation zu erkennen, auch im öffentlichen Diskurs. Wenn über »sozial verträgliches Frühableben« oder über die Frage, ob ein 80-Jähriger noch ein Recht auf eine Hüftoperation hat, diskutiert wird, ist der Wunsch, dass die Alten nicht mehr da sein sollen, kaum zu verhehlen. Wichtig und erhellend für die jetzt noch junge Generation wäre die Erkenntnis, dass sie jetzt die Weichen dafür stellt, wie sie selbst später behandelt werden wird.

Regie des Älterwerdens

Ein Zustand von Altsein im Sinne von Erstarrung und Stagnation muss heute nicht mehr unbedingt eintreten. Vielmehr bringt Älterwerden so viele Vorteile und Anregungen mit sich, dass es unter den heutigen Bedingungen als ein dynamischer Prozess mit guten Chancen auf Verbesserung des Denkens, der Entscheidungsfindung und der allgemeinen Lebenseinstellung gelebt werden kann.

Symptome, die wir als Defizite anzusehen gewohnt sind, wie Desorientiertheit oder Verwirrtheit können auch eine Reaktion auf eine Veränderung der Lebenssituation, des Ortes oder des Beziehungsnetzes darstellen und wieder verschwinden, sobald die verborgene Ursache erkannt und benannt worden ist.

Einen alten Baum soll man nicht verpflanzen

Das ist eine erfahrungsbasierte Regel. Ältere können sich schlecht umstellen, fühlen sich in Gewohntem sicherer und ertragen besonders örtliche Veränderungen schlecht. Verwirrtes Verhalten kann einen verborgenen sinnvollen Grund haben. Das typische ruhelose Umherlaufen Älterer kann für eine Suche nach Verlorenem stehen.

Ältere Menschen, die von ihren Kindern zu sich geholt werden, sind meist damit sehr zufrieden, beruhigen sich und fühlen sich geborgen. Es kann aber auch sein, dass sie, obwohl sie in bester Absicht geholt wurden und umsorgt werden, das gar nicht zu schätzen wissen. Sie schaffen die Umstellung nicht mehr, können zum Beispiel verwirrt werden und scheinbar ziellos umherirren, weil sie glauben, noch in der Stadt, in der sie vorher lange gelebt hatten, zu sein, und ihre dortige Wohnung und die dortigen vertrauten Personen suchen.

Ebenso kann die Unterbringung in einer Klinik oder einem Heim als Verlust der vertrauten und Halt gebenden Umgebung, als Entwurzelung, die zur kognitiven Dekompensation führen kann, erlebt werden. Überwiegend wird nach einer Zeit der Umgewöhnung die neue Umgebung akzeptiert und der gewünschte Halt gefunden, besonders wenn die Atmosphäre bei Sohn oder Tochter oder im neuen Heim freundlich und verständnisvoll ist.

»Die Hölle, das sind die anderen« (Sartre 1944)

Ältere finden Halt und Sicherheit bei vertrauten Personen. Ihren Verlust möchte man emotional ausgleichen. So kann noch lange das Gefühl bleiben, die bereits lange weggezogenen Kinder oder der verstorbene Partner seien noch da. Man spricht mit ihnen, glaubt sie zu sehen oder zu hören. Bei Schwächung des Realitätsbezugs kann dann die Sehnsucht, dass man nicht mehr allein ist und jemand da ist, der die Beziehung zu einem sucht, in der Phantasie zum Beispiel auch in Angst vor Einbrechern umgedeutet werden. Das Glück der Beziehung wird zur Hölle umgedeutet, der nicht mehr anwesende Partner wird als Verfolger erlebt.

Es ist für Ältere von großer Bedeutung, mit den umgebenden Personen in Harmonie zu leben. Unangenehme Veränderungen in den Beziehungen werden emotional oft schlecht ertragen, und sie tun alles, um aus der Hölle des Sich-abgelehnt-Fühlens wieder herauszukommen.

Schon kleine Trennungen oder Enttäuschungen können dazu führen, dass das Gedächtnis aussetzt, sie die Person, die sie enttäuscht hat, nicht mehr kennen und sich in einer früheren Zeit und an einem Ort mit vertrauten, Halt gebenden Menschen wähnen. Die scheinbare Verwirrtheit dient dazu, sich emotional zu stabilisieren und so eine emotionale Katastrophe abzuwehren. Das heißt, das scheinbare »Defizitsymptom«, das geistige »Versagen«, hat hier die sinnvolle Funktion, sich von einer emotional unerträglichen Situation abzuwenden und in der Phantasie Zuflucht an Orten und bei Menschen, die emotional befriedigend waren, zu suchen.

Wenn es in einem einfühlsamen Gespräch gelingt, den Anlass des Konflikts zu erkennen, wird klar, welche unangenehmen Ereignisse und Personen »vergessen« werden sollten. Die unerträglichen Gefühle werden wieder gespürt und können nun mit der Realität in Verbindung gebracht werden. Diese in Psychotherapien gemachten Beobachtungen können sicher auch von einfühlsamen Angehörigen nachvollzogen werden.

Vorteile des psychischen Alterns

Es ist das natürliche Vorrecht der Jugend, Ältere vorschnell als abgebaut und dement anzusehen und abzutun. Das Klischee von den allesamt »abgebauten Alten« trifft jedoch in unserer Zeit nicht mehr zu. In Wirklichkeit sind Ältere einzelne Personen mit jeweils ganz persönlichem Schicksal, eigener Identität, eigenem Charakter und unterschiedlichen Interessen. Es gibt unter den Älteren eine große Vielfalt ausgeprägter und ausgereifter Persönlichkeiten.

Während der psychische Abbau im Sinne von kognitivem Abbau in Richtung Demenz auf dem Abbau des Gehirns beruht und der Kurve der körperlichen Alterung folgt, verläuft die Entwicklung jedes Menschen zur Persönlichkeit grundsätzlich anders. Er ist zur Reifung fähig, passt sich an, kann seine Vorteile und Chancen sehen und damit vielfältige Antworten auf den biologischen Abbau finden.

Älterwerden besteht deshalb nicht nur aus dem körperlichen und psychischen Abbau, bedeutet nicht nur Verlust, sondern auch Gewinn. Wir vergessen zwar das, was uns an Neuem zuviel wird, aber wir wenden uns dafür den Erinnerungen zu, möchten die Erfahrungen eines langen Lebens verfügbar machen und unsere Persönlichkeit und alles, was uns wesentlich und lieb ist, bewahren und lebendig halten.

Sogar die Verluste durch den Altersabbau selbst bringen nicht nur Nachteile, sondern auch Vorteile mit sich (Bibring 1969). Das Nachlassen der körperlichen Kräfte und die Einschränkung der Mobilität gewähren mehr Zeit und Raum für die Wendung nach innen, für Stille und Kontemplation. »Erst beim Dunkelwerden leuchtet das Licht der Sterne auf.« Das Nachlassen der kognitiven Fähigkeiten, die begrenzte Informationsaufnahme, die verlangsamte Informationsverarbeitung und die gern als Umständlichkeit bezeichnete Bedächtigkeit bringen den Vorteil der Konzentration auf das Wesentliche. Die Dinge können ruhiger überdacht und es kann auf die Lebenserfahrung zurückgegriffen werden, wenn es darum geht, die aktuelle Lebenssituation zu bewältigen.

Sich Zeit nehmen – die Entdeckung der Langsamkeit

Eigentlich hat man im Alter mehr Zeit – wenn man sie sich nimmt. Die Langsamkeit ist nicht nur ein Abbausymptom, sondern sie eröffnet auch bessere Chancen für gutes Altern. Der Erfahrungsschatz eines ganzen Lebens enthält zwar riesige Datenmengen, die bei jeder Überlegung und Entscheidung abzugleichen sind. Wenn wir den Älteren aber die dazu nötige Zeit zugestehen, kommt das dem bedächtigen Überdenken zugute und führt zu besonnenen, besseren Problemlösungen. Das ursprünglich literarische Thema *Die Entdeckung der Langsamkeit* (Sten Nadolny 1983) ist ein geeignetes Motto für das angemessene Altern. Eine maßvolle Teilnahme an Sport und anderen Aktivitäten ist durchaus sinnvoll, aber das eine olympische Motto, »citius, altius, fortius« (schneller, höher, stärker), sollte nicht mehr maßgeblich sein; das andere, »Dabei sein ist alles«, passt besser. Bedächtig zu Fuß gehen und die Umgebung bewusst wahrnehmen statt mit dem Auto blind zu rasen, gemächlich schlendern statt hastig zu rennen, bewusst genießend essen statt eilig zu schlingen, bringt viel mehr Befriedigung (Peters 2002, S. 87).

Erinnern und Überdenken – der Wert der Lebenserfahrung

Es ist ein großer Vorteil der Älteren, dass sie aufgrund ihrer mehr reflektierenden Haltung besseren Zugang zu ihrer inneren Welt und damit mehr Kontrolle über ihr Verhalten gewinnen können. Bei den meisten erwacht das Bedürfnis nach Lebensrückschau, sie beschäftigen sich gern mit ihren Erinnerungen und denken an vergangene Zeiten. Aus sicherer zeitlicher Distanz betrachtet erscheinen diese leicht verklärt, das Unangenehme wird gern vergessen. Wir sehen als Ältere das Leben im Überblick und mit weiterem Horizont, aus einer erhöhten Position wie von einer Veranda oder einer Bergwanderung mit weiterer Sicht aus.

Die Betrachtung gewinnt so im Alter eine neue Qualität. Man kann besser vorausdenken, Szenarien antizipieren und mit seinen Erfahrungen vergleichen. Entscheidungen können besonnener abgewogen werden. Statt unbedachten und voreiligen impulsiven Verhaltens wird eher das »et respice finem«, mit dem der Weise Solon den reichen Krösus ermahnte, zum Motto des Handelns: »Was auch immer du tust, tue es mit kluger Vorsicht und bedenke das Ende.«

Dabei sind in großem Ausmaß auch unbewusste Kräfte und verborgene Faktoren aus der persönlichen Lebensgeschichte beteiligt. Das wird gern verdrängt, denn die Erkenntnis, dass wir nicht Herr im eigenen Hause sind, unsere unbewussten Wünsche und Motive nicht wahrhaben wollen, wurde von Freud als die dritte der drei großen Kränkungen der Eigenliebe der Menschheit (vgl. Kapitel 3, S. 80) erkannt: Wir benähmen uns wie absolute Herrscher, die sich nur von ihren Höflingen informieren und die Stimme des Volkes nicht an sich dringen ließen. »Geh in dich, in deine Tiefen und lerne dich erst kennen, dann wirst du verstehen, warum du krank werden musst, und vielleicht vermeiden, krank zu werden.« (Freud 1917)

Erst in unserer faktengläubigen Zeit wurden die angezweifelten Befunde der Psychoanalyse von der modernen Hirnforschung bestätigt: Danach vergleicht das Limbische System, das in bestimmten Regionen des Gehirns lokalisiert ist, permanent die Gegenwart mit früheren analogen Situationen und aktiviert die emotionale Erfahrung, sodass ein Warn- und Belohnungssystem uns das Gefühl gibt, ob etwas gutgehen wird oder nicht, bevor wir es rational geprüft haben. Das heißt, es kommt schon vorbewusst zu Problemlösungen, die auf der Lebenserfahrung basieren. Das wird uns vor allem im Traum vor Augen geführt (vgl. Kapitel 7, S. 162f).

Den Körper erhalten, die Person bewahren

Das Gehirn ist ein Körperorgan und für seine Gesunderhaltung gilt insofern das Gleiche wie für den Körper überhaupt (vgl. Kapitel 3, S. 61ff). Der Zustand des Gehirns ist die Basis der psychischen Funktionen. Die beim Älterwerden zunehmende Tendenz zu körperlicher und geistiger Passivität ist auch für unsere geistige Fitness die Gefahr schlechthin, und – unbequem, aber leider wahr – tägliche ausreichende Bewegung ist auch eine sehr gute Vorbeugung gegen den geistigen und psychischen Abbau. Die Durchblutung des Gehirns wird durch körperliche Bewegung in Schwung gehalten: Das Gehirn ist auf die Kraft des Herzens angewiesen und die Kraft des Herzens auf die Bewegung der Beine. Ein bewegtes Leben – geistig wie körperlich – ist die Basis für ein gesundes Leben.

Die Bewahrung der Persönlichkeit geht darüber hinaus. Für ein gutes Altern ist es wertvoll, emotional bedeutsame Interessen, Tätigkeiten und Kontakte beizubehalten, wieder aufzunehmen oder neu zu entdecken. Wichtig ist, in seiner Gemeinschaft integriert zu sein. Noch gebraucht zu werden und noch Aufgaben erfüllen zu können, wirkt dem Verfall entgegen. Gemeinschaftliche Unternehmungen, Sport, Spiele, Singen und Tanzen sind Quellen des Glücks. Für viele Menschen sind Haustiere wie Katzen, Hunde oder Kanarienvögel Partner, mit denen sie tief emotional kommunizieren. Sie erfüllen die ausgeprägten Wünsche nach körperlicher Nähe und Wärme sowie das Bedürfnis, für jemanden zu sorgen.

Die Älteren legen großen Wert darauf, an gemeinsamen Gewohnheiten festzuhalten. Die Ritualisierung von festen Tischzeiten und zeitlich geregelten Abläufen erhält ihnen das schwindende Zeitraster und gibt Halt und Sicherheit. Im weiteren Verlauf bestehen Ältere zunehmend auf starren Regelungen, das Essen muss dann auf die Minute pünktlich serviert werden. Der Wunsch nach lustbetonten Ritualen kann allerdings auch groteske Formen annehmen: In einer Erzählung von Heinrich Böll besteht eine alte Dame darauf, dass jeden Tag bei ihr Weihnachten gefeiert wird und die ganze Familie dazu erscheinen muss (Böll 1952, *Und das nicht nur zur Weihnachtszeit*).

Für die Angehörigen ist es wichtig, die Älteren als Person zu würdigen, aber auch deren kognitive Einschränkungen und Behinderungen zu kennen und ihre Ängste, Bedürfnisse, Wünsche und Ziele zu verstehen.

5
Abschied von Beruf und vertrauten Personen

Die dritte spezifische Verlustthematik beim Älterwerden (die erste ist der Verlust der körperlichen Autonomie, die zweite das Nachlassen der geistigen Kräfte) betrifft die konkreten sozialen Verluste, die Aufgabe des Berufs, der Ämter und der damit verbundenen Lebensaufgaben, Kontakte und Befriedigungen sowie den zunehmenden Verlust von Beziehungspersonen, Angehörigen, Kollegen und Freunden.

Der »Pensionierungsbankrott« (Stauder 1955)

Viele Menschen erleben das Ausscheiden aus dem Beruf als Entlastung und Befreiung, fühlen sich danach wohler, gesünder und jünger. Der Eintritt in einen neuen Lebensabschnitt wird für sie zum Jungbrunnen. Andere aber, und es sind nicht wenige, geraten nach Aufgabe des Berufs in eine Krise und »fallen in ein Loch«. Vor allem Männer fühlen sich nicht mehr wohl, werden innerhalb von ein bis zwei Jahren depressiv, leiden an psychosomatischen Syndromen, werden krank oder sterben an Krebs oder anderen Leiden.

> Hingesiecht bin ich, … nachdem ich meinen Rücktritt genommen hatte und plötzlich ohne Beschäftigung, ohne meinen alten Beruf in diesem Dörfchen das Alter genießen wollte. Was ist denn hier auch los? ... Gesundes Klima? Lächerlich, ohne geistige Beschäftigung. Der Staatsanwalt lag im Sterben, bei unserem Gastfreund vermutete man Magenkrebs, Pilet litt an einem Diabetes, mir machte der Blutdruck zu schaffen. Das war das Resultat. Ein Hundeleben. (Dürrenmatt 2003, S. 545)

Nicht selten ist, dass erfolgreiche Männer, sogar wenn mit fürstlicher Pension verabschiedet, in luxuriösen Verhältnissen und familiärer Geborgenheit lebend, tiefdepressiv werden und überzeugt sind, dass das Geld nicht für die Erfüllung ihrer Grundbedürfnisse, wie Frühstück oder Benzin für den Arztbesuch etc., reiche.

Die Aufgabe der gewohnten beruflichen Rolle hat offenbar tief greifende Umorientierungen zur Folge und führt zu einer Verunsicherung der Identität. Eine Vielzahl von Fragen tut sich auf: Wer wollen und können wir im weiteren Leben sein? Welche befriedigenden anderen Aufgaben und Personen lassen sich als Ersatz für die verlorene Berufswelt finden? Eine Welt geht unter, und es braucht Zeit und frische Energien, um eine neue zu finden, in die man gehören und in der man sich wohl fühlen kann. Manche, die sich ganz mit ihrem Beruf identifiziert hatten, können diesen Schritt, der Flexibilität und Freude auf Neues voraussetzt, nicht mehr vollziehen.

Im beruflichen Leben bewegt man sich in einem Netzwerk von persönlichen Kontakten, die Schutz und Bestätigung bedeuten. Durch Arbeitsteilung ist der Einzelne nur für ganz spezifische Tätigkeiten zuständig und sammelt deshalb in den Aufgabenbereichen der anderen keine Erfahrung. Außerdem gewährt ein mit hohem Ansehen verbundener Beruf Befriedigung und Gratifikationen, deren Wegfall erst einmal verkraftet werden muss. Ein 66-jähriger vorheriger Leiter eines mittleren Unternehmens drückte das so aus: »In meinem Beruf hatte ich viele Angestellte, drei Sekretärinnen, die Finanzverwaltung und ein Anwaltsbüro. Ich brauchte nur zu sagen, wann die Konferenz in London ist, und es wurde alles besorgt, von den Flugtickets bis zur Restaurantreservierung und den Theaterkarten. Nach meinem Ausscheiden aus dem Beruf stand ich all diesen Aufgaben allein und erstmal ganz hilflos gegenüber. Ich musste lernen, wie man telefoniert, einen Brief schreibt, einen Computer bedient, eine Reservierung vornimmt, und das ist alles sehr mühsam und setzt viele zeitaufwendige Schritte voraus. Manchmal bringe ich es gar nicht hin, muss meine Kinder fragen oder Hilfe holen. Das setzt mir sehr zu.«

Die Situation wird durch unfreiwilliges Ausscheiden verschärft. In unserer Zeit wird häufig eine Frühberentung durch angebliche wirtschaftliche Zwänge verfügt. Die ganze Weisheit mancher Berater besteht darin, man müsse die Personalkosten kürzen. Auf politischer Ebene wurde der gleiche Trend damit begründet, die Älteren müssten früher in Rente gehen, um den Jüngeren nicht die Arbeitsplätze wegzunehmen. Aber niemand lässt sich, auch wenn er es vielleicht vordergründig begrüßt, gern aufs Altenteil abschieben, für viele ist das eine schwere Kränkung und Erschütterung ihres Selbstbewusstseins. Vorher hoch angesehen ist man plötzlich ein »Nobody« oder »Has been«.

Auch wenn die Entlassung zur vorher festgelegten Zeit mit 65 oder 68 Jahren erfolgt, verfügt nicht jeder über die Reife, das ohne Kränkung und Resignation hinnehmen zu können. Viele fühlen sich körperlich und geistig noch fit. Andere können nicht zugeben, dass ihre Urteilsfähigkeit nachgelassen hat, ihr Denken verschroben geworden ist, dass sie Fehlhandlungen begehen oder gar dass es höchste Zeit ist, Jüngeren Platz zu machen. Loriot hat das in seiner Filmkomödie *Pappa ante portas* (1991) sehr treffend aufgezeigt. Ein Verkaufsdirektor kauft aus Rabattgründen Papier für 40 Jahre im Voraus. Es ist deutlich, dass seine schwindende Lebenskraft noch »für 40 Jahre« halten soll. Er wird in den Vorruhestand geschickt, setzt zu Hause seine Berufsrolle als der Herr Direktor fort, kauft wegen eines geringen Preisvorteils 150 Gläser Senf ein und organisiert den Haushalt auf skurrile Weise. Er verhält sich uneinsichtig, starrsinnig, überheblich und selbstbezogen und sträubt sich damit gegen seine Unfähigkeit, sich auf die veränderte Situation einzustellen, eine neue Identität als Mensch, Ehemann und Vater zu gewinnen. Erst nachdem seine Frau selbst berufstätig werden und ihm ein Revier im Keller zuweisen will, wird eine Versöhnung möglich.

Bei Frauen kommt es ebenso zu tief greifenden Krisen und Umorientierungen. Sie müssen ihre Rollen als Mutter und Hausfrau aufgeben, den Weggang der Kinder und das »leere Nest« ertragen und verlieren die Rückendeckung, die Beruf und Ansehen des Mannes gebracht hatten.

Das gilt für die Jahrgänge der Frauen, die jetzt 60 oder älter sind. Bei den jüngeren Frauen, von denen die meisten berufstätig geworden sind, und auch Berufe in gehobener Position ausüben, sind dann ebenfalls

Probleme beim Rückzug zu erwarten, und man darf gespannt sein, welche Ausformungen das annehmen wird.

Innere Gründe

Über die verborgenen Faktoren, die zum »Pensionierungsbankrott« führen, hat der Münchner Psychoanalytiker Stauder 1955 als Erster ausführlich berichtet. Es sind »Krankheitszustände, ... die als Melancholien diagnostiziert und vergeblichen Schockbehandlungen unterworfen wurden, während es sich um biographisch definierbare Neurosen gehandelt hat, die sich psychotherapeutisch auflösen ließen«. Entscheidend dafür sind nach Stauder nicht die äußeren Veränderungen, sondern innere Gründe: Es handle sich um Persönlichkeiten, die mit ihrer beruflichen und gesellschaftlichen Rolle innere Leere und Kontaktprobleme kompensiert hätten. Anlässe für die Depression waren Kränkungen und Desillusionierungen.

Ein 63-jähriger Mann, der sich nur seinem Amt und seinem Aufstieg gewidmet und eine hohe Stellung erreicht hatte, aber kontaktarm war, nie Liebe erfahren und Persönlichkeitswerte durch Befugnisse ersetzt hatte, erlebte es als Demütigung, dass er nicht befördert, sondern von seinem neuen Chef mit seinen Selbstillusionen konfrontiert wurde. Er konnte sich mit seiner vorzeitigen Pensionierung nicht abfinden. Nachdem er aus seiner repräsentativen Stadtwohnung in ein Dorf umgezogen war, dort als schlechter Skatspieler vom Stammtisch nicht angenommen und schließlich mit Namen statt mit seinem früheren Titel angeredet wurde, dekompensierte er in eine tiefe Depression.

Eine 56-jährige Gräfin, die in einer Welt der Etikette und leeren Konventionen gelebt und keine weiteren Interessen entwickelt hatte, verfiel einige Monate nach dem Tod ihres Mannes in eine Depression, als sie sah, dass sie als Witwe nicht mehr die frühere Stellung hatte, ihre Töchter gesellschaftlich mehr galten als sie und sie bei einem Bankett an der Tafel »falsch placiert und somit öffentlich degradiert« worden war.

Stauders Patienten waren meist in einem Milieu aufgewachsen, in dem es sehr auf äußere Erfolge ankam. Sie waren strebsam, aber kontaktarm und flüchteten sich in berufliche Positionen, die ihnen den Halt gaben, den sie in sich selbst nicht fanden. Titel und Einkommen erlaubten ihnen, die Illusion von der eigenen Bedeutung zu züchten. Stellung und Macht waren Ersatz für Liebe. Bei einigen ging es auch darum, sich für in der Kindheit erlittene Demütigungen zu rächen.

Eine häufig verwendete nahe liegende Lösung ist, das seelische Gleichgewicht zu bewahren, indem man die verlorene Situation wiederherstellt. Ein ehemaliger Beamter schloss sich zu seinen gewohnten Dienstzeiten von 8 bis 17 Uhr in sein Zimmer zu Hause ein, umgab sich dort mit alten Akten, ohne etwas zu arbeiten, breitete seine Ehrenurkunden vor sich aus und empfing seine Angehörigen mit »Sie wünschen?« oder »Der Nächste bitte«. Als diese das nicht mehr duldeten, geriet er in eine schwere Depression.

Ehemaligen Offizieren gelang es, sich zeitweise über die Inhaltslosigkeit ihres realen Lebens hinwegzutäuschen, indem sie sich nachts reihum versammelten, ihre Uniformen und Orden trugen und sich mit ihren Titeln anredeten.

Ein literarisches Beispiel für das Festhalten an gewohnten Rollen ist die Erzählung von Dürrenmatt *Die Panne* (1955): Ehemalige Richter und Staatsanwälte, deren Leiden nach der Pensionierung eingangs dieses Kapitels beschrieben wurden, schaffen Abhilfe, indem sie sich den Spaß machen, sich regelmäßig in einem Gasthof zu treffen und mit zufälligen Gästen eine Gerichtsverhandlung zu fingieren. Einen Vertreter, der wegen einer Autopanne dort übernachtet, verurteilen sie zum Tode, weil er sich angeblich eines »Verbrechens« schuldig gemacht hat. Ein moralischer Fehltritt wird ihm als Mord ausgelegt. Die tragische Folge ist, dass er sich daraufhin tatsächlich erhängt. Die Erzählung ist auch ein Beispiel dafür, wie im Lebensrückblick die Auseinandersetzung mit möglicher realer oder auch nur phantasierter eigener Schuld zu Depressionen bis hin zum Suizid führen kann.

Frauen, deren Selbstverständnis sehr auf ihrer weiblichen Attraktivität beruht, können in der Menopause oder nach einer Hysterektomie, wenn sie als Frau »pensioniert« sind und zu »Matronen« werden, ebenfalls mit solchen Depressionen reagieren.

Bei Stauders Fällen verschwanden die Depressionen unter der Analyse im Laufe von Wochen. Der oben erwähnte Patient wurde sich seiner Fehlhaltungen bewusst, fand eine »traghafte Bescheidenheit«, fand jetzt die kleine dörfliche Welt seinem Format angemessen, verbat sich, mit seinen früheren Titeln angeredet zu werden, und erwarb sich – obwohl er nicht besser Skatspielen lernte – Freunde, weil er seine Spezialkenntnisse bescheiden und selbstlos zur Verfügung stellte. Die Gräfin wurde fähig, mit der Leitung eines Stifts eine neue Aufgabe zu übernehmen.

Stauder resümiert, dass beim Pensionierungsbankrott aufgrund von einseitigen Orientierungen und Reifungsrückständen die Voraussetzungen fehlen, das Alter zu bestehen, den Übergang zu Einsicht und Reife zu finden. Mitverantwortlich dafür machte er die »seelische Versteppung im technischen Zeitalter«, in dem »Erlebnisse durch Impressionen abgelöst« werden, durch »Kulissen des Nichts«. Er hat damit schon vor einem halben Jahrhundert die psychischen Folgen der Dominanz von Technik und Elektronik in unserer Zeit vorausgesehen.

Die Kunst des rechtzeitigen Loslassens

Ein klassisches literarisches Beispiel für die Probleme der Abdankung ist Prospero aus Shakespeares letztem Drama *Der Sturm* (1611). Prospero versammelt seine Verwandten und Feinde, um mit ihnen Gericht zu halten und die Beziehung zu ihnen klarzustellen. Er lässt sich wieder in Positionen, aus denen sie ihn vertrieben hatten, einsetzen und seine Rachebedürfnisse brechen zeitweise durch. Er verzichtet dann aber auf die Bestrafung seiner Feinde und lässt Milde und Versöhnung walten. Er sorgt für eine Heirat, fördert das junge Paar und bereitet seine Nachfolge vor. Erst nachdem all das getan ist und er seine Vergänglichkeit und seine Trauer darüber erkannt hat, kann er ausdrücklich auf seine Macht verzichten, seine hilflose Abhängigkeit anerkennen und sich auf seinen Tod vorbereiten.

Voraussetzung für das Gelingen des Abschieds war, dass Prospero auch seinen ambivalenten Gefühlen wie Hass und Rachebedürfnissen sowie seinen Unsterblichkeits- und Allmachtsphantasien Raum gegeben hatte. Das gelingt vielen Menschen nicht. Die Konflikte, die mit dem Ende der Berufstätigkeit verbunden sind, die Kränkungen und Entwertungen, die durch Abschiedsfeiern und Lobreden nur überdeckt werden, wirken in das weitere Leben hinein und sind die Quelle von Verstimmungen und Problemen. Bei Personen des öffentlichen Lebens gibt es viele Beispiele dafür, wie schwer der Abschied von Macht und Einfluss fällt und wie wenige die »Kunst der Abdankung« (Mayer 2001) beherrschen.

Die Kunst der gelungenen Abdankung besteht in dem Balanceakt, den Zeitpunkt und die Notwendigkeit der Aufgabe des Berufslebens zu bejahen. Um die Lebensphase der Berufstätigkeit innerlich abschließen zu können, ist es notwendig, Konflikte mit Vorgesetzten, Rivalen und Nachfolgern klar zu sehen und soweit als möglich zu bereinigen, klare Regelungen zu treffen und sich angemessen zu verabschieden. Bleiben in dieser emotional hoch aufgeladenen Krisensituation Konflikte und Kränkungen unerledigt und Beziehungen unversöhnt, verhindern sie, dass man unbelastet in den neuen Lebensabschnitt hineingehen kann.

Gelingt die Versöhnung, kann man sich dagegen befreit dem dritten Alter, einer neuen Welt mit anderer Struktur, anderen Aufgaben und anderen Personen zuwenden. Die Tätigkeiten und Kontakte des Berufslebens können durchaus noch gepflegt werden, es ist aber wichtig, diese als neue Aufgabe mit verändertem Rollenverständnis (Berater) und veränderter Zielsetzung (Macht und Entscheidung teilen) zu konzipieren sowie Umfang und Intensität so zu bemessen, dass genügend Raum und Zeit für andere Interessen bleibt.

Ein zeitbedingtes neues Phänomen ist es, dass das Individuum nicht mehr frei entscheiden kann, wie lange es arbeiten möchte, und ein erheblicher gesellschaftlicher und gesetzgeberischer Druck zum Aufhören zwingt. Viele in ihrem Beruf aufgehende Menschen werden ohne oder gegen ihren Willen vorzeitig entlassen. Oft gelingt die Umstellung durchaus, aber nicht wenige werden bald danach depressiv, bereuen die Aufgabe ihres Berufs, machen sich Vorwürfe, zum Beispiel des Inhalts, sie seien ihren Klienten oder Patienten gegenüber verpflichtet, wieder zu arbeiten, hätten kein Recht auf Nichtstun, hätten immer zu wenig und zu schlecht gearbeitet. Der Zustand ändert sich manchmal erst nach langer Zeit und am ehesten bei denen, die wieder eine Tätigkeit aufnehmen, etwa als ehrenamtlicher oder freier Mitarbeiter und mit begrenzter Arbeitszeit. Es kommt dann zu Entwicklungsschritten, etwa indem man sich mehr Zeit für seine Klienten, Kunden oder Patienten nimmt als früher, seine Erfahrungen besser anwendet und eine neue Identität findet, mit der man sich zufriedener als mit der früheren Tätigkeit fühlt.

Der »Pensionierungsgewinn«

Der »Pensionierungsgewinn« ist nach Stauder die positive Chance der Abdankung, »wenn die Persönlichkeit mehr ist als das Amt«. Innerlich reiche, bewegte, interessierte, musische Menschen, deren Psyche »nicht mit der Geometrie des Amtes kongruent ist«, fühlten sich vom »Übermut der Ämter« (Shakespeare, *Hamlet*) befreit, könnten »Befreiungsseligkeit« empfinden. Sie hätten oft Steckenpferde, deren Keim meist weit zurückliege und hätten bereits früh begonnen, Hobbies und Freundschaften aufzubauen und auch außerhalb des Berufs aktiv zu sein. Anders als Menschen, die mit Depressionen reagieren, lebten sie nicht nur in der Vergangenheit, sondern mehr in der Gegenwart, oft seien es Lebenskünstler.

Um nach der Phase des Befreiungsglücks den Fall in das tiefe Loch zu vermeiden, muss man sich klarmachen, dass die als Zwang empfundene berufliche Routine auch viel Halt geboten hatte. In einer Berufstätigkeit sind verborgene Quellen des Glücks enthalten. Man war dort in ein soziales Netzwerk einbezogen, das ein Janusgesicht hatte und das man mit widersprüchlichen Gefühlen erlebte. Es war einerseits Zwang, Pflicht, Abhängigkeit, Rivalität und Ärger, und man freut sich bei der Pensionierung zu Recht, das endlich los zu sein, andererseits erhielt man ein reichliches Maß an Zuwendung, Anteilnahme, Anerkennung und andere Gratifikationen und merkt erst danach, dass man das schmerzlich vermisst. Oder man merkt es nicht und fühlt sich einfach niedergeschlagen.

Typische Äußerung: »Im Beruf gab mir jeder das Gefühl, eine anerkannte und besondere, unersetzliche Person zu sein, die hochspezifische und für alle wertvolle Aufgaben erfüllt. Seitdem ich pensioniert und zu Hause bin, nimmt kaum jemand mehr von meinen Fähigkeiten Notiz, und wenn, dann nur, um mich zu mahnen, für mich belanglose Dinge zu tun, die jeder Unausgebildete auch tun könnte.« Es ist daher gut, im Ruhestand an einem Tagesrahmen, an Gewohnheiten und bestimmten Terminen festzuhalten, jedoch ohne Druck und Hast und mit aktualisierten Inhalten und Zielen. Ein wichtiger Schritt ist es, sich klar zu machen, welches Glück und welche Befriedigung man mit dem Beruf verloren hat und die Traurigkeit darüber zuzulassen.

Der Ruhestand ist eine sehr schöne Zeit mit Lebensbedingungen und Entfaltungsmöglichkeiten, wie man sie vorher im Leben nie hatte. Das gelingt besser, wenn man die aus seinen persönlichen inneren Gründen kommenden Risiken des Abschieds vom Beruf bewältigt hat. Aufgaben für eine günstige Entwicklung sind, wesentliche persönliche Beziehungen zu pflegen, Interessen nachzugehen, und sein Leben den eigenen Neigungen folgend auszugestalten. Es ist gut, wenn man sich dafür fit hält, seine Fähigkeiten wie zum Beispiel Autofahren nicht vorzeitig aufgibt, sein berufliches Wissen noch gelegentlich weitergibt, seine Selbstständigkeit und Unabhängigkeit noch pflegt. Man braucht Aktivitäten, die den Körper und den Geist üben und an denen man Freude hat. Die fiktiven Gerichtsherren in *Die Panne* stellen befriedigt fest: »… und es wurde unser Gesundbrunnen, dieses Spiel; die Hormone, die Mägen, die Bauchspeicheldrüsen kamen wieder in Ordnung, die Langeweile verschwand, Energie, Jugendlichkeit, Elastizität, Appetit stellten sich wieder ein.« (Dürrenmatt 2003, S. 545)

Es belebt sehr, wenn man Tätigkeiten, die man sich nach den unvermeidlichen Misserfolgen nicht mehr zutraute, wie Straßenbahn fahren, das Ziehen einer S-Bahn-Karte, plötzlich wieder kann oder Neues, wie das Bedienen des Computers, die Kommunikation per E-Mail oder das Surfen im Internet, erlernt.

Man muss aber auch seine Grenzen sehen. Es ist eine blinde Verleugnung des Alterns, wenn man meint, alles noch so zu können und können zu müssen wie wesentlich Jüngere. Nimmt man seine Bemühungen und Leistungen noch so tierisch ernst, wie es im Beruf – vielleicht – geboten war, so verdirbt man sich das gute Altern. Besser ist es, alles als Spiel anzusehen, das gelingen kann oder auch nicht. Selbstironie, spielerische Distanz und Humor sind eine ganz wesentliche emotionale Basis für menschliches Älterwerden. »Wer sich nicht selbst zum Besten haben kann, der ist gewiss nicht von den Besten.« (Goethe, *Epigramm*, S. 282)

Nicht zuletzt ist es wichtig, rechtzeitig finanziell für den Ruhestand vorzusorgen. Da die heutige Lebenserwartung wesentlich höher als die unserer Eltern ist, kann das dritte und vierte Lebensalter ebenso lange wie das Berufsleben oder sogar länger dauern. Viele machen sich das aus unbewussten Gründen nicht klar, sorgen nicht ausreichend vor und müssen sich später schmerzlich einschränken. Ein verborgener Grund kann zum Beispiel die unbewusste Identifizierung mit der Lebenserwartung der Eltern sein, sodass die Planung nur bis dahin reicht. Andere unterschätzen ihren finanziellen Bedarf, etwa für Pflege, weil sie ihre Angst, hilflos zu werden, einfach verleugnen.

Verlust von Beziehungspersonen

Der immer häufiger vorkommende Tod von wichtigen Beziehungspersonen ist die belastendste der Abschiedserfahrungen, die das Alter mit sich bringt. Nach Großeltern und Eltern sind es Geschwister, Freunde und Kollegen, auch Jüngere und Kinder, bis man ungünstigstenfalls vereinsamt übrigbleibt.

Der Verlust des Partners/der Partnerin durch Tod oder Trennung ist oft das emotional zentrale Ereignis, das eine psychische Fehlentwicklung oder psychische Erkrankung auslöst. Tatsächlich hat die Symptomatik aber zumeist schon viel früher angefangen, zum Beispiel mit dem Tod der Mutter oder des Vaters. Bei aktuellen Verlusten werden frühere Verlusterlebnisse bis zu den frühen Erfahrungen der Kindheit wieder aktiviert.

Schon in der *Bibel* steht: »Es ist nicht gut, dass der Mensch allein sei.« Persönliche Bindungen haben für den Menschen im gesamten Lebenslauf einen hohen emotionalen Stellenwert. Verluste rufen dementsprechend Gefühle hervor, deren Intensität und Art von der Qualität der verlorenen Beziehung geprägt wird.

Als wär's ein Stück von mir

Der Verlust einer Person kann als Selbstverlust erlebt werden. »Freud glaubte, der Tod seines Lieblingsenkels Heinele habe etwas für immer in ihm getötet, er habe seitdem nie wieder jemand lieb gewinnen können. Er geriet danach in die erste Depression seines Lebens.« (Jones 1962, Bd. III, S. 115f)

Ältere Ehepaare sind oft so miteinander identifiziert, dass sie sich kaum noch unterscheiden. Was der eine fühlt und denkt, fühlt und denkt auch der andere, »als wär's ein Stück von mir«, wie es in dem Lied *Ich hatt' einen Kameraden* heißt. Oft entwickeln sie, wie bereits angesprochen, die gleichen Symptome und Leiden, und beim Tod des einen stirbt der andere ein wenig mit oder kurz danach ebenfalls. Nach dem Tod des Partners können beim Überlebenden dann Symptome wie zum Beispiel Schwindelanfälle auftreten, sodass sie etwa durch einen Treppensturz bald ebenfalls zu Tode kommen. Andere schwinden einfach dahin.

Bei der Symptomidentifikation werden die Symptome des anderen am eigenen Körper erlebt. Der Trauernde entwickelt die gleichen Beschwerden, die der Verstorbene hatte, hält ihn damit in sich lebendig, verleugnet also, dass er nicht mehr lebt. Es bleibt damit in der unbewussten Phantasie noch offen, ob Rettung und Wiederbelebung erfolgen sollen oder ob man selbst mit ihm oder an seiner Stelle sterben möchte.

Nach dem plötzlichen Tod ihrer Tochter oder ihres Sohnes kann eine Mutter an den gleichen Beschwerden erkranken wie die oder der Verstorbene und kann als Notfall unter Umständen in die gleiche Klinik eingeliefert werden. Das kann auch mehrfach erfolgen, bis klar ist, dass keine Krankheit vorliegt und die Beschwerden keine körperliche Ursache haben. Im Laufe einer Psychotherapie wird die Mutter dann fähig, ihren unerträglichen Schmerz über den Verlust zu artikulieren, braucht ihn nicht mehr mittels Körpersprache auszudrücken, sondern kann ihre Trauer empfinden. Manchen wird dann auch bewusst, dass sie am liebsten statt ihres Kindes gestorben wären.

Schon bei Anna O., einer der ersten von Freuds Patientinnen, war es zu einer Symptomidentifikation gekommen: Anna O. liebte ihren Vater abgöttisch. Als er krank wurde, übernahm sie seine Pflege, bekam die gleichen Symptome wie er, und als er starb, glaubte auch sie sich in einer Totenwelt (Freud 1895d, S. 37).

Überlebensschuld und Überlebenstriumph

Bei überlebenden Partnern treten häufig Schuldgefühle und Selbstvorwürfe, in der Todesstunde nicht anwesend gewesen oder sonstwie am Tod mitschuldig zu sein und das Überleben nicht verdient zu haben, auf. Besonders bei Überlebenden traumatisierter Gruppen wie KZ-Opfern und bei Kriegsteilnehmern gibt es die Überlebensschuld, weil die eigene Familie oder die eigenen Freunde umkamen und man selbst »unverdient« überlebte. Mit zunehmendem Alter wenden sich viele erneut der damaligen Familie, der Peergroup, den Gefährten und Kriegskameraden emotional zu, die Erlebnisse und Gefühle von damals drängen sich in die Erinnerung. Überlebensschuld und Trauer können verborgene Quellen von »Altersdepressionen« und auch Suiziden sein.

Es liegt in der menschlichen Natur, dass sich in einer Beziehung soviel Hass ansammeln kann, dass der Tod des Partners als Befreiung erlebt wird. Die Phantasie, dass das Ende einer als einschränkend empfundenen Bindung Voraussetzung für ein besseres Weiterleben sei, ist häufig und ergibt sich aus der am Ende dieses Kapitels beschriebenen Ambivalenz. Der Witz »Wenn einer von uns stirbt, dann zieh ich nach Paris« zeigt die Normalität solcher Phantasien. Meist sind solche Gefühle unbewusst, sodass beim Verlust aufrichtige Trauer und Schmerz empfunden werden und die gegenteiligen Gefühle sich nur untergründig beimischen. Sie können aber auch bewusst überwiegen und als Überlebenstriumph geäußert werden. »›Heißa‹ – rufet Sauerbrot – ›Heißa!

meine Frau ist tot!‹« heißt es bei Wilhelm Busch (1875, S. 258ff). Wie ambivalent die Beziehung beider Partner war, zeigt sich darin, dass sie nur scheintot und alsbald wieder lebendig ist, er aber für seinen Hass bestraft wird: »Starr vor Schreck wird Sauerbrot, und nun ist er selber tot.«

Eine andere Methode der Abwehr der Trauer über den Verlust einer Person ist die hypomanische Verleugnung, indem sofort Ersatzpartner gesucht werden.

Trauer und Ambivalenz – der Schatten des Objekts

Es ist normal, dass Menschen gleichzeitig lieben und hassen können (Ambivalenz der Gefühle). Mitmenschen werden mehr oder weniger bewusst immer auch als Einschränkung und Bedrohung erlebt, sodass man jemandem sogar die Pest an den Hals wünscht. Heinrich Heine soll gesagt haben, er sei ein friedliebender Mensch. Er brauche nur ein Zimmer mit einem Blick in den Garten und auf einen Baum. Und wenn Gott ihm die Gnade zuteil werden lasse, an diesem Baum einige seiner Feinde hängen zu lassen, dann sei sein Glück vollkommen. Ein populärer »Rat« lautet: »Setze dich an das Ufer des Flusses und warte bis deine Feinde vorübertreiben.«

Die Liebe zu einer Person enthält immer auch einen Anteil von (meist unbewusstem) Hass. So stark die Bindungskräfte sind, so wirken ihnen immer auch trennende Kräfte entgegen. Schopenhauer beschrieb das schon 1851 mit der Stachelschweinmetapher. Danach rücken die Menschen zusammen, weil sie Nähe und Wärme brauchen. Dann aber stören die Stacheln, sodass sie wieder die Distanz suchen müssen. Dort frieren sie und müssen wieder zusammenrücken, sodass das Spiel immer wieder von Neuem beginnt. Jeder bindenden Liebe ist mehr oder weniger trennender Hass beigemischt. Das Ausbalancieren dieser Gegenkräfte und die Regulierung von optimaler Nähe und Distanz ist das ganze Leben hindurch eine zentrale Aufgabe in jeder Beziehung.

Bei den im Alter sich häufenden Verlusten Nahestehender kommt es je nach Grad der Ambivalenz zu Problemen bei der Verarbeitung. In den Reaktionen auf Verluste setzt sich die Geschichte einer Beziehung fort. War sie von stärkerer Ambivalenz geprägt, so kann der Überlebende an Melancholie erkranken, wie Freud es in *Trauer und Melancholie* (1917) beschrieben hat. Der Anteil von Hass in der Beziehung spiegelt sich als Anklage gegen die verlorene Person wider. Deren entwerteter Anteil wurde (unbewusst) ins eigene Selbst aufgenommen; »der Schatten des Objekts fiel so auf das Ich« (S. 203). Die Kranken verurteilen sich selbst und meinen damit den gehassten Anteil, den Schatten des in ihnen versteckten Verstorbenen. Die Selbstvorwürfe sind Vorwürfe gegen das verlorene Objekt. »Klagen sind Anklagen« (S. 202). Eine normale Trauer wird damit verhindert.

Den aufgeführten Abwehrmethoden ist gemeinsam, dass der Verlust der Bindung, der Schmerz darüber und die Trauer nicht wahrgenommen werden können und vermieden werden müssen. Die Bewältigungsversuche sind oft Wiederholungen von Verhaltensmustern, die sich in der Kindheit bei Trennungen bewährt hatten. Abwehrmethoden wie depressiver Rückzug, Verstummen, Trotz und Eigensinn können sich als Versuche erweisen, sich auf infantile Positionen zu retten, die damals in vergleichbaren Situationen Schutz gewährt hatten.

Loslösung und Befreiung

Der einzig angemessene Weg, Verlusten zu begegnen und sie zu verarbeiten, ist die Trauer. Die Trauerarbeit, wie Freud das nennt, besteht im schmerzlichen Erinnern an die gemeinsamen Erlebnisse und Verbindungen, Aufsuchen der Stätten der Erinnerungen, bis eine nach der anderen als vergangen anerkannt werden kann. Nach angemessener Zeit – das Trauerjahr ist das ritualisierte Maß dafür – kann der Verlust dann als unwiederbringlich akzeptiert werden und das Interesse sich nach und nach wieder der Realität zuwenden. Im modernen Sprachgebrauch sind es Trauer- und Loslösungsprozesse, die den Älteren eine Verarbeitung der Verluste und ein Weiterleben möglich machen (»Mourning-and-separation«, Pollock 1987).

Das bürgerliche und christliche Ideal der Ehe, »bis dass der Tod euch scheidet«, wird von vielen Älteren nicht nur formal gelebt. Bei aller untergründigen Ambivalenz, die man kennen muss, um ihr begegnen zu können, sind doch die Beziehungen Älterer ganz überwiegend von Liebe, Zuneigung, Achtung und Wertschätzung bestimmt. Man wünscht sich, den Lebensweg bis zum Ende gemeinsam zu gehen. Umso mehr stürzt eine Welt zusammen, wenn, oft früher als erwartet, einer der Partner plötzlich allein ist.

Danach kann vieles geschehen, was uns überrascht und belastet. Jede Beziehung verändert sich im Verlauf des Älterwerdens. Jeder Mensch lebt nicht nur mit dem Partner, sondern auch in realen und phantasierten Beziehungen zu anderen Personen. Niemand kann völlig in der Rolle der Hälfte einer Partnerschaft aufgehen. Auch Gefühle unterliegen dem ewigen Stirb und Werde. Das Bedürfnis nach eigener Identität mit eigenem Erleben und Interessen kann sich durch die größere Freiheit (vgl. Rosenmayr 1983, *Die späte Freiheit*) und die besseren Gestaltungsmöglichkeiten im Alter sogar noch verstärken. In jeder Beziehung müssen die ambivalenten Gefühle, die bindenden und die Fliehkräfte, immer wieder ins Gleichgewicht gebracht werden. Das erhält ihre Spannung und Lebendigkeit, kann aber beim Tod des Partners zum Problem werden. Überwog die Anlehnung, wird man den Halt vermissen. War die Ambivalenz stark, so bleibt der andere wie vergiftete Nahrung noch lange in einem und die Trauerarbeit wird verzögert.

Wer überleben und sich die Option unserer wesentlich verlängerten Lebensspanne aufrechterhalten möchte, muss also umdenken. Für gutes Altern ist wichtig, nicht erst im Alter Interessen und Kontakte zu pflegen, die über Beruf, Partnerschaft und Familie hinausgehen. Auch Hobbies, die der Partner nicht teilt, oder Unternehmungen, die geschlechtsspezifisch geprägt sind wie das Kaffeekränzchen, der Stammtisch oder bestimmte Sportarten und Kontakte, sollte man sich erhalten. »Bleiben Sie immer ein bisschen unverheiratet« (ursprünglich ein Werbeslogan), das heißt, sich der Ambivalenz in allen Beziehungen bewusst zu sein und sich nicht zu einseitig abhängig zu machen, lautet der Rat einer erfahrenen Familientherapeutin (Riehl-Emde 2003).

Das gilt nicht nur für den Verlust eines Partners durch Tod. Häufiger noch ist der Fall, dass ein Angehöriger in seiner Entwicklung zurückbleibt, zunehmend Unterstützung und Hilfen braucht, schließlich pflegebedürftig oder dement wird. Es ist dann für den schwächer Gewordenen überlebenswichtig, dass der noch vitalere Partner seine Persönlichkeit bewahrt und seine körperlichen und geistigen Kräfte erhält, um dem Paar ein würdiges Weiterleben zu ermöglichen.

6
Der Lebensfluss wird zu Kaskaden

Die in den vorherigen Kapiteln beschriebenen Facetten des Älterwerdens sind auf vielfältige Weise miteinander vernetzt. Der biologische Abbau des Körpers kann wie ein Fluss nur abwärts gehen, erst unmerklich, dann in Kaskaden und muss unabwendbar enden. Dialektische Gegenbewegungen, Antworten auf die Zumutungen des Körpers und das Nachlassen des Geistes können den Verlauf aber verzögern, auch zeitweise aufhalten und wieder bessern. Die Verluste von Personen und sozialen Rollen finden Antworten, die sinnlose Leere und Vereinsamung verhindern sollen. Der Verlauf des Alterns wird weniger von einzelnen Faktoren bestimmt, sondern vielmehr von den unterschiedlichen Zuflüssen und deren gegenseitiger Beeinflussung und Kumulation.

Die aufwärtsführende Linie von Entwicklung und Reifung kann an jeder Stelle dieses Verlaufs, auf jeder Stufe und für jede Krise und jeden Konflikt eine neue Lösung und neue Ziele finden. Das Wechselspiel der gegenläufigen Kräfte macht die Komplexität des Älterwerdens aus. Ungünstige Konstellationen können Alterungsschübe, Kaskaden des Lebensflusses auslösen, günstigere helfen, die Probleme besser zu bewältigen.

So kann zum Beispiel ein Verlust mit körperlichen Leiden beantwortet werden, die dann das Hauptthema bleiben, oder aber es können neue Aufgaben gefunden werden, die den Verlust nebensächlich machen.

Anlässe für Alterungskaskaden

Älterwerden erfolgt in vielen kleinen Schritten mit kaum merkbaren Veränderungen. Das kann lange so bleiben. Tritt eine Kombination körperlicher Leiden mit belastenden Ereignissen und ungünstiger Vernetzung mit der Lebensgeschichte ein, so werden eindeutige Alterungsschübe ausgelöst. Jüngere Menschen reagieren in vergleichbaren Situationen zuerst ebenso mit Symptomen, Schmerzen, Betroffenheit oder Verstimmung, können das aber besser ausgleichen und sich wieder erholen. Bei Älteren, die keine Ressourcen mehr haben, stockt der Lebensfluss, fällt um eine Kaskade ab und fließt dann auf einer tieferen Stufe des biologischen Alterns weiter. In Begriffen der Technik gedacht tritt eine Kettenreaktion (oder ein Dominoeffekt) ein, die mit einem auslösenden Ereignis beginnt und weitere nach sich zieht.

Eine typische und häufige Kaskade ist, dass Schmerzen, häufig infolge von Rheuma oder einer Arthrose, nicht nur aktuell die Beweglichkeit einschränken, sondern zu sozialen Auswirkungen führen und zunehmend die Lebensplanung verändern. Wenn man nicht mehr sicher ist, wann und in welchem Ausmaß die Schmerzen kommen, traut man sich immer seltener, das Haus zu verlassen. Wenn man bei Dunkelheit Angst hat zu stürzen, muss man Anregungen wie Kino oder Theater aufgeben, kann Einladungen nicht mehr folgen und verliert den Kontakt zu seinen Freunden. Das führt zur Isolierung, Einengung des Interessenshorizontes und Inaktivität, was das Risiko für weiteren Abbau erhöht. Wie man damit zurechtkommt, hängt sehr von der Beziehung zu Angehörigen und hilfreichen Kontakten ab. Das Muster, nach dem Schmerzen auftreten und wie man mit ihnen umgeht, ist nicht selten von Vorbildern, etwa der Mutter, übernommen.

Schmerz kann auch eine Kaskade in der Beziehung zum Partner auslösen. Wenn Ärzte bei von der Wirbelsäule oder Gelenken ausgehenden Schmerzen strenge Schonung empfehlen, wird das leicht von Patienten so missverstanden, dass sie glauben, nicht nur vorübergehend nichts mehr in die Hand nehmen, sich nicht mehr bücken oder überhaupt bewegen zu dürfen. Hausarbeit, Kochen, Reinigen und Einkaufen müssen also vom Partner übernommen werden, und es kann zu einer Krise in der Partnerbeziehung mit Erkrankung und anderen Reaktionen des Partners kommen. Es müssen Hilfskräfte angestellt, in eine geeignetere Wohnung oder in ein Heim umgezogen werden, was zu weiteren Einschränkungen und Änderungen des Lebensstils führt.

Plötzlich eintretende körperliche Erkrankungen leiten am häufigsten nachhaltige Kaskaden ein. So wird zum Beispiel ein Herzinfarkt auf bewusster Ebene allein durch äußere Ereignisse und physikalische Faktoren bewirkt: Am Tag nach der Anreise in einen hochgelegenen Wintersportort fährt man mit der Gondelbahn noch 600m höher, und der dort niedrigere Sauerstoffgehalt der Luft löst den Infarkt aus. Das Gleiche kann bei einem Langstreckenflug geschehen.

Achtet man auf verborgenere Zusammenhänge, so kann aber auch die Entlastung vom Berufsstress beim Urlaubsbeginn, das vegetative Absacken auf Vagotonie und Minderdurchblutung der maßgebliche Auslösefaktor sein. Mitbeteiligt und oft entscheidend sind die verborgenen inneren Gründe auf psychischer Ebene, etwa welchen Stellenwert Arbeit und Beruf haben, wen man dort zurücklässt, mit wem man am Urlaubsort zusammen ist, wie konflikthaft diese Beziehungen sind und wie sie mit der Lebensgeschichte vernetzt sind.

Der gleiche psychovegetative Mechanismus in Kombination mit inneren Gründen ist zum Beispiel auch beim »Vertragsabschlusskollaps«, der nicht selten bei notariellen Kauf- oder Erbverträgen auftritt, wirksam. Dabei kann die Entlastung nach langer Anspannung und Erregung zum Umschwung in die Vagotonie mit Kollaps führen, bei Älteren mit Vorerkrankungen im ungünstigen Fall sogar zu einem Herzinfarkt oder Schlaganfall. Die Gefahr einer solchen Kaskade ist besonders groß, wenn die Beziehung unter den Vertragspartnern hoch angespannt ist. Auf dem Heimweg vom Abschluss eines Kaufvertrags, von dem seine Altersabsicherung abhing, der bis zum letzten Moment aber noch fraglich gewesen war, fiel ein 69-jähriger Mann in eine tiefe Ohnmacht. Auf der Intensivstation äußerte er – noch in benommenem Zustand und ohne dass er sich später daran erinnern konnte –, er mache sich Sorgen, ob er die Kaufsumme aufbringen und die Kredite bekommen könne.

Er ließ sich noch am gleichen Tag entlassen, da er dafür arbeiten und gesund sein müsse. Es hatte sich zwar eine Herzrhythmusstörung als körperliche (Mit)Ursache gefunden, sie stellte sich aber als harmlos heraus. In diesem Fall aktivierte die Krise die Ressourcen des Patienten, denn er fand seine Vitalität wieder und konnte seine Pläne verwirklichen. Unter ungünstigeren Bedingungen hätte der Kollaps vermutlich eine Alterungskaskade ausgelöst.

Sehschwäche, die spürbar zunimmt, löst häufig eine ähnliche Kaskade aus. Wenn man die in kleiner Schrift und kontrastarm (Graudruck) gedruckten Betriebsanweisungen für elektronische Geräte und Beipackzettel der Medikamente nicht mehr lesen kann, gibt man es auf, was schädliche Folgen nach sich zieht. Weiter kann man Formulare nicht mehr ausfüllen, verlegte Brillen und Schlüssel nicht mehr finden, hat im Haushalt und beim Einkaufen zunehmend Probleme. Durch Partner/innen kann das ausgeglichen werden, was aber zu Abhängigkeit und Einbußen an Autonomie führt.

Wenn man erst in der Dunkelheit, später auch bei Tag Verkehrszeichen nicht mehr gut erkennen kann, muss man das Autofahren und damit auch die sozialen Kontakte einschränken. Manchmal wird dann ein Umzug ins Ortszentrum, in dem man alles zu Fuß erreichen kann, nötig. All das wird als Verunsicherung, von manchen auch als Kränkung erlebt und kann zu psychischen Krisen, Depression oder Verbitterung führen. Die Inaktivität und das Fehlen von Anregungen und Interessen beschleunigen das Abgleiten in den organischen Abbau. Wie Sehschwäche erlebt und verarbeitet wird, hängt wiederum sehr vom persönlichen Stellenwert des Sehens ab, der mit der Biographie vernetzt ist. Wer sich darauf gefreut hatte, in der geschenkten Lebensphase endlich Zeit zum Lesen zu haben und das nicht mehr gut kann, dazu vielleicht vereinsamt ist und Nicht-sehen-Dürfen unbewusst als gerechte Strafe empfindet, wird anders reagieren als jemand, der Kontakte und Freude an praktischen Tätigkeiten wie Basteln, Stricken oder Gartenarbeit hat.

Beim Verlust von Partnern werden die vorherigen gemeinsamen Aktivitäten häufig eingestellt, denn ohne den Partner macht es keine Freude mehr und man verliert die Motivation. »Mit wem und für wen, wenn nicht für sie (ihn), soll ich denn das noch tun?«, fragen sich viele Alleingebliebene. Der Schwung und die Motivation, überhaupt noch aktiv zu sein, lassen nach, man resigniert, setzt sich keine neuen Ziele und Aufgaben mehr, möchte am liebsten ebenfalls sterben und sinkt in eine weitere Stufe des Alterns ab.

Alterungskaskaden treten häufig erst am Ende einer Serie von alterstypischen Leiden, Verlusten, Bewältigungsversuchen und verborgenen Zusammenhängen ein und verlaufen nach folgenden Mustern: Männer erleben die Pensionierung, Frauen den Wegzug der Kinder zunächst verbittert und gekränkt, überstehen dann Krankheiten und Operationen und fangen sich danach jeweils wieder. Netzhautablösung, Diabetes, ein künstliches Kniegelenk und eine Krebsoperation führen zu Einschränkungen und Niedergeschlagenheit, können aber noch kompensiert werden, und man kann sich damit abfinden, auch wenn die Vitalität dabei stufenweise nachlässt. Nach dem Tod der Frau oder des Mannes kann dann noch ein zurückgezogenes Leben, etwa mit Katzen oder Hund, mit Beschäftigung im Garten und gelegentlichem Kontakt mit Nachbarn möglich sein, ohne dabei besonders glücklich, aber auch ohne depressiv zu sein.

Unter ungünstigen Umständen kann eine weitere Erkrankung, ein Verlust oder eine soziale Einschränkung einen in eine schwere Depression stürzen und bewirken, dass man sich alt fühlt und auch so wirkt. Weitere Verluste, wie zum Beispiel der Tod der Katze oder des Kanarienvogels, können der letzte Tropfen sein, der das Fass zum Überlaufen bringt, und können als unerträglicher Objekt- und Selbstverlust erlebt werden und zur Selbstaufgabe führen.

Bei einem 75-jährigen vereinsamten Mann, der auf den Tod seines Hundes depressiv reagiert hatte, ergab sich in der Therapie, dass es sich – unbewusst – um die Re-Aktualisierung einer in der Kindheit erlebten unerträglichen Verlustsituation handelte, als er im Krieg zuerst Heimat und Angehörige und zuletzt auch noch seinen Hund verloren und sich danach ebenso allein und verloren gefühlt hatte wie jetzt.

Ebenso können rein emotionale Erlebnisse eine Kaskade auslösen. Es kann einen »der Schlag treffen«, wenn man eine schlimme Nachricht erfährt, oder es kann einem Vater nach einer Auseinandersetzung mit dem Sohn »das Herz stehen bleiben« – Herzschlag mit Todesfolge oder mit dem Ergebnis, dass er danach merklich gealtert ist.

Ein anderes Muster, wie der Verfall eingeleitet werden kann, sind innere Konflikte, wie sie sich bei der Lebensbilanz ergeben können. Besonders Menschen, die berufliche Verantwortung trugen, setzen sich im Alter mit ihrem Gewissen und ihrer tatsächlichen oder auch nur vermeintlichen Schuld auseinander, können in depressive Selbstanklagen verfallen und auch suizidal werden.

Drei Stufen des Älterwerdens

Älterwerden ist nicht nur eine Frage der Chronologie. Es ist nicht vom Kalender abzulesen und nicht ausschließlich die Zahl der Jahre bestimmt, wie weit der Alterungsprozess fortgeschritten ist. Zur groben Orientierung ist die Einteilung in drei Stufen nützlich.

Kompensation – reparieren und ausgleichen

Auf der Stufe der Kompensation lassen sich die eingetretenen körperlichen Mängel durch Brillen, Hörgeräte, Zahnersatz, Medikamente etc. noch ausgleichen oder abmildern. Auch schwere Leiden und Behinderungen können oft noch erfolgreich behandelt werden – Krebsentfernung durch Operation, Bestrahlung und Chemotherapie, Ersatz von Hüft- und Kniegelenken, Einsetzen einer künstlichen Linse etc. Ebenso sind psychische Schwächen durch Interessen, Übungen und soziale Teilhabe noch auszugleichen; auch Verluste können noch verarbeitet oder durch neue Bindungen ersetzt werden.

Die Zeichen der Alterung werden noch einigermaßen gelassen hingenommen. Es überwiegt das Gefühl, noch viel Zeit zu haben, es ist noch lange weg, es betrifft andere, aber nicht mich. Bewusst ist meist eine rationale aufgeklärte Pseudoanerkennung des Alterns als natürlicher Vorgang vorhanden, während unbewusst noch eine ungebrochene stabile Abwehr, »Mir kann nichts passieren, ich bin gegen alles gefeit« oder »Alt werden nur die anderen«, wirksam geblieben ist.

Das typische biologische Verlaufsmuster ist das von Perioden und Schwankungen. Zeiten relativer Jugendlichkeit mit Frische, Aktivität und Wachheit wechseln mit solchen von Erschöpfung, vermehrtem Ruhebedürfnis, Rückzug und Nachlassen von Interessen ab. Aber alt fühlt man sich dabei noch nicht.

Das Schwanken kann äußere Gründe haben. Im Winter, bei Kälte und Feuchtigkeit, hat man vermehrt Schmerzen und neigt zu Inaktivität, zum Winterschlaf. Umgekehrt fühlt man sich durch die Sonne, das freundliche Klima und die Wärme südlicher Länder schmerzfrei und vitalisiert. Es ist tatsächlich nachgewiesen, dass in Regionen wie am Mittelmeer die durchschnittliche Lebenserwartung signifikant höher ist. Das hilft aber nur dann, wenn die inneren Bedingungen den äußeren entsprechen. Andernfalls können gerade die ewige Sonne und ewige Wärme zum Anlass von Depressionen werden und den Wiederumzug in den Norden erzwingen oder eine Alterungskaskade bewirken.

Abwehr – Strategien und Inszenierungen

Die Gefahr des Altwerdens wird bewusster und die Bedrohung spürbar, wenn die Beschwerden fortschreiten, weitere Belastungen dazukommen und die Erschöpfungsperioden häufiger eintreten und länger anhalten. »Die Einschläge kommen näher«, sagt die Kriegsgeneration, bald könnte es einen selbst treffen. Auf dieser zweiten Stufe müssen deshalb wirksame Abwehrstrategien wie die schon beschriebene Verleugnung (»Ich bin nicht alt«), Projektion (»Die anderen werden alt, nicht ich«) und andere in größerem Umfang und mit wechselndem Erfolg zu Hilfe genommen werden. Am ehesten hilft es, wenn die Abwehrmethoden als Abwehrstrategien organisiert sind. Sie zeigen sowohl eine große individuelle Variationsbreite als auch geschlechtsspezifische Unterschiede.

Manche sehr Alte sagen, sie hätten sich um ihr Alter einfach nicht gekümmert, ihren Lebensstil, ihre Denkweisen, ihr Verhalten und ihr Erleben nicht verändert. Auch wenn Verleugnung dabei beteiligt ist, ist es für viele hilfreich, einfach so wie gewohnt weiterzuleben, solange und soweit das geht. Feste Gewohnheiten geben Halt und Sicherheit, halten die Bedrohungen draußen. Selbst bei schweren irreparablen Defiziten und Verlusten kann diese Taktik noch Erfolg haben.

In der Medizin sind Abwehrmethoden bekannt, die den Defekt ausblenden (Anosognosie). Magersüchtige nehmen oft nicht wahr, dass sie zum Skelett abgemagert und in Lebensgefahr sind, sondern halten sich für viel zu dick. Amputierte empfinden das fehlende Glied als noch vorhanden und spüren darin Schmerzen (Phantomschmerz). Nach diesem Muster können auch grobe Zeichen von Alterung lange erfolgreich ignoriert werden.

Männer halten gern am Gewohnten fest, als ob nichts geschehen wäre, versuchen ihre beruflichen Fertigkeiten als Abwehr- und Bewältigungsstrategien gegen Krankheit und Abbau zu nutzen, versuchen ihre Defizite durch aktive, bewährte Maßnahmen auszugleichen. Die jetzt Älteren haben oft ein mechanistisches Körperbild, sehen ihren Körper als eine Maschine und glauben, er brauche wie ein Auto nur mal eine Reparatur (vgl. Kapitel 3, S. 81). Oder sie wollen ihn zum Durchhalten und Weitermachen zwingen. Sie setzen das Muster ihrer in der Kindheit und später erfahrenen Prägungen fort und halten die Kaskade damit oft lange mit Erfolg auf. Solche Verhaltensmuster sind tief eingeprägt, sodass auch in Zuständen hochgradigen Abbaus berufstypische Gewohnheiten unbewusst noch fortgesetzt werden. Beispiel für ein solches Beschäftigungsdelir: Der dement gewordene frühere Chirurg, dessen Hände unbewusst auf der Bettdecke Operationen ausführen.

Frauen sind zumeist kommunikativer, bindungs- und kontaktbegabter als Männer, auch sprachlich versierter. Ihnen kommt es mehr darauf an, mittels Körpersprache, Symptomen, Gestik, Mimik und szenischer Darstellung ihre Ängste und Wünsche mitzuteilen. Auch sie halten gern an ihren gewohnten Rollen fest, versuchen vor allem die Auflösung von Bindungen zu ignorieren. Die Familie soll zusammen bleiben, die flügge gewordenen Kinder werden vorwurfsvoll unter Druck gesetzt, häufiger nach Hause zu kommen oder wenigstens anzurufen.

Das alljährlich an Sylvester im Fernsehen gesendete Ritual der *Dinner for one*-Inszenierung, bei dem eine alte Dame ihre längst verstorbenen Gäste bewirtet, ist deshalb so beliebt, weil es normalen Wünschen entspricht und in vielen Formen im Alltag vorkommt. So halten Mütter, deren Kinder schon lange aus dem Haus sind, unbewusst gern an Tischgewohnheiten fest, als ob die Kinder noch anwesend wären, kochen, ohne das zu bemerken, ausreichend für fünf Personen, obwohl nur noch der Ehemann da ist.

Die Zeiten emotionaler Zufriedenheit – als die Kinder noch klein waren, die Familie noch beisammen war, die eigene Mutter noch lebte etc. – bleiben im Verborgenen, in Träumen und Erinnerungen präsent. Der Fluss der Zeit wird damit angehalten. »Ihr alle kennt die wilde Schwermut, die uns bei der Erinnerung an Zeiten des Glückes ergreift« (Jünger 1955), ist ein den Älteren vertrautes Zitat. Die Inszenierung, bei der ein Stück aus der Zeit des Glücks aufgeführt wird, als ob es Gegenwart wäre, dient dazu, die schmerzliche Schwermut nicht aufkommen zu lassen, negative Emotionen zu verhindern. Eine solche Abwehr verhindert aber auch, dass das Verfließen der Zeit anerkannt und angemessene Ziele für die aktuelle Lebenssituation gefunden werden können.

Körperbeschwerden als Maske

Wenn es nicht gelingt, die Erkenntnis des Altwerdens und die Konflikte zu lösen oder zu verdrängen, wird häufig versucht, die nicht mehr abweisbaren schmerzlichen Gefühle in den Körper zu verschieben. Körperschmerz bedeutet dann seelischer Schmerz. Der verborgene Wunsch ist, wieder Zuwendung zu finden.

In all den genannten Abwehrstrategien überwiegt noch die Hoffnung, die Alterungsvorgänge, die bedrohlich geworden sind und nicht mehr ganz verleugnet werden können, zu verharmlosen, ihnen die Bedrohlichkeit nehmen, ihnen trotzen oder sie noch aufhalten zu können. »Die Hoffnung stirbt zuletzt«, heißt es im Volksmund, und »Noch am Grabe pflanzt er die Hoffnung auf«, sagt Schiller (1797, *Hoffnung*).

Dekompensation – nachgeben und aufgeben

Der Abfall in die dritte Stufe, die der Dekompensation in eine psychosomatische, psychiatrische oder körperliche Erkrankung und Verfall, erfolgt, wenn der körperliche Zustand sich weiter verschlechtert, die Defizite und Verluste überhandnehmen und die Abwehrmaßnahmen nicht mehr für eine Kompensation ausreichen. Krankheiten, Operationen, Narkosen, zu hoch dosierte und zu lange verabreichte dämpfende Medikamente sowie Belastungen und Ereignisse wie der Tod von Partnern können den Absturz auf ein Niveau bewirken, von dem dann keine Erholung mehr möglich ist. Ein psychosomatischer Zufluss kann über die »zweiphasige Verdrängung« (Mitscherlich 1961) erfolgen. Danach werden schwerwiegende psychische Probleme, die nicht mehr durch einfache Verdrängung auf psychischer Ebene bewältigt werden können, in den Körper verschoben und erscheinen als Magengeschwür, Asthma, Herzinfarkt und anderes. Das gibt es in allen Altersstufen und kann auch bei den Alterungskaskaden mitwirken.

Die Kräfte lassen dann nach und die Hoffnung schwindet. Die sozialen Kontakte werden mehr und mehr aufgegeben, und es erfolgt ein Rückzug auf den engsten Kreis vertrauter Personen. Eine Zeitlang vermisst man noch die Besucher und beschwert sich, später gibt man nach, möchte niemanden mehr sehen, wird teilnahmslos oder ist gar nicht mehr in der Lage, Kontakt aufzunehmen.

Eine Stimmung von »Hilf- und Hoffnungslosigkeit«, wie sie von Engel und Schmale (1969) beschrieben wurde, tritt besonders nach Verlusterlebnissen wie Tod des Partners, Umzug aus vertrauter Umgebung oder gravierenden Einschränkungen der Autonomie ein. Man erlebt sich als von allen aufgegeben und erwartet von niemandem mehr Hilfe. Man weiß sich auch selbst keinen Rat mehr, gibt die Hoffnung und sich selbst auf. Solche Situationen leiten häufig eine lebensgefährliche psychosomatische Erkrankung oder einen Suizid ein oder die Betroffenen sterben bald danach.

Fast alle Älteren beschäftigen sich mit dem Gedanken, ihrem Leben selbst ein Ende zu setzen, wenn es unerträglich wird. Ein ehemaliger Jäger gestand mir, er habe sich noch ein Gewehr im Schrank versteckt, für den Fall »wenn es soweit ist«. Freud bat schon lange zuvor seinen Arzt, ihm die tödliche Dosis Morphin zu verabreichen, wenn das Leben sinnlos und nur noch Qual geworden sei, und so geschah es. Die Verluste, Behinderungen und Einschränkungen des Alters bieten reichlich Anlässe, so zu denken. Die Suizidrate steigt mit zunehmendem Alter steil an (Teising 1998). Bei den Männern war das zeitweise überproportional, wozu nach klinischen Erfahrungen die Kriegsgeneration und deren Auseinandersetzung mit ihrer Schule und ihrer Schuld beitrug. Nach neueren Untersuchungen (Altenhöfer 2008) überwiegen inzwischen leicht die Frauen, wobei z. B. unverarbeitete Traumatisierungen (Hannelore Kohl) mitwirken könnten. Weiter denkt jeder einmal an Suizid, wenn die Lebensbilanz und die Zukunftsperspektiven ausweglos erscheinen. Den meisten ist die Aussicht auf Hilflosigkeit, totale Abhängigkeit, Entstellung oder unwürdiges Vegetieren unerträglich. Es gibt bei Älteren weniger Suizidversuche als bei Jüngeren, aber mehr vollzogene Suizide, und sie werden entschiedener und mit härteren Methoden ausgeführt. Es ist, als ob man auf die Radikalität, mit der einem das Alter begegnet (vgl. Margarete Mitscherlich 2010) nur ebenso radikal antworten könne.

Der Lebenswille kann aber auch dort erlöschen, wo es nicht angebracht wäre. In der Stimmung der »Altersdepression« scheint alles hoffnungs- und ausweglos zu sein, nach ihrem Abklingen ist das Leben aber wieder lebenswert. Ebenso ist es nach der Verarbeitung von Verlusten, wenn die Trauer durchlitten ist. Gunter Sachs brachte sich um, weil er glaubte, an Demenz erkrankt zu sein. Die Alzheimer'sche Krankheit tritt aber seltener und später auf, als die Medien es suggerieren. Es gilt, die vielen Formen von Demenzen und vor allem die Pseudodemenzen zu erkennen, die eine günstige Prognose haben.

Eine viel größere Rolle als der bewusste Selbstmord spielt es, wenn wir uns aus inneren Gründen in den Dienst des Todestriebs stellen. Die Überernährung wird auch als »Selbstmord mit Messer und Gabel« bezeichnet. Der nicht bewusste Todesdrang kann nach Verlusten als Wunsch mitzusterben auftreten oder aufgrund unbewusster Identifizierung mit den Todesdaten wichtiger Beziehungspersonen. Ebenso führen die vielen anderen von uns beschriebenen Formen von »Selbstschädigung aus inneren Gründen« zur Minderung der Lebensqualität, Resignation und vorzeitiger Annäherung an das Lebensende.

Bei zunehmendem Abbau fällt, wie in Kapitel 4 (S. 112) beschrieben, das Verhalten auf die archaischen Grundmuster zurück. Es geht immer weniger um persönliche Konflikte, die Person schwindet, die Symptomatik verschiebt sich auf das Organische, statt individueller erscheinen instinkthafte Verhaltensweisen. Manche Alten fühlen sich, als ob sie zurückgelassen werden, während die Herde (der Tiere) oder später die Karawane (der nomadischen Urmenschen) weiterzieht und notgedrungen die Kranken, Geschwächten oder Alten dem Untergang überlässt. Oft wehren sich die Älteren gegen solche Ahnungen, wollen nicht alleingelassen werden, rufen besonders nachts die Namen der vertrauten Personen, was bei der häuslichen Pflege ein großes Problem sein kann. Sie leben im Gefühl drohender Katastrophen, die den archaischen Urängsten von Verhungern, Verfolgt-, Beraubt- und Verlassenwerden entsprechen, wie es oft schon viele Jahre zuvor in Angstträumen vorweggenommen wurde.

Bei den Endstufen der Kaskade gehen die aus vielen Zuflüssen kommenden regressiven Vorgänge in körperlichen Verfall über, der schließlich nicht mehr umkehrbar ist. Die Vernetzung des altersbedingten Versagens von Organsystemen mit den Aspekten des psychischen Abbaus und der sozialen Verluste lässt den Fluss des Lebens schließlich versiegen. Der Lebensfaden, den die Parzen abschneiden, ist der letzte aus einem nach und nach brüchig gewordenen Netz.

Wie lassen sich Kaskaden aufhalten?

Das Bild der Kaskade trifft oft auch für den Verlauf von Diagnostik und medizinischer Behandlung zu. Mit zunehmendem Alter werden Arztbesuche in der Regel häufiger. In vielen Fällen kann der Arzt seinen Patienten helfen. Gelingt ihm das nicht, etwa weil die nicht-körperlichen Ursachen überwiegen und nicht erkannt werden, tritt die nächste Stufe ein. Die Patienten kommen dann mit den nicht zu behebenden Beschwerden als körperlichem Präsentiersymptom zum Arzt, zum Beispiel einem Körperschmerz, mit dem sie unbewusst ihre Leiden und Probleme darstellen wollen. Wird dann rein körperlich und erfolglos weiter behandelt und findet sich keine sonstige Hilfe, besteht die Gefahr weiterer Kaskaden.

Auf verschiedenen Stufen und an vielen Ansatzpunkten lassen sich die Kaskaden durchaus vermeiden und aufhalten. Die Einsicht in verborgene Zusammenhänge hilft, bessere Regulierungen zu finden, um ein menschenwürdiges Altern zu ermöglichen. Wenn man auf Körpersprache und Inszenierungen achtet, ist unter den etikettierenden Diagnosen wie Angst, Depression oder Schmerz bald eine persönliche Lebensgeschichte mit Krankheiten, Verlusten, Schicksalsschlägen, Antworten und Abwehrversuchen zu erkennen.

Auslösende Anlässe sind wegen des zeitlichen Zusammenhangs leicht herauszufinden, wenn man nur daran denkt. Die Frage danach, wann und in welcher Lebenssituation die Symptome angefangen haben, führt oft schnell zur Klärung des Zusammenhangs (vgl. Kapitel 10, S. 149f).

Psychische Probleme im Verlauf des Älterwerdens sind normal und die Aussichten auf wirksame Hilfe sind gut, wenngleich nicht immer einfach. Es fällt oft sehr schwer, einen Verlust anzuerkennen oder sich mit einer nicht mehr veränderbaren Situation abzufinden. Für die meisten Probleme lassen sich mit Geduld jedoch Lösungen finden. Die Krise leitet dann nicht mehr die nächste Kaskade ein, sondern man findet ein neues Gleichgewicht, schöpft wieder Hoffnung und fühlt sich besser. Je früher man erkennt, mit welchen Methoden man es sich selbst unnötig schwer macht, und dass es viele Möglichkeiten gibt, das zu sehen und zu verbessern, desto eher kann man einen unnötig ungünstigen Verlauf beizeiten abwenden und ein gutes Altern ermöglichen.

7
Reifungsprozesse von der Wiege bis zur Bahre

Das als Beispiel für eine typische Abwehr schon erwähnte Bildnis des Dorian Gray zeigt einen Mann, der immer älter, hässlicher und teuflischer wird. Er folgt seiner Triebnatur und wird für seine Verfehlungen bestraft. Das Bild zeigt das biologische Schicksal des Menschen, seine Vergänglichkeit und den Untergang von Geist und Körper.

Es gibt aber ein viel besseres Vorbild für das Älterwerden. Es zeigt einen Menschen, dessen Haar allmählich silbern wird, dessen Züge aber statt zu zerfallen, reifer und wacher werden. Es stellt den menschlichen Geist dar, der über den Körper triumphiert und immer rettende Antworten parat hat. Man sieht ihm an, dass er in der Evolution schon mehr als auf halbem Wege ist und die Instinkte durch besonnenes und verantwortungsvolles Handeln zügeln kann. Er scheint dem Engel ein wenig näher zu sein als dem Tier. Er sieht auch nicht so aus, als ob er ein Jüngstes Gericht fürchte, sondern dem Ende seines Lebens gelassen entgegensehe. Er wird etwa 120 Jahre alt werden und bis dahin körperlich gesund und geistig wach bleiben.

Das erste Bild zeigt das Defizitmodell des Alterns, wie wir es in den bisherigen Kapiteln beschrieben haben. Es erregt Mitleid und macht traurig, denn wir erkennen uns darin wieder. Das Gegenbild ist der Mensch, der seine spezifisch menschlichen Fähigkeiten nutzt, sich weiterentwickelt und sein Älterwerden besser gestalten kann. Es ist noch ein Ideal, aber wir sind auf dem Wege dorthin, und in mancher Beziehung ist es schon erreichbar. Es macht gelassen und heiter, gibt Hoffnung und ist ein guter, dem Abbau entgegenwirkender Organisator für unsere Chancen auf besseres Altern.

Alterskurve und Reifungskurve

In jedem Menschen ist eine progressions- und reifungsorientierte Kraft aktiv, die zur persönlichen Weiterentwicklung führt. Sie ist von der Wiege bis zur Bahre, von Beginn des Lebens an und bis ins hohe Alter wirksam und verläuft im Gegensatz zu Abbau und Untergang in einer aufwärtsführenden Linie. »Für den Geist des schaffenden Menschen und dessen Leistungen gibt es offenbar eine Reifungskurve, welche sich mit der Alterskurve schneidet«, fand der Psychologe Erich Rothacker (1932, S. 152f). Die moderne Altersforschung bestätigt, dass die »Möglichkeit weiteren Wachstums der Person trotz bestehender Verletzbarkeit des Organismus« (Heuft, Kruse und Radebold 2000, S. 52f) gegeben ist.

Zwischen der Alters- und der ihr entgegenwirkenden Reifungskurve besteht im Verlauf des Älterwerdens eine dialektische Beziehung. Dem materiellen Abbau des Körpers wirkt eine nur dem Menschen mögliche immaterielle geistige Kraft entgegen. Während die Körperfunktionen nachlassen und sich in Kaskaden verschlechtern, bewirkt die geistige Entwicklung Fortschritte und eröffnet neue Chancen, solange die sinkende Alterungskurve das nicht wieder zunichtemacht. Im Prozess des Alterns hat der Drang zur Reifung die Funktion eines zweiten Organisators, der dem Altern des Körpers, dem ersten Organisator der Lebensführung, entgegenwirkt.

Die zweite Kindheit

Die beim Älterwerden eintretenden Veränderungen der Persönlichkeit versteht man besser, wenn man ihren Zusammenhang mit der Reifungskurve sieht. Die Entwicklung des Charakters jedes Einzelnen (Ontogenese) ist ursprünglich eng mit den Körperfunktionen verbunden, die jeder als Kind stufenweise durchläuft. Im Erwachsenenleben ist unser Erleben und Verhalten von diesen körperlich-biologischen Wurzeln unabhängig geworden und wir haben die größte menschliche Freiheit gewonnen. Erst im Verlauf des Älterwerdens tauchen die früheren an den Körper gebundenen Entwicklungsstadien wieder auf.

Nach den Vorurteilen der negativen Altersklischees sieht das so aus, als ob alle Frauen jenseits des Klimakteriums zu Putzteufeln und zänkischen, keifenden alten Drachen und alle Männer zu mürrischen, brummigen und eigensinnigen Griesgramen würden. Das wären Rückfälle auf Charakterzüge aus dem 2. und 3. Lebensjahr (in der Psychoanalyse als anal-sadistische Stufe bezeichnet). Es ist die Zeit der Erziehung zur Reinlichkeit, bei der oft Zwang ausgeübt wird, dem viele Kinder Trotzphasen entgegensetzen. Je nach Ausgang des Kampfes erfolgen Prägungen zu Eigensinn, Trotz und sadistischem Verhalten oder zu besonderer Ordentlichkeit, Reinlichkeit und eventuell zwanghaftem Waschen. Im Erwachsenenleben sind so genannte anale Charakterzüge von Ordentlichkeit und Reinlichkeit, solange sie nicht überhandnehmen, durchaus normal und nützlich.

Nach allgemeiner Erfahrung verschärft sich beim Älterwerden der Charakter. Sparsamkeit wird zu Geiz, Ordentlichkeit zu Kleinlichkeit und Pedanterie, Sauberkeitsliebe zu Putzzwang, Selbstbehauptung zu Rechthaberei und Nörgelei. Da man im Alter so wie damals in der analen Entwicklungsphase seine Autonomie bedroht sieht, muss man auch wieder darum kämpfen, zum Beispiel erinnern die Inkontinenzprobleme unliebsam an die Zeit, als uns die Reinlichkeit noch nicht wie erwartet gelang.

Eine andere typische Verhaltensänderung beim Älterwerden ist die betonte Hinwendung zur Nahrungsaufnahme, zu Essen und Trinken. Das ist ein Rückfall in die Welt der ersten anderthalb Jahre des Lebens, die von der Beziehung zur Mutter geprägt waren und in denen es um die Befriedigung grundlegender Bedürfnisse wie Nahrung und Pflege ging (orale Phase). Probleme mit Essen und mit Abhängigkeit, Suchtverhalten und andere Grundstörungen wurzeln in dieser Zeit. Beim Älterwerden und dem Wegfall anderer Aufgaben und Befriedigungen werden die

Grundbedürfnisse dann wieder wichtiger. Essen und Trinken können zum Kult werden und viel Genuss bieten. Die pünktliche Mahlzeit wird zum Halt gebenden Ritual. Auf regressiver Stufe besteht aber auch die Gefahr, in Alkohol oder Medikamenten Befriedigung, Trost und Ruhe zu suchen, was zur Sucht führen kann.

Witze zeigen, dass es offensichtlich ganz natürlich ist, dass auf dem Weg zur zweiten Kindheit die Charakterzüge aus den Stadien der frühkindlichen Triebentwicklung in umgekehrter Reihenfolge wieder erscheinen und das Erleben bestimmen, dass also eine Regression von der sexuellen auf die orale und anale Stufe erfolgt: Das Muster solcher Witze ist, dass jüngere Männer, in Medizinerwitzen sind es Assistenzärzte, untereinander von ihren sexuellen Abenteuern schwärmen, die etwas älteren Oberärzte sich über die Qualitäten des Rotweins, des köstlichen Grand cru von gestern Abend, unterhalten und die schon betagteren Chefärzte entzückt von ihrem butterweichen Stuhlgang berichten.

Der »typische« Alterscharakter ergibt sich aus der Vernetzung vieler Faktoren. Verhaltensweisen, die gern als Alterszorn, Jähzorn, Altersstarrsinn, Übellaunigkeit, Unzufriedenheit, Verbitterung, Altersgeiz und seniles Misstrauen etikettiert werden, müssen nicht Symptome eines unpersönlich-sinnlosen Abbaus sein, sondern können, wie schon aufgezeigt, auch durchaus angebrachte Antworten auf früher gemachte Erfahrungen wie auch auf aktuelle Bedrohungen darstellen. Sie haben dann den Sinn, Identität, Selbstachtung und Autonomie zu wahren, Abhängigkeit und Beraubung zu entgehen und noch selbstverantwortlich am Leben teilhaben zu wollen. Die Art der Antworten beruht auf der Erfahrungsgeschichte eines Lebens. Es sind Versuche, den Problemen des Alters durch Rückgriff auf früher gefundene Lösungen zu begegnen. »Altersgeiz«, Verweigerung von Schenkungen, starres Festhalten von Geld kann zum Beispiel auf der Erfahrung von Vermögensverlusten beruhen, die den Jüngeren unvorstellbar sind. Zorn kann die Wahrung von Autonomie und Persönlichkeitsrechten, die von den Jüngeren missachtet werden, zum Ziel haben.

Die Charakterveränderungen, die uns beim Älterwerden zu schaffen machen, können Rückfälle nicht nur auf die erwähnten Libidostufen, sondern ebenso auch auf frühere Stadien aller anderen psychischen Systeme sein, aus denen sich der Charakter aufgebaut hatte.

Eine Aufgabe beim Erwachsenwerden ist es, unsere archaischen Affekte zügeln zu lernen. Hass und Aggression, die sich beim Kind noch pur und sehr heftig äußern, werden durch Mischung mit Liebe gezähmt und sozialisiert. Im Alter kann das wieder verlorengehen, so dass Affekte wie Angst, Depressivität, Wut, Hass, Misstrauen und Eifersucht nicht mehr gut kontrolliert werden können. In der klinischen Terminologie wird das als Affektinkontinenz bezeichnet und als organisches Symptom angesehen. Das muss es aber nicht immer sein. Ein scheinbar grundlos in Tränen ausbrechender Mann berichtete in einem einfühlenden Gespräch, dass er in seinem Lebensrückblick jetzt sehr mit seinem verstorbenen Bruder und der Trauer und Reue über die unglückliche Beziehung zu ihm beschäftigt sei. Es lebe niemand mehr, mit dem er darüber sprechen könne. Ein einfühlsamer Enkel merkte, dass sein Großvater nur dann weinte, wenn sich ihm Erinnerungen an seine Freunde, die aus dem Krieg nicht wiederkamen, aufdrängten.

Die Beziehungen zu Personen sind beim Säugling von unkritischer Zuwendung oder feindseliger Abweisung bestimmt. Alles ist nur gut oder nur böse, es gibt kein Sowohl-als-auch. Das wird im Lauf der Entwicklung realistischer, Toleranz und Versöhnung werden möglich. Im Alter kann sich das im ungünstigen Fall als Rückentwicklung wieder aufspalten, so dass der gealterte Mensch wie ein Kind Personen erneut einseitig und unrealistisch als Nur-Freund oder Nur-Feind erlebt. Mögliche Folgen sind dann unkritische Vernarrtheit oder unbegründetes Misstrauen, was zum Beispiel zu Fehleinschätzungen und Ungerechtigkeiten bei der Zuteilung des Erbes führen kann.

Der Narzissmus, das Bild, das man von sich selbst und seinem Wert hat, ist für jeden von großer Bedeutung. »His Majesty the Baby« hält sich für allmächtig, unbesiegbar, unverletzlich und unsterblich. Narzisstisch geprägte Menschen mit erhöhtem Selbstwertgefühl bewältigen ihr Leben meist sehr erfolgreich, können aber in schwere Krisen geraten, wenn das beim Älterwerden nicht mehr gelingt. Wenn die Gehbehinderung dem unbeholfenen Gang eines Kleinkindes ähnelt, so ist das eine

Katastrophe, die dem Narzissmus tiefe Wunden schlägt. Die Überzeugung, auf magische Weise gegen das Altern gefeit oder gar unsterblich zu sein, ist dann nicht mehr haltbar.

Das Selbstwertgefühl und die Selbstliebe leiten sich ursprünglich von den als allmächtig und verehrungswürdig erlebten Eltern ab. Aus der Sicht des kleinen Kindes ist der Vater, der durch eine Fingerbewegung am Feuerzeug Feuer und durch einen Griff an die Wand Licht machen kann, so etwas wie ein Blitze schleudernder Zeus. Das Kind erlebt sich als untrennbaren Teil des Zeus/Vaters und damit als ebenso stark und wertvoll. Im Alter taucht angesichts der Einsicht in die Begrenztheit des Lebens und der abnehmenden Kräfte der Wunsch nach einem solchen (all)mächtigen, schützenden und helfenden Vater wieder auf. Der Narzissmus, der oft mit nur negativen Begriffen wie Egoismus und Eitelkeit gleichgesetzt wird, kann sich im Verlauf der Reifungsprozesse des Älterwerdens auf wundersame Weise in lauter positive Eigenschaften umwandeln. Dazu gehören Empathie (die Fähigkeit, sich anderen einfühlend zuwenden zu können), Kreativität, Humor und Weisheit (Kohut 1973). Das sind Kennzeichen von Reife und eine Bestätigung dafür, wie gerade im Alter noch Entwicklungssprünge möglich sind, die die menschliche Natur läutern und helfen, diese Lebensperiode besser zu bewältigen.

Die Reifungskurve führt von der Kindheit über den Zenit des Erwachsenenlebens in die zweite Kindheit. Auffällige Charakterzüge Älterer haben ihre Vorgeschichte, sind oft Versuche, in den Bedrängnissen des Älterwerdens an die von der ersten Kindheit an gefundenen Lösungen anzuknüpfen. Versteht man die verborgenen Bedeutungen der oft als absonderlich, lästig oder lächerlich empfundenen Altersveränderungen, so ergeben sich bessere Chancen, toleranter damit umzugehen und gemeinsame Lösungen zu finden.

Reifung als spezifisch menschliches Prinzip

Entwicklung und Reifung erfolgen das ganze Leben hindurch. Die Psychoanalyse war ursprünglich davon ausgegangen, dass die Entwicklung mit der Kindheit abgeschlossen sei und sich danach nichts mehr wesentlich ändern könne. Nach einigen Übergangsstadien entwarf der Entwicklungspsychologe Erik Erikson (1959) dann ein den gesamten Lebenslauf umfassendes Modell von Entwicklungsstadien, die wie eine Treppe aufwärts führen. Für jede Stufe formulierte er einen typischen Konflikt und ein spezifisches Motto, die man wie folgt zusammenfassen kann:

> Im Säuglingsalter geht es um Urvertrauen oder Urmisstrauen,
> in der frühen Kindheit um Autonomie oder Scham und Zweifel,
> in der Adoleszenz um Identität oder Identitätsdiffusion,
> im frühen Erwachsenenalter um Intimität oder Isolation, Leitgedanke Liebe,
> im Erwachsenenalter um Generativität oder Stagnation, Leitmotiv Fürsorge,
> im Alter um Integrität oder Verzweiflung, Leitgedanke Weisheit.

Damit war klargestellt, dass sich Entwicklung über den gesamten Lebenslauf bis ins Alter vollzieht und dass es auf jeder Altersstufe neue jeweils spezifische Konflikte gibt und damit auch die Hoffnung, sie lösen zu können. Die psychoanalytische Forschung hat diese Überlegungen weiterentwickelt und differenziert. Es gibt inzwischen viele Untersuchungen und Erfahrungen, die belegen, wie Entwicklung das ganze Leben hindurch bis ins hohe Alter stattfindet und Einfluss auf den Prozess des Älterwerdens nimmt. Ausgehend von den USA (Pollock und andere) befassen sich heute Psychoanalytiker in der Bundesrepublik speziell mit der Altersforschung: Radebold und sein Arbeitskreis (Kipp, Peters, Teising, Hinze, Warsitz), Heuft, Junkers, Kruse und andere.

Die lebenslange Fähigkeit des Menschen zur Höherentwicklung und Reifung bildet einen dialektischen Gegensatz zum biologischen Abbau. Wir sind im Laufe der Evolution etwas Besonderes geworden, haben Kultur entwickelt und uns immer weiter von der Biologie emanzipiert. Aus dieser einzigartigen Position heraus können wir Antworten auf das, was die Natur uns auferlegt, finden und entsprechende Bewältigungsstrategien entwickeln. Der aus biologischen Gründen altersbehinderte Körper übernimmt zwar die Lebensführung, aber wir setzen dem spezifisch menschliche Maßnahmen entgegen, die von uns als individuelle Personen mitgestaltet werden. Wir sind in der Lage, selbst die Regie zu übernehmen, uns nicht einfach dem Diktat des Körpers zu überlassen, sondern den Umgang mit unserem Älterwerden zu organisieren.

Wenn wir der evolutionsbiologischen Programmierung auf Abbau nichts entgegenzusetzen hätten, gingen wir wie die Tiere nach Erlöschen der Fortpflanzungsfunktion schnell unter. Mit dem Motto »Es ist der Geist, der sich den Körper baut«, bezeichnet Schiller die nur dem Menschen gegebene Fähigkeit, suprabiologische Entwicklungen zustandezubringen, die ein langes Weiterleben über die biologische Krise der Involution hinaus möglich machen.

Die moderne Entwicklungsforschung hat eine wesentliche Vertiefung der Erkenntnisse über die Alterungsprozesse und der Chancen, diesen zu begegnen, gebracht. So hat der Entwicklungspsychologe und Altersforscher Paul B. Baltes (1939-2006) die Erkenntnis der Psychoanalyse, wonach die psychische Entwicklung des Kindes in Wechselwirkung zwischen inneren und äußeren Faktoren erfolgt, bestätigt und nachgewiesen, dass dieses Prinzip auch für die Entwicklung des Erwachsenen und Älteren gültig ist.

Die Entwicklung des Geistes in der Evolution und beim Einzelnen wird von wechselseitigen Interaktionen zwischen Anlage, Biologie, Gehirn, Verhalten, Kultur und Umwelt bestimmt (Biokultureller Ko-Konstruktivismus, Baltes 2003, 2004). Mit Kultur sind hier Faktoren wie Kommunikation durch Sprache und Schrift, Literatur und Wissenschaft, technische und medizinische Hilfe, zwischenmenschliche Kontakte und emotionale Zuwendung gemeint.

Das Gehirn hat eine enorm große Plastizität, das heißt, es ist auch heute noch genauso entwicklungsfähig wie während der gesamten Evolution des Menschen. Es musste dabei gewaltige Anpassungsleistungen erbringen und über die Fähigkeit zur Nahrungsbeschaffung hinaus auch die sozialen Kompetenzen für das Leben in Familie, Gruppen und Gemeinschaften, Arbeitsteilung, Verantwortung etc. entwickeln. Es hilft uns gerade im Alter, unsere Rolle der Umwelt anzupassen. Die verändernden Einflüsse formen ganz konkret die Funktionen und auch die Anatomie des Gehirns um. Die Meinung, dass untergegangene Hirnzellen nicht ersetzbar seien, ist damit widerlegt.

So konnte mit Hilfe der modernen bildgebenden Verfahren nachgewiesen werden, dass bei Londoner Taxifahrern bestimmte Areale im Hippocampus, die der räumlichen Vorstellung dienen, größer sind als bei gleichaltrigen Versuchspersonen anderer Berufe.

Körperliche Übung verbessert die Leistungen der präfrontalen Hirnabschnitte, die besonders bei der Alzheimerdemenz von Abbau betroffen sind. Es konnte gezeigt werden, dass sich durch Lernen und Üben, zum Beispiel durch Klavierspielen, neue Hirnzellen und Verknüpfungen bilden.

Die wechselseitigen Veränderungsprozesse geschehen über die gesamte Lebensspanne hinweg, sodass wir auch im Alter unser Leben mit seiner Einbettung in Gesellschaft und Kultur mit unserem Verhalten noch beeinflussen und verändern können.

Die Ergebnisse widersprechen massiv dem Defizitmodell vom stetigen Abbau. Wenn sogar die Anatomie teilweise formbar ist und sich neue Verbindungen der Gehirnzellen aufbauen und Gehirnfunktionen verbessern lassen, so haben wir viel bessere Chancen als gedacht, unser Älterwerden nicht nur einfach passiv hinzunehmen. Es liegt aber an uns, denn Aufbau ist eine Folge der Übung unserer Fähigkeiten. Lebendigkeit und Beweglichkeit, geistig wie körperlich, verbessern unsere Chancen. Die erstaunlich hohe Plastizität des Gehirns und die konstruktive Interaktion zwischen Biologie und Kultur, dem Einzelnen und der Allgemeinheit können jedem auch noch im Alter zu neuen Entwicklungsschritten verhelfen. Die aufsteigende Reifungslinie aktiviert psychische, kulturelle und gesellschaftliche Kräfte, die nötig sind, um möglichst lange eine positive Balance zwischen den altersbedingten Verlusten und den spezifisch menschlichen Gewinnen aufrechtzuerhalten.

Wie die Reifungskurve der Abbaukurve entgegenwirkt, ist an vielen Beispielen nachweisbar. So unterliegt die »Mechanik« der Intelligenz den körpergebundenen Altersverlusten, während die pragmatischen, auf erworbenem Wissen beruhenden, geistigen Leistungen erst im mittleren und höheren Erwachsenenalter ihr höchstes Niveau erreichen. Für technische Berufe und Naturwissenschaften ist man um die 30, für

Philosophie erst über 50 am leistungsfähigsten. Die Erfahrung nimmt mit dem Alter zu, und das Wissen lässt sich noch vermehren. Die Weltmeister im Turnierschach, bei dem es auf die Denkgeschwindigkeit (Mechanik) ankommt, waren im Durchschnitt 30 Jahre alt, die im Korrespondenzschach, zu dem man Wissen und Erfahrung braucht, waren 46 Jahre (Baltes und Lindenberger 2004).

Der Entwicklungsstand des Homo sapiens gleicht einem Gebäude, das einerseits noch im Aufbau und unfertig ist, andererseits aber verfällt, da die Evolution uns nur in der Jugend auf Weiterentwicklung, beim Älterwerden aber auf Verfall programmiert hat. Für eine gewisse Zeit kann der Verfall durch Reifung und Kultur ausgeglichen werden. Geistige Kräfte helfen uns, die altersbedingten Mängel zum Beispiel der Motorik auszugleichen. So meinte Arthur Rubinstein zu der Frage, wieso er mit 80 noch so gut Klavier spielte (Baltes 1997): Er spiele weniger Stücke als vorher, treffe also eine Auswahl (Selektion). Er übe die Stücke öfter, verbessere also seine Fähigkeiten (Optimierung), und sein langsameres Spielen könne er dadurch ausgleichen, dass er die Kontraste zwischen langsamen und schnelleren Passagen deutlicher betone (Kompensation).

Nach den Erfahrungen der Psychoanalyse wie auch in der Sichtweise der modernen Entwicklungspsychologie ist Älterwerden ein Vorgang, der aus dem Zusammenwirken vieler Faktoren entsteht, der aber auch – in bisher unerwarteter Weise – durch Entwicklung und Reifung günstig beeinflusst werden kann.

Entwicklungsaufgaben und -ziele

Die Entwicklung hat für jede Lebensepoche ihre spezifischen Aufgaben, zum Beispiel die Auseinandersetzung mit Ruhestand, Berentung, Abbau und Objektverlusten.

Darüber hinaus hat jeder seine persönlichen Wünsche, Träume und Ziele. Im Alter möchte man Aufgeschobenes verwirklichen, in die Heimat, ein bestimmtes Land oder eine besondere Stadt reisen, Rom sehen oder wie Moses das gelobte Land. Eine Sprache erlernen, ein

Studium oder einen Zweitberuf aufnehmen, sich Vereinen und Gruppen anschließen, neue Kontakte, Hobbys und Sportarten entdecken sind weitere häufige Entwicklungsziele. Es kann um die berufliche Identität gehen, ein wichtiges Projekt noch auszuarbeiten, Werke abzuschließen oder den ersehnten Titel, die längst fällige Anerkennung oder die noch ausstehende Ehrung zu erhalten. Sehr häufig sind Wünsche für die Familie, Zerstrittene zu versöhnen, Angehörigen zu helfen oder die Entwicklung der Enkel zu fördern. Das Motiv des Nachholens dessen, wofür man in der Epoche der Berufstätigkeit keine Zeit hatte oder aus den verschiedensten Gründen heraus noch nicht reif war, hat eine vitalisierende Funktion.

Erst wenn man eine bestimmte Stufe von Reifung erreicht hat, wird es auch möglich, im Lebensrückblick seine Traumatisierungen zu erkennen und zu sehen, welchen Anteil man selbst daran hatte. So kann die damals gestörte Beziehungsfähigkeit zu einer besseren heranreifen, eine damals stehengebliebene Entwicklung wieder aufgegriffen werden und weitergehen.

Seine Ziele zu haben, gehört zu den Voraussetzungen für gutes Altern. Fehlen sie oder scheitert die Umsetzung, kommt es häufig zu Krisen oder zu psychosomatischen Erkrankungen. Die eigenen Probleme in Angriff zu nehmen und noch nach Neuem, nach innerer und äußerer Veränderung zu suchen, hält lebendig. Wer abgeschlossen hat, hat auch keine Zukunft mehr. Er stagniert und ist alt.

Für alte Menschen, die an mehreren Krankheiten leiden, kann das Bestreben, die eigene Autonomie und Unabhängigkeit zu erhalten, zum Hauptziel werden. Sie wollen sich nicht von den Krankheiten in die Knie zwingen lassen, sondern sich dagegen zur Wehr setzen. In Maßen ist das eine gute Reaktion. Wer allerdings anstrebt, alle Altersleiden zu besiegen, hat sich ein unrealistisches Ziel gesetzt, an dem er scheitern wird.

Zu den letzten Zielen auf dem Lebensweg zählt schließlich für viele, ihr Haus den Kindern schuldenfrei zu überlassen, ihren Nachlass zu ordnen und das Erbe gerecht zu verteilen. Das Erreichen solcher Ziele ist oft die Voraussetzung dafür, um in Frieden sterben zu können.

Vorteile des Alters – Gelassenheit und Weisheit

Die aufsteigende Entwicklungslinie des Menschen führt bei gelungenem Altern zu Altersmilde, Gelassenheit und Reife. Menschen, die das erreicht haben, sind ruhiger, können sich zumeist besser bescheiden und mit Verlusten und Widrigkeiten abfinden. Sie suchen den Ausgleich, erfreuen sich auch an den kleinen Dingen und sind dankbar für das, was ihnen bleibt.

> Komm du nun, sanfter Schlummer! Zu viel begehrt
> das Herz; doch endlich, Jugend! Verglühst du ja,
> Du ruhelose, träumerische!
> Friedlich und heiter ist dann das Alter.
> (Hölderlin, *Ode Abendphantasie*)

Die Psychoanalytikerin Grete Bibring (1899-1977) stellte 1969 »Passiva und Aktiva« des hohen Alters, das nicht nur Verluste, sondern auch Gewinne bringt, gegenüber. Die Vorzüge sah sie »im Primat des Denkprozesses, der, auf angesammeltem Wissen und Erfahrung aufbauend, von gefühlsmäßigen Verstrickungen und von Vorurteilen relativ frei, und relativ abgeschlossen gegen störende Ablenkungen durch äußere Wahrnehmungsreize ist« (S. 277). Der geringer gewordene Triebdruck gebe mehr emotionalen Abstand und damit mehr Ausgeglichenheit. Die kognitiven Einschränkungen hätten den Vorteil, dass man sich auf das Wesentliche konzentrieren könne, die Verlangsamung führe zu besseren Konfliktlösungen. Als wichtige Voraussetzungen für gutes Altern nannte sie, »ob der alte Mensch im Leben sein volles Maß an Triebbefriedigung gefunden hat, ob er narzisstische Kränkungen ertragen kann und ob sein Über-Ich seine eingeschränkte Leistungsfähigkeit toleriert« (S. 262).

Lebenserfahrung und Gelassenheit sind Vorteile für die Lösung aktueller Probleme. Die Hinwendung zur Innenwelt und zum Traum ist sehr hilfreich. Ein bekanntes Beispiel ist der Chemiker Kekulé, dem im Traum die lange vergeblich gesuchte Formel für den Benzolring erschien. Wer die Gelassenheit hat, auf seine Träume zu achten und beim Aufwachen noch ein wenig darüber nachzudenken, kann wertvolle Hinweise bekommen. »Als ich den Geburtstag meiner verstorbenen Mutter vergessen hatte, erschien sie mir im Traum und war traurig. So konnte ich wenigstens am Tag danach ihrer gedenken.« (Helmut Luft)

Kriterien der Reife sind Erfahrung, Besonnenheit, Menschlichkeit und die Neigung zum Ausgleich sowie die Fähigkeiten, sich mit eigener Schuld auseinanderzusetzen, Wiedergutmachung zu leisten, nach dem Sinn seines Lebens und seiner eigentlichen Identität zu suchen. Ein Zeichen von Reife ist auch, sich einzugestehen, welche bisher nicht erreichten Ziele und Wünsche realistischerweise wohl in diesem Leben nicht mehr erfüllbar sind und in milder Resignation darauf verzichten zu können. Aus der Erfahrung menschlicher Fehlbarkeit wie aus der Einsicht in die eigenen Grenzen ergibt sich das sokratische »Ich weiß, dass ich nichts weiß«.

Es ist zwar ein gängiges Altersklischee, dass alle älteren Menschen weise und abgeklärt und jenseits von gut und böse seien, die Weisheit des Alters stellt sich aber nicht bei jedem ein. Die Darstellungen der überlieferten Literatur, zum Beispiel der Gebrüder Grimm und Shakespeares, von alten Männern und Frauen, die von ihren Affekten und Trieben beherrscht oder manchmal auch recht böse sind, kommen der Wirklichkeit wohl manches Mal näher. Altern allein macht nicht schon weise, fördert aber die Entwicklung von Weisheit, denn Menschen um die 70 lösen schwierige Probleme am besten (Baltes 2003). Die kognitive Psychologie definiert Weisheit als »Expertenwissen« über grundlegende Lebensfragen (Baltes 1990, S. 95f) und nennt fünf Kriterien:

- reiches Wissen von Fakten und Strategien, und die Fähigkeiten,
- die Dinge im Zusammenhang des Lebensverlaufs zu sehen,
- nicht an starren Werten zu hängen, sondern relativ zu bewerten,
- Ungewissheiten des Lebensverlaufs erkennen
- und damit umgehen zu können.

Das führt zu einer gelasseneren Haltung und ist eine gute Voraussetzung für erfolgreiches Altern. Ältere, die diese Kriterien erfüllen, sind für verantwortungsvolle Aufgaben wie Berater, Analytiker, Mediatoren und Diplomaten besonders geeignet. In Rom gab es den Senat, im antiken Griechenland die Gerusia, den Ältestenrat, der mit großem Erfolg die Geschicke leitete – besonders dann, wenn kluge Frauen dabei waren. Paul Baltes meint dazu in einem Artikel *Vom Nutzen der Greise* (2003), die Politiker in Deutschland seien zu jung. Die Qualitäten der Alten wie Toleranz und Fähigkeit zur Konfliktbewältigung würden »durch den Jugendkult der PR-Abteilungen schlicht verdrängt«.

Persönlichkeitsreifung

Die Mehrzahl älterer Menschen hat bei aller Vielschichtigkeit und Ambivalenz eine überwiegend gute Entwicklung zu Güte und Reife genommen und eine gute Balance zustandegebracht.

Ein allen bekanntes Beispiel ist Nelson Mandela, der erste Präsident des unabhängigen Südafrika. Er wurde politisch verfolgt und war für Jahrzehnte im Gefängnis, hätte also allen Grund gehabt, nach seiner Machtübernahme Rache zu üben. Er verzichtete darauf und sorgte stattdessen dafür, dass nachgewiesene Verbrechen seiner früheren Verfolger in juristisch fairen Verfahren bestraft wurden. Er nahm keine allgemeinen Schuldzuweisungen vor und rief nicht zu Hass und Vergeltung auf, sondern zu Vergebung und Versöhnung. Damit ersparte er seinem Land die Pogrome und den Bürgerkrieg, den viele wollten.

Der entscheidende innere Entwicklungsschritt war, das Schwarz-Weiß-Denken – in Bezug auf Vorurteile wie auf Hautfarben – zu überwinden, aus der Spaltung in nur gute/eigene und nur böse/andere herauszukommen und eine für alle gemeinsame Identität zu proklamieren. Als politisches System führte Mandela die Demokratie ein und befolgte selbst deren Regeln: Er trat zurück, als seine Amtszeit abgelaufen war und überließ die Regierung seinem gewählten Nachfolger. Das Land konnte sich entwickeln, und es entsteht nun bei der überwiegend schwarzen Bevölkerung ein neuer Mittelstand mit höherem Bildungs- und Kompetenzniveau. Die Autorität und das ausgleichende Wesen Mandelas geben dem Land Schutz vor einer Eskalation der hohen destruktiven Spannungen. Er ist der verehrte, gütige Landesvater, der *Madiba*, ein Ehrentitel, der nur ihm zusteht.

Menschliche Abgründe – Starrsinn und Regression

Bei ungünstigen Konstellationen können beim Älterwerden schwerwiegende charakterliche Fehlentwicklungen eintreten. Es überwiegt dann das Prinzip des Thanatos. Die Aggression bleibt als Hass und Selbsthass dominant und wird nicht durch Liebe und Milde ausgeglichen. Es fehlt auch die Fähigkeit, die aggressive Energie durch Sublimierung, das heißt durch Umwandlung von Triebenergien in sozial kompatible künstlerische oder wissenschaftliche Aktivitäten, zu kanalisieren. In den Beziehungen zu Angehörigen und anderen herrschen dann eine gereizte, feindselige Atmosphäre, vorwurfsvolle Spannung oder sprachlose Wut.

Ein Typus ist, dass früher sehr tüchtige Männer nach der Aufgabe ihres Berufs zunehmend starrsinnig und selbstbezogen werden, nur noch Interesse an egoistischen Zielen haben, sich mit der Familie überwerfen, das Vermögen vergeuden, mit Freunden, die vermitteln wollen, prozessieren und keine Kritik ertragen. Der Verlauf folgt dem Thanatos-Prinzip mit Zerstörung und Selbstzerstörung.

Meist sind bei solchen Fällen auf verborgenen Gründen beruhende charakterliche Faktoren mit körperlichen Leiden (Gefäßerkrankungen, Demenzen) vernetzt. Die Beziehungen entgleisen, weil jeder nach seinen in ihm bereitliegenden, oft traumatisch entstandenen Beziehungsmustern agiert. Fehlreaktionen auf das eigene Altern führen dann zu Konflikten und Regressionsschritten auch beim Partner und – wenn keine rettenden Interventionen erfolgen – zu Alterungskaskaden und eventuell Tod.

Im Gegensatz zu unserem oben gegebenen Beispiel für positive Entwicklung und Reifung eines Politikers finden sich auf der ganzen Welt immer wieder auch Potentaten, bei denen im Alter eine ungünstige destruktive Entwicklung eintritt. Nicht selten kommen sie aus kleinen Verhältnissen, haben durch Revolution oder Staatsstreich Unabhängigkeit und Demokratie für ihr Land erreicht und könnten zufrieden sein. Beim Älterwerden bleiben Entwicklung und Reifung dann aber aus.

Der zunehmende Altersstarrsinn in Verbindung mit der Verführung durch die Gratifikationen unbeschränkter Macht führt zu einer Sinnesänderung. Der Rücktritt wird verweigert, die gesetzlichen Regelungen werden nach und nach außer Kraft gesetzt, die Opposition wird mittels Fälschung der Wahlergebnisse oder durch Bedrohung, Ausweisung oder brutale Gewalt ausgeschaltet. Die Rechtssicherheit wird abgeschafft, die Atmosphäre grausam und unversöhnlich, der Todestrieb gewinnt die Oberhand.

Die politische Regression auf vordemokratische Tyrannei führt dazu, dass nur noch durch Terror regiert wird und statt Demokratie die Stammeszugehörigkeit (Tribalismus) und das Clandenken, die Vetternwirtschaft wieder dominieren, also ein Rückfall in die Herkunft, in die Verhältnisse der Kindheit erfolgt. Der altersabgebaute Tyrann orientiert sich an der Vergangenheit, fällt in eine längst historisch gewordene frühere Identität, zum Beispiel die des Revolutionärs und Freiheitskämpfers, zurück und nimmt »bewährte« frühere Muster, etwa Völkermord an oppositionellen Ethnien, wieder auf. Ein solcher Machtmissbrauch ist nicht unbedingt an das Alter gebunden, aber Alterungsvorgänge leisten der Regression auf archaische Entwicklungs- oder besser Nichtentwicklungsstufen Vorschub.

Die Extrembeispiele aus dem Bereich der Politik und der Wirtschaft veranschaulichen besonders gut, aus welcher innerpsychischen Dynamik sich die negative Charakterentwicklung ergibt. Auch die klassische Literatur (Sophokles, Shakespeare und andere) führt diese Menschheitserfahrungen vor Augen und möchte davor warnen.

Die beschriebenen Fehlentwicklungen kommen in weniger spektakulären Ausprägungen bei vielen Menschen vor. Da eine einigermaßen günstig verlaufende Entwicklung zur Reife eine wichtige Bedingung für gutes Altern ist, ist es lohnend, seine eigenen inneren Gründe aufzuspüren. Meist geht es darum, einen bestimmten Rückstand in der Entwicklung aufzuholen und damit ein Hindernis für die Lösung der jeweiligen Lebensaufgaben zu beseitigen. So gut wie jeder hat Bereiche, in denen er sich nicht optimal entwickeln konnte. Inzwischen ist ganz klar geworden, dass auch im Alter eine Nachreifung solcher Bereiche noch möglich ist. »Du hättest nicht alt werden sollen, bevor du klug geworden bist«, hatte der Narr zu Lear gesagt und damit vor Lears eklatantem Missverhältnis zwischen Alters- und Reifungskurve gewarnt. Die Warnung gilt für jeden. Wir sollten klug werden, uns informieren, Bescheid wissen über die alterstypischen Veränderungen und ihre Auswirkungen, um ihnen zuvorzukommen und ihnen im Rahmen des Möglichen rechtzeitig zu begegnen.

Kreativität im Alter

Es gibt viele Beispiele dafür, dass auch im Alter noch progressive qualitative Entwicklungen stattfinden, ja dass »die größten geistigen Leistungen oft gerade in Lebensaltern gelingen, in denen … die Leistungsfähigkeit vieler einzelner Organe und Funktionen bereits wesentlich nachgelassen hat« (Rothacker 1932, S. 53). Viele Wissenschaftler, Philosophen und Künstler können sich im Alter nur noch wiederholen, sie verblassen und verstummen. Andere aber schaffen erst im hohen Alter ihre besten Werke, finden gerade aus Alter und Krankheit noch neue, weiterentwickelte, reifere Lösungen.

Wer glaubt, im Alter sei keine Kreativität mehr möglich, lässt sich vielleicht durch folgende Beispiele vom Gegenteil überzeugen:

- Matisse gelang es erst, als er gelähmt im Rollstuhl saß und nur mit Hilfe einer Assistentin, die nach seinen Anweisungen seine inzwischen jedem bekannten Scherenschnitte an einer Wand montierte, auf eine neue Weise Zeichnung und Farbe zu verbinden. Er schaffte es damit, einen vorher nie erreichten Schritt der Integration zu vollziehen und somit »durch Vereinfachung der Idee zum Ausdruck der Freude zu gelangen«.
- Fontane schuf seine besten Werke, nachdem er im 72. Lebensjahr, 1891, eine schwere Depression überwunden hatte, die auf der unbewussten Annahme beruhte, im gleichen Alter wie sein Vater (mit 72) sterben zu müssen. Erst nach dieser Krise schrieb er die Bücher, die

ihn zu dem gemacht haben, den wir kennen, die also seinen Namen, seine Identität erst begründet haben (*Frau Jenny Treibel*, 1892, *Effi Briest*, 1895, *Der Stechlin*, 1899). Die schöpferische Bewältigung und Überwindung seiner widersprüchlichen Gefühle zu seinem Vater (Vaterambivalenz) ermöglichten ihm das Weiterleben und die Kreativität auf einer höheren Stufe.

– Konrad Adenauer wurde mit 73 Bundeskanzler, Rosamunde Pilcher schrieb mit 63 ihren ersten erfolgreichen Roman, Loriot drehte im Alter von 65 Jahren seinen ersten Film. Der Dichter Gottfried Benn fand, dass von 200 Genies die Hälfte alt waren. Das Nachlassen der Triebe lähme oder befreie den Geist, Kunst sei ein Befreiungsvorgang (*Altern als Problem für Künstler*, 1954).

Kreative Lösungen kann jeder von uns auch im Alltag finden. Die Zeit, die man hat, das bedächtige Nachdenken und die Lust am Spielen bringen auf neue Ideen. Infolge besseren Überblicks können Ältere häufig bis dahin Unvereinbares auf einmal verbinden, Abläufe vereinfachen und auf überraschende Lösungen kommen. Ein 83-Jähriger: »Ich entdecke erstaunt, wie meine Handschrift sich ändert. Und zwar nicht zur zittrigen Altersschrift, sondern sie wird flüssiger, runder, findet Vereinfachungen und neue Formen.« Kreativität bedeutet nicht nur, eine neue Tätigkeit oder ein neues Hobby auszuüben, sondern auch eine bessere Einstellung zu sich, zu den anderen und zur Welt zu finden.

Wichtiger als das Machen, das leicht in Aktionismus ausarten kann, ist eine positive und gelassenere Haltung. Kreativität führt zur Neugestaltung eines für den neuen Lebensabschnitt persönlich passenden Lebensentwurfs. Da der Druck des Berufslebens nicht mehr gegeben ist und die damit verbundenen Ängste und Spannungen wegfallen, finden Ältere dann häufig bessere Wege, die Beziehungen zu ihren Partnern und Mitmenschen befriedigender zu gestalten. Wer nicht mehr um seinen Arbeitsplatz, seine Position oder sein Ansehen fürchten und kämpfen muss, braucht nicht mehr mit Angst oder Gegenaggression auf Aggressionen aus seiner Umgebung zu reagieren, sondern kann locker und gelassen dazu beitragen, dass sich die Situation entspannt und eine bessere Kommunikation möglich wird. Die Chance der jungen Generation ist dabei, sich vom gereifteren Verhalten Älterer das für sie selbst Verwertbare »abzuschauen«.

Die Interaktionen zwischen Abbau- und Reifungskurve mit einer Unzahl von plastischen Variablen und Opportunitäten führen im Laufe des Lebens zu einem Kaleidoskop der unterschiedlichsten Entwicklungen. Die starke Tendenz des Homo sapiens zu positiver Entwicklung und Reifung wie auch die Kenntnis der möglichen regressiven und Fehlentwicklungen geben Hoffnung und motivieren dazu, das eigene Entwicklungspotential mit seinen positiven Möglichkeiten zu nutzen.

Die Frage ist, wann die Kurven sich schneiden werden, das heißt, ob die Altersschwäche früher eintritt als die Altersweisheit. Schlimmstenfalls löscht der organisch bedingte Abbauprozess die Identität und Individualität und damit die Chance einer weiteren Entwicklung aus.

Eine gute Voraussetzung für eine positive Entwicklung im Alter ist, sich Neugier und Wissensdurst zu erhalten. Der weise Solon (640-560 v. Chr.) sagte: »wird auch silbern mein Haar, lern' ich doch immer noch vieles« (Brandt 2002, S. 37). Die Lust am Spielen und das ungezwungene Erkunden neuer Möglichkeiten ebnen die Wege für Entwicklung, Reifung und Wandlungserfahrungen. Wenn wir die Vorteile des höheren Lebensalters sehen und nutzen, ist es gleichzeitig ein Beitrag zur Kultur und zum Fortschreiten der Evolution. Vor allem hilft es uns selbst, das Älterwerden nicht nur als Verlust und Einschränkung passiv zu erleben, sondern die vielen in uns und unserem Umfeld vorhandenen Möglichkeiten zu entdecken und zu nutzen.

8
Die Liebe höret nimmer auf

Die biologische, von Hormonen gesteuerte Sexualität lässt im Alter zwar nach, bleibt aber aufgrund der gestiegenen Lebensdauer länger bestehen als früher. Erotische Wünsche und Phantasien hören nie ganz auf und finden in Variationen und symbolischen Formen ihre Befriedigung.

Die Liebe ist ein besonders gutes Beispiel dafür, welcher Triumph über den biologischen Abbau möglich ist. Während beim Tier mit dem Erlöschen der Fortpflanzungsfähigkeit das Leben schnell zu Ende geht, folgt beim Menschen auf die biologische Phase eine inzwischen recht lang gewordene Lebensphase, in der Sexualität, Lust, Liebe und Leidenschaft sich noch sehr kultivieren, persönlich ausgestalten und differenzieren lassen. Die Evolution hat dafür die Basis geschaffen, indem sie dem Menschen drei Privilegien verschaffte:

- seine Sexualität ist nicht an Brunftphasen gebunden, sondern permanent vorhanden,
- sie ist nicht an Zeugung gekoppelt, sondern hat einen Funktionswandel zur Quelle von Lust und zum Ausdruck von Beziehung vollzogen,
- sie ist nicht absolut auf die Zeit der Geschlechtsreife beschränkt, sondern fakultativ auch im Alter noch möglich.

Die Lebensphasen, in denen bei Tieren das Abkippen in den Untergang einsetzt, sind auch beim Menschen durch Krisen gekennzeichnet. Sie basieren im Wesentlichen auf Hormonumstellungen, es kommen aber soziale und psychische Veränderungen dazu. Für Frauen stellen die Wechseljahre auch aufgrund des Nachlassens weiblicher Attraktivität und des Wegfalls der vertrauten Rolle als Familienmutter eine schwierige Zeit dar, in denen sie besonders anfällig für Depressionen werden. Bei Männern signalisiert die so genannte Midlife-Crisis die Notwendigkeit für Umorientierungen und neue Entwicklungsziele.

Nach den Krisen geht das Leben weiter. Was geschieht dann mit der Sexualität? Es gibt eine Reihe von Klischees und Vorurteilen über die Sexualität im Alter. Der folgende Typ von Witzen, die bezeichnenderweise Vergleiche aus dem Tierreich nehmen, beschreibt das biologische Schicksal des Nachlassens der sexuellen Interessen mit dem Alter und eine Antwort darauf, nämlich die mit Angst verbundene Resignation:

> Drei Bullen, 20, 40 und 60 Jahre alt, sehen auf der Weide unterhalb eine Herde von Kühen. Der 20-Jährige sagt: »Prima, wir rasen jetzt runter und machen sie alle fertig.« Darauf der 40-Jährige: »Mal langsam, wir rasen nicht, sondern schlendern herunter, und dabei sucht sich jeder eine aus, die ihm besonders gut gefällt.« Schließlich der 60-Jährige: »Wir bleiben hier oben und warten mal ab – und wenn wir uns ein bisschen ducken, sehen sie uns vielleicht gar nicht.«

Erotische Wünsche im Alter

Nach Umfragergebnissen (vgl. Bucher 2005) sind die Älteren aber keineswegs allesamt uninteressiert und sexuell enthaltsam: Von den Über-70-Jährigen sind 69% der Männer und 13% der Frauen noch sexuell aktiv. Da es 1971 nur 50% Männer und 8% Frauen waren, wird deutlich, dass offenbar infolge der sexuellen Befreiung eine günstige Veränderung erfolgte und das Liebesleben befriedigender gestaltet werden konnte. Die Meinung der Jüngeren, dass es im Alter keine Sexualität gebe und auch nicht zu geben habe, stimmt also nicht, sondern beruht auf der verborgenen kindlichen Phantasie, nach der Eltern asexuell sind. Wenn auch die Zahlen solcher Umfragen nicht als absolut repräsentativ angesehen werden können, so machen sie doch klar, dass es im hohen Alter und offenbar überwiegend bei Männern noch sexuelle Aktivitäten gibt.

Warum aber nehmen jeder dritte Mann und acht von zehn Frauen über 70 daran nicht mehr teil? Bei differenzierter Betrachtung ergibt sich, dass das nicht nur auf Effekte des biologischen Alterns zurückzuführen ist, sondern auch andere Ursachen hat. Ein Grund ist, dass es wegen ihrer höheren Lebenserwartung im Alter mehr alleinstehende Frauen gibt als Männer. Mehr ins Gewicht fallen dürften verborgene Ursachen, die das sexuelle Verlangen erlöschen lassen, wie »Schutz oder Abwehr gegen eine Sexualität, die nie mit Lust, sondern oft mit Scham, Ekel und Schmerzen verbunden war« sowie »die Sprachlosigkeit und das Tabu, mit welchem die Sexualität in ihrer Kindheit und Jugend besetzt war« (Bucher 2005, S. 83). Das betrifft vor allem die Alterskohorte der jetzt Über-60-Jährigen in und vor dem Zweiten Weltkrieg Geborenen.

Die etwas jüngeren Frauen, die unter freieren Umweltbedingungen aufgewachsen sind, haben bessere Voraussetzungen, ihr sexuelles Leben im Alter befriedigend gestalten zu können. Viele leben da erst auf und machen von den Chancen, die *Die späte Freiheit* (Rosenmayr 1983) bietet, Gebrauch. Die Gesellschaft ist zudem so permissiv geworden, dass Selbstbefriedigung, jüngere Liebhaber und gleichgeschlechtliche Verbindungen keine Tabus mehr sind. Es wird offen darüber gesprochen oder sogar dafür geworben. Eine 65-Jährige sagte: »Seit mein Mann nicht mehr lebt, helfe ich mir selbst, und mache daraus ein Fest, bei dem er bei mir ist.« Viele finden in den Medien reichlich Anregungen, sich mit oder ohne Partner ganz nach Wunsch sexuelle Befriedigung zu beschaffen. Es ist heute nicht mehr nötig, sich negativen Rollenzuschreibungen zu fügen. Wer, weil sie liebt, für eine »unwürdige Greisin« (Brecht 1939) gehalten wird, braucht nicht mehr scham- und schuldbewusst ihre Liebe aufzugeben, sondern kann das als Problem der Beschränktheit und Starrheit der anderen sehen.

Die Sexualität des Menschen unterliegt zwar einem biologisch-animalischen Schicksal, die Menschen haben aber eine Reihe von Antworten gefunden, sich trotzdem Liebe zu erhalten. Der sexuelle Triebdruck lässt bei den meisten älteren Menschen früher oder später soweit nach, dass sie mehr emotionalen Abstand gewinnen. Der griechische Philosoph Sokrates war sogar begeistert davon, dass seine Fähigkeit zur physischen Liebe endlich erloschen war: »Wie gern bin ich davon losgekommen, als käme ich von einem tollen und wilden Tyrannen los.« Hölderlin, nach seinem Verzicht auf Susanne Godard, sagt es subtiler: »aber endlich Jugend, verglühst du ja … friedlich und heiter ist dann das Alter«.

Erotische Wünsche und Phantasien bestehen bei den meisten jedoch bis ins hohe Alter fort. Ältere Ehepaare gehen oft so miteinander um, als ob – in eklatantem Gegensatz zur Realität – die Partnerin noch die junge Geliebte von damals wäre, die Zeit stehengeblieben wäre. Das in der Erinnerung bewahrte Bild lebt in der aktuellen Beziehung weiter. »Alte Liebe rostet nicht«; die innere Welt der Repräsentanzen unterliegt offenbar nicht der Korrosion der biologischen Alterung. Sogar der mit Leidenschaft geführte Ehestreit kann anzeigen, dass die Beziehung noch von erotischen Wünschen bestimmt ist, kann ein Ritual sein, das mit Vorspiel, Eskalation und Höhepunkt einem Liebesakt gleicht, der in der Versöhnung dann in den altersentsprechend möglichen Formen vollzogen wird.

Erektile Dysfunktion der Männer und Frigidität der Frauen können darauf beruhen, dass aufgrund des biologisch früheren Alterns eines Partners die Lust und Leidenschaft bei ihm eher erlöschen. Es kann sich aber auch um ein Beziehungsproblem oder um die Interaktion beider Komponenten handeln. Bei Sokrates liegt die Interpretation nahe, dass er mit dem »rasenden trotzigen Tyrannen«, dem er endlich entronnen war, unbewusst seine herrschsüchtige Frau Xanthippe meinte, und dass eine Analyse oder Paartherapie die Beziehung für beide hätte befriedigender gestalten können.

Unerfüllte sexuelle Wünsche können sich in psychosomatische Symptome verwandeln, wie sich nach klinischer Erfahrung oft sehr eindrucksvoll zeigt: Männer, die nicht einschlafen können, bevor die Nachtschwester ihnen »gegen den Juckreiz« den Rücken massiert hat, Frauen die nachts so heftige Herzbeschwerden bekommen, dass ein Herzspezialist an ihr Bett gerufen werden muss.

In psychotherapeutischen Gesprächen kann sich als verborgenes Motiv dann schnell ergeben, dass eine Witwe ihre Sehnsucht nach einem Mann vor sich selbst unterdrücken musste: aus Scham vor ihren Kindern und weil sich das nach den Wertmaßstäben ihrer Altersgruppe nicht gehört. Die Klärung kann so befreiend wirken, dass unter Umständen bald ein Partner gefunden werden kann.

Umwandlung in Zärtlichkeit

Bei den meisten älteren Paaren wird das sexuelle Begehren nach und nach durch Zärtlichkeit, Liebe und die Verbundenheit, die sich aus langer Gemeinschaft ergibt, modifiziert und ersetzt. Triebzähmung, Befriedigungsaufschub und Sublimierung gelingen im Alter besser, so dass subtilere intellektuelle und ästhetische Befriedigungen möglich werden. Körperkontakt ist auch ohne Sex für ältere Menschen ein Grundbedürfnis.

Seit Urzeiten wird die Gerokomie als Verjüngungsmittel angesehen: bei jungen Frauen schlafen, auch ohne sexuelle Bemühungen, um die Wärme, die Vitalität, den Duft und den reinen Atem auf sich wirken zu lassen. Das wird von König David bis zu MaoTseTung berichtet. Bei Marquéz (2004) erkennt der 90-Jährige, der sich eine junge Prostituierte bestellt hat, um sie zu deflorieren, dass Sex nur ein Trost ist, wenn einen die Liebe nicht erreicht. Er hat sich in die Schlafende verliebt und ist viel zufriedener damit, sie mit den Augen zu liebkosen. Sex hat sich in Zärtlichkeit und Liebe verwandelt.

Symbolische Formen

Umwandlungen in symbolische Formen von Sexualität gibt es viele. Lesen, Theater, Kino und Fernsehen ermöglichen die identifikatorische Teilnahme am gesamten Spektrum sexueller und emotionaler Befriedigungen. Viele Aktivitäten wie Wandern, Tennis, Golf, Gartenarbeit,

Halten von Hunden, Katzen, Wellensittichen, Züchten von Rosen oder Fischen und Passionen wie Schreiben, Malen, Klavierspielen können durchaus mit Liebe und erotisch getönter Leidenschaft betrieben werden. Das wird besonders dann bewusst, wenn die Ausübung, wie im Alter so häufig, durch schmerzhaft eingeschränkte Körperfunktion vorübergehend nicht möglich war. Auch die Lust am Spielen im weitesten Sinne, die von vielen Älteren wiederentdeckt wird, enthält erotische Partialbefriedigungen.

Von den vielen Bedeutungen des Sammelns von »Habseligkeiten« – ein Begriff, der nicht ohne Grund zum schönsten Wort der deutschen Sprache gewählt wurde – seien nur einige libidinöse hervorgehoben: Bindungen an Dinge sollen die Liebesverluste ersetzen. Ein literarisches Beispiel ist *Der Geizige* (Molière), der seinen Schatz so liebt, aber eigentlich selbst geliebt werden möchte. Nach Freud ist Sammeln Ersatzhandlung für sexuelle Eroberungen:

> Wenn die alte Jungfrau sich einen Hund hält, der Hagestolz Tabakdosen sammelt, so substituiert erstere ihr Bedürfnis nach ehelicher Gemeinschaft, letzterer sein Bedürfnis nach zahlreichen Eroberungen. Jeder Sammler ist ein substituierter Don Juan Tenorio, wie auch der Bergspitzenbezwinger, der Sportsmann und dergleichen. Es sind erotische Äquivalente. (Freud 1962, S. 100)

Kunstwerke können zum Ersatz für Liebesobjekte werden. Der Bildhauer Pygmalion verliebte sich in die von ihm geschaffene Elfenbeinstatue, und sie wurde als Galatea lebendig. Das Ersteigern eines seltenen Objekts gleicht einem orgiastischen Rausch. Frauen sammeln Weiblichkeitssymbole wie Taschen und Schuhe. Von der Kleptomanie ist bekannt, dass das Stehlen von Waren, ebenso auch verschwenderisches Kaufen, zu sexueller Erregung und Orgasmus führen kann, für manche noch der einzige Weg dazu ist.

Auch Reisen kann konkret wie symbolisch ein Sammeln von neuen Eroberungen sein, und es kann unbewusst die erotische Bedeutung haben, den Körper der Mutter Erde mit seinen Hügeln, Tälern und Buchten entzückt zu entdecken.

Die jetzt älteren Jahrgänge tun sich mit Sexualität und Erotik besonders schwer. Sie wurden von einem triebfeindlichen Klima geprägt. Verborgene Ursachen wie innere Tabus, traumatische Erfahrungen, Partnerkonflikte oder eine Störung der Beziehung zum Körper können die Sexualität und ihre Verwandlungsformen blockieren und die Stimmung, die Lebensfreude und die Lebenserwartung einschränken. Eine Kultur des Alterns, die verborgene Ursachen erkennen und natürliches Empfinden befreien kann, trägt wesentlich zur Entfaltung beglückender, im weiten Sinn erotischer Erfahrungen ohne Altersgrenze bei.

Erotische Interessen sind auch noch im hohen Alter lebendig. Die jugendlich gebliebene Phantasie findet viele Anlässe, sich anregen zu lassen. Auch wenn es Abstufungen und Einschränkungen in den Formen des Vollzugs gibt, so ist die erotisch-sexuelle Erregung ein beglückender Zustand. Die Schmerzen und Zumutungen des Körpers treten zurück, und es entsteht ein Hochgefühl zeitloser Vitalität. Da der Instinktablauf weniger imperativ ist, lässt sich das kultivieren und kann lange nachwirken. Der Wunsch, im Jungbrunnen zu baden, wird dabei am ehesten erfüllt.

9
Der Schock der Vergänglichkeit

Der Mensch ist das einzige Lebewesen, das weiß, dass es sterben muss. Wie wir an verschiedenen Beispielen aufgezeigt haben, will er das aber gar nicht wissen. Das rational bewusste Wissen findet emotional keinen Glauben, sondern wird durch unbewusste grandiose (primärnarzisstische) Phantasien von Unsterblichkeit verleugnet. Die Erkenntnis, dass alles Lebende untergehen wird, ist offenbar nicht zu ertragen.

Das Jedermann-Erlebnis

Früher oder später begegnet man im Verlauf des Älterwerdens dann aber doch der eigenen Vergänglichkeit. Die unausweichliche Konfrontation wird oft durch Schicksalsschläge wie schwere Erkrankungen oder Tod von Nahestehenden ausgelöst. Sie wirkt wie ein Schock. Die Erkenntnis, dass das eigene Leben endlich ist, wird zu einem weiteren Organisator, der die Organisatoren des biologischen Abbaus und der Reifungstendenz ergänzt und von nun an das Leben bestimmt.

Wer den *Jedermann-Ruf* (Hofmannsthal 1911) vernommen hat, bei dem werden die Abwehrkonstrukte erschüttert und das Lebensgefühl verändert sich grundlegend. »Ich weiß jetzt, dass ich eine Wasserscheide überschritten habe und alle meine Flüsse nun im Hades enden«, sagte ein Mann, nachdem er eine lebensbedrohliche Krankheit überstanden hatte. Die Zeit bekommt eine andere Bedeutung und fühlt sich nun anders an. Sie ist nicht mehr unendlich, sondern begrenzt, alles wird dringlich, es ist keine Zeit mehr zu verlieren, man kann nichts mehr aufschieben. Der Tod ist nur noch eine Frage des Zeitpunkts. Die bis dahin noch verbleibende Zeit ist zu einer begrenzten Ressource geworden, die sich unaufhaltsam aufbraucht, wie in einer Sanduhr verrinnt.

Abwehr und Antworten

Die menschliche Phantasie findet immer wieder Antworten und Abwehrmethoden gegen das unerträgliche Faktum des Schwindens der Lebenszeit. Sehr häufig ist die Verschiebung auf das materielle Vermögen. Man möchte es erhalten und vermehren. Man sieht den Kontostand und versucht ihn zu kontrollieren, meint damit aber unbewusst das unaufhaltsam verrinnende Kapital der eigenen Lebenszeit. Sein tatsächliches oder befürchtetes Schwinden führt zu Panikphantasien einer tödlichen Katastrophe. Viele Depressionen werden durch Finanzkrisen und materielle Verluste oder auch nur die Angst davor ausgelöst. Erfolgreiche, oft narzisstisch geprägte Persönlichkeiten, die ganz mit ihrem Besitz identifiziert sind, vielleicht auch schon aus Altersgründen wenig flexibel und nicht kompromissbereit sind, sehen eine solche Situation als unüberwindliche Kränkung und manchmal als Anlass zum Suizid.

Besitz bedeutet Sicherheit und macht unabhängig, sodass Vermögenszuwachs heilende Wirkung haben kann. Ein 70-Jähriger, der über Jahre erfolglos wegen einer chronischen Depression behandelt wurde, ohne dass die Ursachen klar geworden waren, teilte seinem Therapeuten erleichtert mit, die Depression sei verschwunden, seitdem er durch eine ihm unverhofft zugefallene Erbschaft seine Schulden hatte tilgen können. (Freud hätte das als Franz-Josefs-Therapie bezeichnet, da der Kaiser Not leidenden Untertanen durch direkte Geldzuwendungen half.)

Nur das Annehmen der Vergänglichkeit löst die übermäßige Abhängigkeit des Befindens von ausschließlich materiellen Faktoren. Es wird dann möglich, sich auf andere Werte zu orientieren und die verbleibende Lebenszeit befriedigender und würdiger zu gestalten.

Freud spendete in seiner schönen Arbeit über »Vergänglichkeit« den Trost, dass alle irdische Schönheit gerade durch ihre Vergänglichkeit ihren besonderen Wert erhalte. Ein junger Dichter konnte sich an der blühenden Schönheit einer Sommerlandschaft nicht erfreuen, weil diese vergänglich sei, ebenso wie menschliche Schönheit und alles vom Menschen Geschaffene. Dem hält Freud entgegen, die Vergänglichkeit bringe eine Wertsteigerung mit sich, denn »der Vergänglichkeitswert ist ein Seltenheitswert in der Zeit«. Die Schönheit der Natur komme jedes Jahr wieder, »und diese Wiederkehr darf im Verhältnis zu unserer Lebensdauer als eine ewige bezeichnet werden« (Freud 1916a).

Auswirkungen auf die Lebensplanung

Die Einsicht, dass das eigene Leben begrenzt ist, hat Auswirkungen auf die Lebensplanung. Sie wird daraufhin umorganisiert. Unter dem Aspekt der schwindenden Zukunft will man die befristete Zeit, in der man noch am Leben ist, nutzen, um bestimmte Aufgaben noch erledigen und bestimmte Ziele noch erreichen zu können. Unter dem Zeitdruck der Terminierung möchte man sein wie auch immer definiertes Lebenswerk vollenden, seine Lebensernte einbringen, seine gewünschte Identität noch erreichen.

Die Terminierung kann konkret als tödliche Bedrohung erlebt werden und zu entsprechender Abwehr führen. Die Bajadere, die tausendundeine Nacht lang Geschichten erzählt, damit sie nicht sterben muss, liefert das Muster für eine dem modernen Zeitgeist entsprechende Planung mit der Funktion einer aufschiebenden Abwehr: Wir nehmen uns noch so viel vor, dass die Zeit noch unendlich lange sein muss und zum Sterben keine Zeit bleibt.

Es gibt viele Chancen, trotz aller Einschränkungen die verbleibende Lebenszeit sinnvoll zu gestalten. Das Bedürfnis, alles zu einem guten Ende zu bringen, lässt sich auf kreative Weise befriedigen. Man kann – wirklich oder in seinen Phantasien – Romane schreiben, in denen man die eigenen Leiden und Probleme erfundenen Personen zuschreibt und – anders als im Leben – befriedigende Lösungen findet. Der Leser oder Zuhörer erlebt dann den gleichen Vorgang und die gleichen Emotionen mit und fühlt sich entlastet. »Ernst ist das Leben, heiter ist die Kunst.« (Schiller) Ein Maler, altersschwach und gelähmt, sodass er nicht mehr malen konnte, freute sich immer auf das Einschlafen, denn im Traum könne er seine Werke noch vollenden.

Heimkehr von der Lebensreise

Das Altern als biologisches Schicksal ist in den eingangs beschriebenen Bildern aus der unbelebten Natur (Sonnenlauf, Jahreszeiten, Fluss und Katarakt) gut darstellbar. Für das Leben des Menschen im Sinne der individuellen Entwicklung und Reifung ist die Metapher des Lebens als Reise passender. Sie setzt voraus, dass nur der Mensch aufrecht gehen, wandern, fahren und Erfahrungen machen kann. Die Lebensreise besteht aus Planung, Aufbruch, Erreichen und wieder Verlassen von Zielen, Finden und Zurücklassen von Personen, Rückreise und Heimkehr.

Die Erkenntnis der Vergänglichkeit markiert den Umkehrpunkt. Von nun an ist es eine Heimkehr, wir fühlen uns auf dem Weg nach Hause. Das Ende der Reise kommt in Sicht. Es lässt sich nicht mehr verleugnen, dass nur noch ein Rest an Zeit verbleibt und dass mit zunehmendem Alter die Reststrecke unabänderlich kürzer wird. »Wir sind jetzt auf der Zielgeraden«, sagen Ältere im bitteren Scherz.

Lebensrückblick und Lebensbilanz

Der Organisator Vergänglichkeit weckt nicht nur das Bedürfnis, die letzte Wegstrecke zu organisieren, sondern auch innezuhalten und auf die bedeutsamen Etappen der bisherigen Lebensreise zurückzublicken. Man wendet sich der eigenen Vergangenheit zu und nimmt Kontakte zu den Alterskohorten von Geburts-, Schul-, Studienjahrgängen und früheren Freunden wieder auf. Man besucht die Orte und Personen früherer Lebensepochen, das Geburtshaus, die Schule, Schulfreunde und

Studienkollegen, frühere Lieben, Orte, an denen man in glücklichen Zeiten mit dem Partner und den Kindern war. Man ist gespannt darauf, Vertrautes und ehemals vertraute Menschen wiederzuentdecken, und es macht glücklich.

Die Zeit ist aber nicht stehengeblieben. Oft muss man feststellen, dass die Orte sich erschreckend verändert haben, die vertrauten Häuser nicht mehr stehen, die Menschen dort Fremde sind und einen niemand mehr kennt. Man muss erkennen, dass die vertraute Vergangenheit nicht mehr existiert, und sieht sich wiederum mit der Vergänglichkeit, der man doch entgehen möchte, konfrontiert. Das kann sehr traurig machen.

Die Reise in die Vergangenheit ist vor allem eine Reise nach innen. Wir möchten wissen, woher wir kommen, suchen nach unseren Wurzeln, der Herkunftsfamilie, den Primärpersonen und den Verwandten und interessieren uns für die Ahnen. Am dringlichsten ist die Suche nach der eigenen Identität. Ältere reflektieren darüber, wer sie damals waren, wer sie geworden sind und wer sie eigentlich hätten werden können und sollen. Der Vergleich mit den Erwartungen, die die Eltern an uns hatten, und mit dem Schicksal der Geschwister sind häufige Themen. Wir überlegen, wie die persönliche Entwicklung zur eigentlichen Identität im Idealfall hätte verlaufen können. Manche wehren das Eingeständnis eigenen Versagens ab und finden die sehr menschliche Antwort, ihre Bilanz in der Phantasie entsprechend zu korrigieren. »Dichtung und Wahrheit« (Goethe) vermischen sich, man legt sich eine Legende zurecht, die man schließlich selbst für wahr hält.

Die meisten Älteren haben das Bedürfnis, ihr Leben zu überdenken und Bilanz zu ziehen. Ganz von selbst drängen sich in der Erinnerung und im Traum Szenen mit bedeutsamen Personen des Lebens auf. Dabei tauchen auch frühere Entscheidungen auf, mit denen wir rückblickend nicht zufrieden sind. Schmerzliche Erkenntnisse über eigene Schuld, Hass und Fehlverhalten sind unvermeidlich und führen zu Schuldgefühlen und dem Wunsch nach Reue und Wiedergutmachung. Viele der inzwischen hochaltrig Gewordenen haben im Zusammenhang mit Naziherrschaft, SED-Staat, Krieg oder Vertreibung Traumatisches erlebt, das sich in die Erinnerung drängt und zur Auseinandersetzung zwingt.

Viele suchen die Schauplätze, die Gräber auf, leiden unter Überlebensschuld und eigener Schuld.

Das Motiv der Reise in die Vergangenheit, insbesondere im Sinne der Klärung der Beziehungen zu früheren und frühen Objekten ist von der Literatur oft aufgegriffen worden. Der letzte Lebensabschnitt des Alterns wird oft als Heimkehr zu seinen Ursprüngen dargestellt.

- Bei Marcel Proust ist es die Suche nach der verlorenen Zeit (*A la recherche du temps perdu*) seiner Kindheit und den Primärpersonen. Es gelingt ihm nicht, sich bewusst daran zu erinnern, sondern wie in Psychoanalysen erst auf dem Umweg über freie Assoziationen: Plötzlich, beim Geschmack einer in Tee getauchten Madeleine, einem Gebäck von damals, wird ihm der Ort seiner Kindheit, Combray, mit allen damit verknüpften Erinnerungen wieder gegenwärtig.
- Die Heimkehr des Odysseus zum Primärobjekt Penelope kann man auch als Metapher für den finalen Abschnitt einer Lebensreise verstehen. Die Stationen der Umwege enthalten schöne, schreckliche und gefährliche Situationen, die man auch als alterstypische Wünsche und Gefahren interpretieren kann.
- Ins Burleske gewandelt ist das Thema bei Wilhelm Busch in den *Abenteuern eines Junggesellen*. Tobias Knopp macht eine Rundreise, in der er seine früheren Lieben aufsucht. Alle sind ihm fremd geworden, haben sich schrecklich verändert oder sind tot, und er kehrt zum Primärobjekt, seiner Haushälterin, zurück und heiratet sie.
- Ein Beispiel aus der Kunst der Gegenwart: In dem Film *Wilde Erdbeeren* (Ingmar Bergman 1957) soll der 76-jährige Isak Borg zum 50-jährigen Doktorjubiläum von seiner Universität geehrt werden. Auf der Reise dorthin werden ihm bestimmte Stationen seines beruflichen und privaten Lebens wieder bewusst. Er erinnert sich, wie er sich damals zum Beispiel gegenüber Eltern, Patienten und seiner Frau verhalten hat, gewinnt Selbsterkenntnis und seine Einstellungen wandeln sich. An seinen Eltern entdeckt er jetzt die liebevollen Seiten wieder, die ihm seit Langem verdeckt waren. Ebenso verändert er sich selbst, er entdeckt seine Gefühle und wird offener und zugewandter.

Seine Vergänglichkeit anzunehmen, bewirkt ein Ruhiger- und Gelassenwerden. Der letzte Abschnitt unserer Lebensreise sollte neben allen lust- und sinnvollen Aktivitäten auch genügend Zeit für Ruhe und Kontemplation lassen. Wie groß das Bedürfnis danach in unserer Zeit ist, wird am Erfolg des Bestsellers von Hape Kerkeling (2006) über seine Pilgerreise auf dem Jakobsweg nach Santiago de Compostela erkennbar. Seine Motive waren die Suche nach Ursachen und die Lösung einer Lebenskrise. Das Pilgern, die Wanderung zu heiligen Orten, die spirituell vertiefte Form der Lebensreise ist ein Weg zu sich selbst. In einem alten Kirchenlied heißt es:

> Wir sind nur Gast auf Erden
> und wandern ohne Ruh
> Mit mancherlei Beschwerden
> der ewigen Heimat zu.

Der Lebensrückblick ist mit Gefühlen von Nostalgie, Wehmut und Trauer verbunden. Wir müssen von dem, was früher war, Abschied nehmen und einsehen, dass es vorbei ist und nie mehr wiederkommt. Etwas noch einmal sehen, bevor man es für immer aufgeben kann, entspricht der normalen Trauer, mit der man Verlorenes betrachtet, wie Freud es in *Trauer und Melancholie* (1917) beschrieben hat.

> In vorgeschriebenen Jahresintervallen muss ich die Unterlagen über meine Patienten vernichten. Vorher sehe ich sie aber sorgfältig noch einmal durch, und dabei wird manche schöne wie auch bedrückende Erinnerung wieder wach. Ich nehme dabei mit Trauer und Dankbarkeit Abschied von den Menschen und auch von meiner beruflichen Identität. (Helmut Luft)

Man muss nicht Fachmann/-frau sein, um sein Leben zu überdenken und Einsichten zu gewinnen. Es ist sehr hilfreich, auf seine Erinnerungen, Tagträume und Träume zu achten. Welche Personen erscheinen darin und aus welcher Zeit? Welche Gefühle sind damit verbunden? Sich an gute Beziehungen dankbar zu erinnern und sich die eigene Schuld an gescheiterten eingestehen zu können, ist Rückblick auf ein erfülltes Leben und hilft, die Lebensbilanz auszugleichen. Die Anerkennung der eigenen Leistungen ebenso wie die Einsicht in eigenes Fehlverhalten tragen dazu bei, das Selbstwertgefühl auf ein realistisches Maß einzupendeln. Es kommt dabei nicht so sehr auf das konkrete Handeln an. Es ist zwar ein schöner Gedanke, sich mit noch lebenden real existierenden Personen versöhnen zu wollen, etwa mit Eltern, Geschwistern, Partnern oder anderen, die Umsetzung scheitert aber leicht daran, dass die Beteiligten in die alten Muster gegenseitiger Anschuldigungen verfallen, die alles verderben. Gelingt es dennoch, ist es umso beglückender. Wesentlicher ist zu erkennen, dass man am inneren Bild von den Beziehungspersonen, an seinen Meinungen und Vorurteilen etwas ändern kann. Die Aussöhnung mit den inneren Objekten, etwa wenn man die Ambivalenz in seinem Vaterbild oder in der Einstellung zu Frauen besser durchschauen und entschärfen kann, wirkt sich auf alle Personen der Vaterreihe und auf alle Frauen aus, mit denen man es in Gegenwart und Zukunft noch zu tun haben wird.

Ein weiteres Motiv für das Überdenken der Vergangenheit ist, die auf der Lebensreise gesammelten Erfahrungen der Nachwelt mitzuteilen. Das ist phylogenetisch tief verankert, und es war für die Evolution des Homo sapiens unerlässlich, dass wichtige Erfahrungen und Überlebensregeln tradiert wurden. Es spricht manches dafür, dass unsere Vorfahren den Neandertaler, der ein größeres Gehirn hatte, nur deshalb überwinden konnten, weil sie wesentlich länger lebten, sodass sie ihre überlebenswichtigen Erfahrungen sammeln und weitergeben konnten (vgl. Kapitel 11, S. 207). In der Gegenwart müssen die Älteren realistischerweise davon ausgehen, dass es ein großes Glück ist, wenn sich jemand ernstlich für ihre Memoiren interessiert. Die nächste Generation hat damit oft Probleme, kann den Wert des Tradierten nicht erkennen und besteht darauf, alle Erfahrungen selbst machen zu wollen. Bei Enkeln und Urenkeln ist die Chance dann wieder größer, dass Tradierenswertes entdeckt und begeistert aufgegriffen wird. Mehr dazu im nächsten Kapitel.

Die Vergänglichkeit und die Befristung der Zeit zu akzeptieren, ist Voraussetzung, um die noch verbleibende Zeit, die ja noch unerwartet lang sein kann, intensiv und dankbar zu nutzen, die Lebensplanung besonnen zu gestalten und aus unserem letzten Lebensabschnitt den vielleicht besten zu machen.

10
Individuum und Familie – der Lebenskreis

Nach allgemeiner Erfahrung fühlen Ältere sich zu ihren Kindern und Enkeln, zu jüngeren Menschen überhaupt hingezogen, werden davon angeregt und belebt. Es ist wie ein Jungbrunnen, und die Jüngeren gehen gern darauf ein. Andererseits wird gesagt: »Jung und alt gehören nicht zusammen, tun nicht gut unter einem Dach.« Wie erklärt sich ein solcher Widerspruch?

Beim Älterwerden kommt mit der Erkenntnis der eigenen Vergänglichkeit wieder in den Blick, dass man nicht nur Einzelperson, sondern auch ein Glied in einer Geschlechterkette, einer Kontinuität von Generationen ist. Man begreift: Der Tod ist die Schnittstelle zwischen Individuum und Gattung, zwischen der Endlichkeit der Person und dem Weiterleben der eigenen Gene in Kindern und Enkeln. Nur das Genom ist unsterblich, ist die Stafette, die nach dem Diktat der Evolution weitergegeben werden muss.

Die Lebenswanderung hatte in der Aufbruchstimmung der Adoleszenz mit aller Macht von der Herkunft weggeführt, hin zur eigenen Identität, zu Selbstverwirklichung und Unabhängigkeit. Der Zeitgeist und der Trend zu Emanzipation und Individualität haben das bestärkt und die moderne Welt hat dafür viele Entfaltungsmöglichkeiten geboten. Erst wenn beim Älterwerden die Begrenztheit des eigenen Lebens in Sicht kommt, entsteht der Wunsch, wieder in den Schoß der Familie heimzukehren. Man wendet sich den Kindern und Enkeln zu, fühlt sich zunehmend mit ihnen verbunden und auf sie angewiesen. Erinnerungen auch an die frühen Bezugspersonen drängen sich auf. Das Interesse an den Schicksalen von Eltern, Geschwistern und der Großfamilie erwacht. Die Lebenswanderung ist ein Rundkurs. Man kehrt dorthin zurück, woher man gekommen war.

Für jeden Älteren schließt sich so der Kreis des Lebens: Als Kind hatte man am »Glanz im Auge der Mutter« (nach Heinz Kohut das Zeichen für die notwendige narzisstische Bestätigung des Kindes durch die Mutter) Liebe und Wertschätzung erkannt, als Älterer sehnt man sich nach dem Glanz im Auge der realen und symbolischen Kinder und Enkel, Nachfolger und Schüler, möchte von diesen anerkannt und wertgeschätzt werden und in ihnen weiterleben.

Mehr noch als Elternschaft verändert das Großelternsein die Position im Lebenslauf grundlegend. Enkel werden als Geschenk des Himmels innig herbeigewünscht und ihre Geburt macht so überaus glücklich, dass es klar ist, dass man damit eine eigene Wiedergeburt erlebt und in ihnen weiterlebt. Freud meinte, dass sich mit der Geburt von Enkeln die Phantasie von der Unsterblichkeit erfüllt habe. Tatsächlich können Großeltern ihre eigene Existenz offensichtlich leichter aufgeben, wenn ihre Gene in Enkeln weiterleben.

Liebe und geheime Bindung der Generationen

Beim Älterwerden wird wieder fühlbar, dass die Bindungen zwischen den Generationen und an die Herkunftsfamilie viel dichter sind, als man es in den von Individualität und Autonomie dominierten Epochen des Erwachsenenlebens wahrnehmen konnte. Das ist biologisch unterlegt, denn das Angewiesensein auf den Schutz der Eltern dauert bei der Spezies Homo sapiens ungewöhnlich lange. Nach der Tragezeit von neun Monaten muss die Geburt vorzeitig erfolgen, weil wegen des besonderen Größenwachstums des menschlichen Gehirns die Beckenpassage zu einem späteren Zeitpunkt nicht mehr möglich ist. Der Mensch wird also – im Gegensatz zu den meisten Tieren, die sofort nach der Geburt auf eigenen Beinen stehen können – in einem unvollkommenen Entwicklungszustand (Neotenie) geboren. Er ist deshalb noch Jahre danach auf mütterliche Pflege und Fürsorge angewiesen, braucht eine lange Nachreifung außerhalb des Mutterleibs.

Der Säugling lebt in symbiotischer Verbundenheit mit der Mutter wie in einer gemeinsamen Hülle, kann »Ich« und »Nicht-Ich« noch nicht unterscheiden, ist körperlich und emotional noch unreif. Erst über typische Phasen von Individuation, Separation und Wiederannäherung erfolgt stufenweise die Reifung zu der von der Mutter abgegrenzten Persönlichkeit. Erst nach der »psychischen Geburt« am Ende des dritten Lebensjahrs, wie die Psychoanalytikerin Margaret Mahler es benannt hat, kann das Kind sich und andere Menschen als eigene Personen wahrnehmen, sodass die Kommunikation mit anderen, zum Beispiel im Kindergarten, möglich wird.

Der Lebensweg jedes Menschen wird von einer Dialektik zwischen Bindung und Selbstständigkeit, Liebe und Feindseligkeit, Weggehen und Heimkehr bestimmt. Das wird in vielen Mythen, Märchen und in der Literatur dargestellt. Die Abhängigkeit des Menschen von Elterninstanzen und einer schützenden Umgebung bleibt latent das ganze Leben über bestehen, manifestiert sich in wechselnden Formen als Bindungs-, Schutz- und Abhängigkeitssuche und nimmt im Alter wieder zu. Das diesem entgegenwirkende Bestreben, sich daraus zu befreien und die Selbstständigkeit zu erlangen, kulminiert in der Adoleszenz, gelingt gut im Erwachsenenleben und wird im Alter schwierig. Wir kommen offenbar nie ganz aus der Abhängigkeit heraus und sind im Alter leider wieder zunehmend darauf angewiesen.

Die Leidenschaften des Ödipus

Die starken Triebe – Liebe und Hass –, die die Beziehungen zu den Eltern bestimmen, beruhen ebenso wie Bindung und Abhängigkeit auf biologischen Grundlagen. Sehr bekannt geworden ist – durch Freud und die Psychoanalyse – die Sage von Ödipus, der sich vorzeitig und mit Gewalt in die Elternposition brachte, indem er – unwissend – seinen Vater Laios erschlug, seine Mutter Iokaste heiratete und mit ihr vier Kinder (Antigone, Ismene, Polyneikes und Eteokles) zeugte.

Die im Drama dargestellten starken Gefühle, die seitdem als Ödipuskomplex allgemein bekannt sind, sind in jedem Menschen unbewusst wirksam. Die kindlichen Beziehungsmuster zu den Eltern als Liebes- (Vater liebt Tochter, Mutter liebt Sohn) und Hasspräferenzen (Sohn hasst Vater, Tochter hasst Mutter) wiederholen sich bei den meisten Menschen das ganze Leben hindurch. Sie äußern sich als emotionale Zu- und Abneigungen, als Partner- und Gegnersuche mit den ins Muster passenden Personen der Vater- oder Mutterreihe. Probleme mit Partnern/innen beruhen oft darauf, dass die Liebe noch sehr an die Eltern gebunden ist und er mit dem Vater und sie mit der Mutter unbewusst verglichen werden.

Die Urgewalt der Liebe und Anziehung zwischen älteren und jüngeren Partnern erklärt sich aus ihren Triebgrundlagen. Das biologische Ziel ist, durch erfolgreiche Männer und jüngere Frauen die Fortpflanzung zu sichern, genetische Schäden durch Inzucht aber zu vermeiden. Das ist ein Spiel mit dem Feuer. Der Inzest ist deshalb mit starken Verboten und Bestrafungsängsten verbunden, der Trieb ist aber oft stärker. Missbrauch von Kindern durch Eltern und Vorgesetzte und Inzest zwischen Geschwistern kommen nicht selten vor, und die Dunkelziffer ist vermutlich hoch. Über Skandale wird immer wieder berichtet. Ein Beispiel ist die Diskussion über die Strafbarkeit des Inzests. Anlass war ein Geschwisterpaar, das – unwissend wie Ödipus und Iokaste – die Ehe eingegangen war und Kinder gezeugt hatte.

Die gegenseitige Zuneigung zwischen reiferen Männern und jüngeren Frauen, deren Väter oder Töchter sie sein könnten, ist seit alters her bekannt und in den westlichen Gesellschaften weitgehend akzeptiert. Dafür wurden Lösungen wie die doppelte Moral, Verhältnisse zwischen Vorgesetzten und Mitarbeiterin oder Sekretärin, die Ehe linker Hand, die Zweit- und Drittehe, die Abschnittspartnerschaft und viele andere konzediert. Unter dem Einfluss des Jugendkults werden in unserer Zeit solche generationenübergreifenden Beziehungen von den Medien sehr emotionalisiert und permissiv dargestellt.

Ebenso stark und das ganze Leben lang anhaltend sind die Bindungen zwischen Müttern und ihren Söhnen. Liebesbeziehungen älterer

Frauen zu jüngeren Männern – die ihre Söhne sein könnten – sind nicht mehr absolut tabu, wenn auch noch stark mit Vorurteilen belegt. *Die unwürdige Greisin* von Brecht war noch ein Pionierwerk, aber *Harold und Maude* wurde zu einem Kultfilm. Auch diese Variante inzestuös unterlegter Beziehungen kann für die Beteiligten beider Generationen sehr befriedigend sein.

Die tragischen Aspekte der nicht mehr angebrachten Liebeswünsche des alten Mannes werden in der Literatur häufig behandelt. Sie sind das verborgene Thema in *König Lear* von Shakespeare. Der alte König will von seinen Töchtern hören, welche ihn am meisten liebe, und verleugnet, dass ihm inzestuöse Liebe nicht mehr zusteht. Die drei Töchter repräsentieren vielmehr »die drei Formen, zu denen sich ihm das Bild der Mutter im Lauf des Lebens wandelt: die Mutter selbst, die Geliebte, die er nach deren Ebenbild gewählt, und zuletzt die Mutter Erde, die ihn wieder aufnimmt. Der alte Mann aber hascht vergebens nach der Liebe des Weibes, wie er sie zuerst von der Mutter empfangen hat; nur die dritte der Schicksalsfrauen, die schweigsame Todesgöttin, wird ihn in ihre Arme nehmen.« (Freud 1913f, S. 192f)

Die Triebverbindung der Generationen

Der triebhafte Kern von Beziehungen, die sich über die Generationenschranke hinwegsetzen, wurde in künstlerischen Darstellungen auf verblüffende Weise aufgedeckt. Die »Ungleichen Paare«, *Törichter Greis mit junger Geliebter* und *Verliebte Alte mit jungem Mann* (Hans Baldung Grien und Lukas Cranach d. Ä.), erfüllen sich ihre Bedürfnisse mit typischen Gesten: Der alte Mann greift ihr ins Dekolleté oder an die entblößte Brust, und die junge Frau revanchiert sich mit einem Griff in seinen Geldbeutel. Analoges geschieht zwischen einer älteren Frau und einem jüngeren Mann.

Das ist, wenn auch in karikierter und auf die »handgreiflichen« triebhaften Grundlagen reduzierter Form, eine zeitlos gültige Darstellung des wechselseitigen Aufeinanderangewiesenseins der Generationen. Die vordergründig sexuelle Interaktion hat die viel tiefer gehende Bedeutung, dass er sich vitalisieren und seine schwindende Jugend erhalten möchte, während sie sich ihr Bedürfnis und ihr Recht auf Schutz und Unterstützung erfüllt. Die dargestellten Konstellationen waren mit warnenden Texten versehen, unter anderem von dem Dichter Hanns Sachs, was diesen aber nicht daran hinderte, mit 65 eine 27-Jährige zu heiraten (Rautenberg 1997).

Die typischen Beziehungen und Konflikte zwischen den Generationen sind zeitlos. Eine moderne Version beschrieb Annemarie Dührssen (1997) als Beispiel für einen Aktualkonflikt: Sie verglich die Lebensläufe alter Menschen zu Freuds Zeiten mit heute und fand extreme Unterschiede. So gibt es bei uns inzwischen zum Beispiel die jüngsten Rentner und die ältesten Studenten. Viele Söhne fühlen sich bis weit ins Erwachsenenleben hinein im »Hotel Mama« am wohlsten. Die Älteren haben mit der Anspruchshaltung von Jüngeren, die bis über 40 abhängig bleiben und ohne Eigenleistung Unterstützung fordern, aber ein Problem. Einerseits tut es den Eltern gut, dass sie noch gebraucht werden und durch ihr Geld noch Macht- und Schutzfunktion haben. Andererseits wäre es besser, die Selbstständigkeit der Jüngeren zu fördern, indem man ihre Forderungen zurückweist. Damit würde man sich aber der eigenen Befriedigung berauben. Das ist ein weit verbreiteter Konflikt, der zu Alterungskaskaden beiträgt, solange er verborgen bleibt.

Eine beglückende Form des Miteinanderseins der Generationen zeigt sich besonders in den Beziehungen zwischen Großeltern und Enkeln. Die Leidenschaften des Ödipus sind nicht mehr virulent. Altersmilde, Gelassenheit und Reife wirken sich günstig auf das Verhältnis aus. Befreit von den Zwängen der Berufskämpfe und der Erziehungspflicht behandeln Großeltern ihre Enkel so, wie sie ihre Kinder aufgrund der inzwischen gereiften Einsichten heute behandeln würden. Die Enkel ihrerseits lassen sich gerade in der Pubertät häufig mehr von ihren Großeltern als von den eigenen Eltern sagen, weil die ödipalen Triebkonflikte und die Ablösungskämpfe bei den Großeltern entfallen.

Ist das Verhältnis mit den Kindern oder Enkeln getrübt oder die Beziehung kinder- oder enkellos geblieben, so kann die großelterliche Haltung bei symbolischen Enkeln, das heißt in ehrenamtlichen Tätigkeiten, in Beratungs-, Lehr- und Vermittlungsfunktionen sowie als Sponsor oder Stifter beiden Seiten Befriedigung bringen. Manche suchen das Fehlen von Enkeln zu kompensieren, indem sie Werke schaffen, die symbolische Enkel bedeuten. Nicht zuletzt ist die Enkellosigkeit eine Quelle glühenden, wenn auch schamhaft verborgenen Neids auf die, die Enkel haben.

Das geheime Band mit den Ahnen – der unbewusste Kalender

Die mündlich und schriftlich tradierte Familiengeschichte wird für Ältere wieder hochinteressant. Zu dem, was wir über die Personen unserer Familie wissen oder zu wissen glauben, kommt ein großer Anteil verborgener oder geheimgehaltener Verbindungen mit Eltern, Großeltern und anderen Vorfahren hinzu. Es besteht ein die Generationen übergreifendes emotionales Netzwerk von Identifikationen und Gegenidentifikationen, denen wir, viel mehr als wir uns vorstellen können, unterliegen. Es kann großen Einfluss auf den Verlauf unseres Lebens nehmen, ist aber trotzdem weitgehend unbekannt. Im Alter sind die Gelegenheit und auch ein Bedürfnis vorhanden, solche Zusammenhänge erkennen und klären zu wollen.

Es gibt Vorfahren, denen wir uns gleich oder ähnlich fühlen, denen wir nacheifern oder deren Erwartungen wir erfüllen wollen – und es gibt auch den Teil der Verwandtschaft, mit dem wir keinesfalls etwas zu tun haben wollen. Mehr noch aber gibt es die, deren Schicksale wir im Guten wie im Schlechten unbewusst nachvollziehen.

- Der Mann, der in seiner Frau unbewusst seine Mutter sieht, erwartet von ihr die gleichen Eigenschaften, was zu Enttäuschungen und Konflikten führen muss.
- Der Vater, der von seinem Sohn unbewusst das Üble erwartet, das Onkel X., das schwarze Schaf der Familie, dieser angetan hat, wird es – im Gegensatz zu seiner bewussten Absicht – wohl kaum zu einer guten Vater-Sohn-Beziehung bringen.
- Der Sohn, der mit seinem Vater oder Großvater in großer Ambiva-

lenz verbunden war, kann deren Schicksale unbewusst nachvollziehen und schwebt sogar in der Gefahr, im gleichen Lebensalter wie diese zu versterben oder in eine Lebenskrise zu geraten.

Ein wichtiges Medium des Familienzusammenhangs sind die herkömmlichen Rituale der Familienfeiern, Geburtstage, Hochzeiten und Todestage. Sie sind im »unbewussten Kalender« (Stekel 1912) gespeichert, auch wenn wir sie vergessen haben. Wir haben einen inneren Kosmos in uns. »Auf der unbewussten inneren Bahn der Planeten kommen verstorbene Objekte, die nicht auf allen Gedächtnisstufen tot sind, in Konstellationen, in denen sie wahrnehmbar werden können.« (Haas 2002, S. 178) Sie kehren periodisch an bedeutsamen Daten wieder. Lebensdauer, Geburts- und Todestage von Vorfahren und Angehörigen können Krisen und Erkrankungen auslösen. Sie werden als *Anniversary reactions* oder *Anniversaries* bezeichnet: »regressive Phänomene, denen spezifische Identifizierungen … zugrunde liegen, die zum anniversary-Zeitpunkt aktualisiert und dynamisch wirksam werden« (Haesler 1985, S. 259). Es sind »periodische Erinnerungsfeiern« (Haas 2002, S. 170) an wichtige Personen und Ereignisse, deren Bedeutung uns oft längst nicht mehr bewusst ist.

Eine solche Konstellation kann sich schon im Erstinterview, der ersten Begegnung eines Analytikers mit einem Patienten, darstellen: So berichtet Argelander in seinem Buch über das Erstinterview von einem Patienten, bei dem Scheidungsabsichten genau zu dem Zeitpunkt auftraten, als sein Kind ein Jahr alt wurde. Es erwies sich, dass der Patient selbst ein Jahr alt war, als seine Eltern sich scheiden ließen. Die unbewusste, hier leider destruktive Phantasie war: »Mein Kind soll es nicht besser haben als ich seinerzeit.« (Argelander 1999, S. 13)

Die Phantasien über das eigene Todesdatum werden manchmal auch bewusst an die realen Daten der Eltern und Geschwister geknüpft. Freud sagte nach dem Tod seiner Mutter, jetzt dürfe auch er sterben. Meist bleibt der Zusammenhang jedoch verborgen. Ein Mann, der nach seinem 60. Geburtstag an Depression erkrankt und erwähnt, dass viele seiner Vorfahren mit 60 gestorben waren, ohne darin einen Anlass für seine Depression erkennen zu können, weist immerhin schon auf das Thema hin, es ist ihm vorbewusst. Meist aber ist die Erwartung, im gleichen Alter zu sterben, nur unbewusst wirksam und kann sich als Depression eventuell mit Suizidtendenz darstellen. Häufig wird das dann als endogene oder »Altersdepression« fehlgedeutet.

Theodor Fontane (vgl. Kapitel 1, S. 32) ist nur ein prominentes Beispiel dafür, dass viele Söhne – bei bewusst eher kritischer Einstellung zum Vater – auf tieferer Ebene mit ihm so stark identifiziert sind, dass sie unbewusst meinen, das Lebensalter ihres Vaters nicht überschreiten zu dürfen. Die sich aus dem Ödipuskomplex ergebenden Vernichtungswünsche wenden sich dabei als Straferwartungen gegen das eigene Selbst und können sich über psychosomatische Geneigtheiten oder als Suizid auch realisieren. Freuds Behauptung, dass wir aus inneren Gründen sterben können (vgl. Kapitel 1, S. 18f), findet zwar viel intellektuellen Widerspruch, aber solche Fälle stützen seine Auffassung.

In der klinischen Arbeit wie im Alltag finden sich viele Beispiele nach solchem Muster: Eine Frau hatte aus Protest gegen unerträgliches Fehlverhalten ihres – von ihr trotz allem sehr geliebten – Mannes mit einer schweren Depression reagiert, die nach seinem Tod wieder abklang. Sie musste nicht mitsterben, sondern lebte wieder auf, um bestimmte Ziele noch erreichen und ihre Lebensbilanz befriedigend korrigieren zu können. Fünf Jahre später aber erkrankte sie an einem diagnostisch »unerklärlichen« Leiden und starb. Sie hatte genau das Lebensalter erreicht, in dem auch ihr Mann verstorben war, und wollte ihn – daran gemessen – nicht überleben. Von ihrem entsprechenden Geburtstag an hatte sich ihr Zustand unaufhaltsam verschlechtert.

Die geheimen unbewussten Bande zu den Eltern und zu den Ahnen sind noch stark genug, um auf unsere Lebensdauer Einfluss nehmen und den Zeitpunkt unseres Todes bestimmen zu können. Das ist natürlich nicht die Absicht der Eltern, sondern das Ergebnis unbewusster Phantasien, die wir von ihnen haben. Es ist deshalb gut, die bedeutsamen Daten und das Todesalter von Angehörigen zu kennen und bei »unerklärlichen« Krisen und Erkrankungen nach möglichen kritischen Zeitdaten zu suchen. Das eröffnet die Chance, über die Lebensspanne der Vorbilder, an die wir so verhängnisvoll gebunden sind, hinaus, weiter- und aufzuleben.

Eine kreative Lösung, das gefährliche Datum zu überleben, wurde bei Fontanes Heilung gefunden: Ein kluger Arzt sagte ihm, er sei nicht krank, sondern es fehle ihm nur seine Arbeit. Er solle wieder schreiben, und wenn er jetzt keine Romane zustandebringe, dann solle er seine Lebensgeschichte aufschreiben und gleich morgen damit beginnen. Fontane tat es, verfasste das Buch *Meine Kinderjahre* (1893) und schrieb sich daran gesund. Dabei setzte er sich offenbar mit seinem Vater auseinander, den er kritisiert, aber auch liebevoll in Schutz nimmt. Infolge der Korrektur seines Vaterbildes wurde es Fontane möglich, diesen zu überwinden und zu übertreffen, denn danach lebte seine Kreativität erst richtig auf, und er schrieb die Romane, die ihn berühmt machten.

Trennendes und Hass zwischen den Generationen

Die Generationen sind nicht nur in tiefer emotionaler Zuneigung miteinander verbunden und aufeinander angewiesen, sondern werden auch durch Abneigung und Hass voneinander getrennt. In die Identifizierungen mischen sich Todesphantasien – abgewehrte Todeswünsche – ein. Die Dialektik zwischen Liebe und Hass, die Ambivalenz zwischen den gegensätzlichen Impulsen nach Bindung oder Trennung bestimmen die Beziehungen zwischen den Generationen. Da das auf Triebkräften basiert – nach dem Vorbild von Ödipus, der seinen Vater erschlug – und diese biologisch fundiert sind, handelt es sich um ebenso mächtige wie erschrocken abgewehrte innere Faktoren.

Jede Generation ist eine neue, von ihrer Zeit geprägte Gruppe, wie eine eigene Ethnie mit gemeinsamer Identität, eigenem Wertesystem und eigener Sprache. Sie richtet eine von Tabus bewachte Generationenschranke ein, mit der die ältere Generation ausgegrenzt und abgelehnt werden soll. Das hat drei gute Gründe:

- Einmal um sich gegen die Triebgefahren des Inzests und gegen die eigenen Wünsche danach zu schützen.
- Weiter will man unter sich bleiben, um sich jung zu fühlen und nicht durch den Anblick Älterer an das eigene Altern erinnert zu werden, das heißt, man wehrt die eigene Angst vor dem Altern projektiv ab. Das ist auch ein häufiges Argument, das von den Älteren selbst gegen die Aufnahme in ein Altenheim vorgebracht wird: »Was soll ich denn da mit den ganzen Alten machen?«
- Schließlich werden andere Generationen auch als konkurrierende fremde bis gegnerische Gruppe angesehen, gegen die man sich wehren und die man hassen muss.

Es gibt also viel Trennendes und gute Gründe für gebotene Distanzierung, sodass es nur natürlich ist, dass die auf Liebe und Nähe drängenden Wünsche der Älteren an die Jüngeren nicht so einfach erfüllt werden können. Konflikte mit der nachfolgenden Generation sind wegen der starken nach Trennung strebenden Kräfte vorprogrammiert. Verlassenwerden, Enttäuschungen, Missachtung oder Kränkungen durch Kinder, Schwiegerkinder und Enkel (auch symbolische wie Schüler, Untergebene etc.) sind bei den Älteren emotional hoch besetzt. »Bei den meisten meiner Patienten spielten Generationenkonflikte als Auslöser von Alterungskaskaden eine Rolle.« (Helmut Luft)

Das enttäuschende, ablehnende und ausgrenzende Verhalten der Jüngeren beruht oft nur an der Oberfläche auf persönlichen Differenzen, sondern wird vielmehr durch die verborgene natürliche Ambivalenz ihrer Gefühle gegenüber der anderen Generation bewirkt. Die Phantasie vom gewaltsamen Tod der Eltern ist ein normaler Inhalt des in jedem Menschen unbewusst wirksamen Ödipuskomplexes, der die Beziehung der Generationen reguliert und nach typischem Muster abläuft: Ödipus wird im Alter von seinen Söhnen verjagt und stirbt in der Fremde, auf Kolonos. König Lear wird von seinen Töchtern ausgesetzt und kommt als hilfloses, nacktes Wesen auf der Heide um.

Auch die Ausgrenzung hat biologische Wurzeln. Tiere können sich nicht um Kranke und Alte kümmern, sondern müssen sie den Raubtieren überlassen. Beim Homo sapiens setzt sich das als archaische Verhaltensweisen fort. Bis ins vorige Jahrhundert ließ man in bäuerlichen Verhältnissen in Notzeiten diejenigen, die nicht mehr arbeiten konnten und nichts mehr zum Familienunterhalt beitrugen, als erste verhungern. »Wer nicht arbeiten kann, soll auch nicht essen.«

In den modernen Zivilisationsgesellschaften wird das mitunter in der politischen Diskussion in kaum verborgener Weise ebenso gesehen. Wer sich nicht mehr selbst erhalten und nichts mehr zum Bruttosozialprodukt beitragen kann, soll sich schämen, soll Rentenkürzungen hinnehmen und keine teuren Hüftoperationen mehr beanspruchen, sondern am besten »den Löffel abgeben« und durch »sozialverträgliches Frühableben« die »Solidargemeinschaft« der Jüngeren entlasten (vgl. Kapitel 1, S. 23). Im privaten Bereich zeigt sich das in Versuchen zum einseitig erzwungenen Abschieben ins Altenheim oder zur vorzeitigen Entmündigung.

Im letzten Stadium des Lebens kehren sich die Rollen der Generationen um. Eltern werden wieder zu Kindern, oft recht eigensinnigen, und sind auf die Fürsorge der eigenen Kinder angewiesen. Das ist für manche Jüngeren eine unerträgliche Überforderung. Es ist für beide Seiten – wieder aus verborgenen Gründen, die es aufzulösen gilt – oft unmöglich, sich darüber zu verständigen, dass die Unterbringung in ein Pflegeheim notwendig wäre. Eine sachliche Entscheidung kann oft deshalb nicht erfolgen, weil die unbewussten starken Gefühle von Liebe und Bindung wie auch von Feindseligkeit, Ausgrenzungs- oder Todeswünschen und deren imperative Abwehr sich einmischen und zu schwer lösbaren Konflikten führen. Recht typisch ist es, dass Töchter sich zur häuslichen Pflege ihrer Eltern verpflichtet fühlen, sich aufopfern, auf Urlaube und Privatleben verzichten und ihr Familienleben aufs Spiel setzen. Das kann soweit gehen, dass sie sogar vor den Eltern sterben.

Gutmeinende Eltern möchten gern ihr ganzes Erbe »mit warmer Hand« zu Lebzeiten aufteilen. Das kann gut gehen. Mitunter aber lassen dann die Erben nichts mehr von sich hören oder es kommt zu Streitigkeiten. Das Drama des tragischen Schicksals des König Lear zeigt etwas von der verborgenen Dynamik dieser Situation auf. Er hatte sein Erbe aus Liebe an seine drei Töchter verteilt und dafür selbstverständlich Liebe und Gegenleistungen wie Beherbergung und Dienerschaft erwartet. Er unterlag der Illusion, es gebe keine Ambivalenz und keinen Egoismus. Stattdessen machte er die Erfahrung, dass statt mit Dankbarkeit und Zuwendung mit Abweisung, Feindseligkeit, Beraubung und Ausgrenzung geantwortet wurde.

Der Erbfall ist die Lebenssituation, in der sich der latente Hass zwischen den Generationen leicht entzünden kann. Schon Schenkungen zu Lebzeiten führen nicht selten zu Abgrenzung und Rückzug. Ein verborgener Grund dafür könnte die Befürchtung sein, man könne die Verpflichtung zum Wohlverhalten nicht durchhalten, die Ambivalenz könnte bemerkt und das Erbe zurückgefordert werden. Denn Unaufrichtigkeit und Erbschleicherei sind nur allzu menschliche Verhaltensweisen.

> Gehen die Väter nackt, so werden die Kinder blind;
> Kommen sie geldbepackt, wie artig scheint das Kind. (Akt II, Sc.4)

Von König Lear wurde die Heuchelei geradezu provoziert, als er seine Töchter fragte, wer ihn am meisten liebe und danach sein Erbe zuteilte.

Die Erblasser fürchten manchmal zu Recht, dass die verdrängte Seite der Ambivalenz ans Licht kommen könne, haben Angst davor und sind misstrauisch.

Die beiderseitige Ambivalenz wird in folgender Geschichte drastisch bloßgestellt: Ein alter Mann hatte einen großen Schatz in einer Kiste, und alle Erben gingen sehr liebevoll mit dem Alten um. Als er gestorben war und man die Schatzkiste öffnete, fand sich darin ein großes Beil und die Anweisung, damit solle jeder erschlagen werden, der glaube, durch Erbschaft reich werden zu können.

Bei Testamentseröffnung und Erbauseinandersetzung wird die emotionale Situation der frühen Familie wiederbelebt, und bei den Erben tauchen die kindlichen Gefühle von Geschwisterneid und Geschwisterrivalität wieder auf. Die Erbauseinandersetzung ist oft die Fortsetzung der Streitigkeiten und Kämpfe im Kinderzimmer. Die ironische Frage »Habt ihr schon geteilt?«, wenn jemand die Harmonie in seiner Familie preist, spielt darauf an.

Der Krieg der Generationen in der Politik

Es gibt in unserer Zeit den Jugendkult bis Jugendwahn, eine Überschätzung und Idolisierung der Jugend mit der Kehrseite einer entsprechenden Diskriminierung der Älteren. Die Abwertung der Älteren herrscht in den Medien, in Karikaturen und Witzen vor. Frührentner sollen Jüngeren Platz machen, obwohl erwiesen ist, dass Erfahrung und Reifung Defizite ausgleichen und sogar bessere Leistungen bewirken können. Ältere Autofahrer sollen ihren Führerschein abgeben und ihn nie wiederbekommen, obwohl die, die sich fit gehalten haben, meist besonnener und weniger unfallträchtig fahren als Jüngere.

Schirrmacher (2004) empfiehlt den Älteren, ihre Kräfte sinnvoll für die Gesamtgesellschaft einzubringen und ein Komplott gegen ihre Diskriminierung zu bilden. Er weist zu Recht darauf hin, dass Ältere die ihnen zugeschriebenen negativen Altersklischees oft bereitwillig annähmen und vorzeitig negative Symptome wie Nachlassen der Denkfähigkeit und Passivität entwickelten. Sie nähmen den Hass der nachfolgenden Generation als Selbsthass auf, seien weder stolz auf ihre Erfahrung und Reife noch auf ihre Leistungen für die Verbesserung unserer Lebensbedingungen und Lebensqualität.

Die Schicksale von Gleichaltrigen (Alterskohorten)

Wir haben bisher vereinfachend von Generationen gesprochen, wo es auch um Jahrgänge geht. Eine Generation besteht strenggenommen nur aus den blutsverwandten Mitgliedern einer Familie, wie Großeltern, Eltern und Kindern, während die nicht verwandten Gleichaltrigen – die Jahrgänge – in der Sprache der Wissenschaft als Alterskohorten bezeichnet werden. Jeder Mensch ist einerseits Angehöriger seiner Familie, andererseits auch einer Alterskohorte, eines Jahrgangs. Das bewirkt eine Dialektik zwischen der Bindung an die Familie und der Zugehörigkeit zu den Gleichaltrigen, zu Freunden und Wahlverwandten, was schon vom Kindergarten an zum Konflikt werden kann.

Jede Alterskohorte wird in ihrer Jugend von den jeweiligen Lebensumständen und dem politischen Klima geprägt und entwickelt daraus ihre eigene Identität, Ideologie, Wertesystem und Sprache. Die Schicksale und die sich daraus ergebenden Prägungen können extrem unterschiedlich sein. Die Beziehungen von Jahrgängen wie Generationen zu den vorgehenden und den nachfolgenden sind durch hohe Hürden getrennt. Ein wesentlicher Grund für Missverständnisse und Streit ist es, dass man irrigerweise davon ausgeht, andere Jahrgänge würden ebenso empfinden und denken wie man selbst. Sie tun es grundsätzlich nicht und können es gar nicht, da sie eine andere Sprache und ganz unterschiedliche Schicksale mit völlig anderen Erfahrungen haben. Nur durch die Kenntnis der jeweiligen Andersartigkeit und die Mühe von Übersetzungsarbeit kann das Verständnis füreinander verbessert werden.

Wir möchten deshalb die jahrgangsspezifischen Prägungen und Schicksale der Bis-zu-100-Jährigen im Überblick (Jahrgangsspezifische Schicksale, H. Luft, Stand 2005) zeigen, um die Unterschiede deutlich zu machen. Dabei werden wir uns – auch aus unseren persönlichen Situationen heraus – exemplarisch auf Westdeutschland beziehen. In anderen Regionen weisen die Erfahrungen natürlich Unterschiede zu dem hier Dargestellten auf, sind aber ebenso für die jeweiligen Alterskohorten feststellbar.

Die jetzt Über-100-Jährigen, noch vor dem Ersten Weltkrieg geboren, sind in einer Monarchie aufgewachsen, mit klarer Hierarchie und preußischem Wertesystem von Pflicht und Moral. Ihr Schicksal war, dass sie in zwei autoritären und zwei demokratischen Systemen gelebt haben, von denen drei mit dem Zusammenbruch ihres Wertesystems endeten. Dazu haben sie zwei Weltkriege mit Traumatisierungen und Verlusten von Angehörigen und zweimal den Verlust ihres Vermögens erlebt.

Die heute Über-90-Jährigen, um 1915 während des Ersten Weltkriegs geboren, wurden in eine Zeit der patriotischen Begeisterung, der Opferbereitschaft und der Entbehrungen hineingeboren.

Diesen beiden Altersgruppen gehören die meisten derer an, die an Nationalsozialismus und Krieg verantwortlich beteiligt waren.

Die heute Über-80-Jährigen, um 1925 geboren, wuchsen zwischen zwei alles verändernden Kriegen auf. Die Eltern waren noch von der Kaiserzeit geprägt, und Obrigkeit, Gehorsam, Uniformen, Ehre, preußische Tugenden und der kategorische Imperativ sind ihnen vertraute Begriffe. Jungfräulichkeit war eine Tugend, ledig gebliebene Damen bestanden darauf, mit dem Ehrentitel »Fräulein« angeredet zu werden. Sie hörten noch die Geschichten vom Ehebruch, der durch Duell geahndet werden, und von der Ehre einer Frau, deren Schändung den Suizid nach sich ziehen müsse – wie es bei Vergewaltigungsopfern am Kriegsende grausame Wirklichkeit wurde. Sie lernten Inflation und Not kennen. Sie wurden ab dem achten Lebensjahr von politischen Organisationen, wie Jungvolk und Hitlerjugend, erfasst und nahmen in den letzten drei Kriegsjahren noch am Krieg teil.

Die Über-70-Jährigen, um 1935 geboren, wurden von Anfang an von der Nazizeit geprägt und waren Kriegskinder, die Kinderlandverschickung, den Verlust ihrer Väter, Bombennächte, Vertreibungsschicksale und Schlimmeres erlebten.

Viele der in und zwischen den Weltkriegen Geborenen sind durch ihre Erfahrungen skeptisch gegenüber politischen Systemen und Versprechungen geworden. Sie können nicht mehr an Idealisierungen und Ideologien glauben, da diese sich als kurzlebig erwiesen haben, dann umkippten und durch eine gegenteilige ideologische und Wertewelt ersetzt wurden. »Hochverrat ist nur eine Frage der Zeit«, lautet ein warnender Spruch, denn sie haben mehrmals erlebt, dass eine vorher höchst wertvolle Tugend und Pflicht auf einmal Verbrechen und Verrat war und umgekehrt. Sie möchten das nicht noch einmal erleben, möchten politische Stabilität und geraten in Sorge, wenn sie Bestehendes in Gefahr sehen.

Die Über-60-Jährigen und Älteren erlebten das Kriegsende und die Amerikaner als Befreier und sind deshalb amerikophil geprägt. Sie erlebten dankbar, wie an die Stelle der Informations- und Denkverbote durch die Nazityrannei (schon das Hören einer ausländischen Radiosendung wurde durch Sondergerichte mit Erhängen bestraft) Presse- und Meinungsfreiheit, die Rechte der Person und Rechtssicherheit traten.

Alle von Preußentum und Naziideologie Geprägten haben gelernt, ihre eigene Individualität zurückzustellen – »Du bist nichts, dein Volk ist alles« –, Entbehrungen auf sich zu nehmen und die Zähne zusammenzubeißen. Ehre, Pflicht und Gehorsam waren hohe ethische Werte. Der Körper hat zu gehorchen wie ein Soldat, eigene Bedürfnisse haben keine Berechtigung, sind verurteilenswerter Egoismus. Man hat die Pflicht, mit Problemen selbst zurechtzukommen und daher eigentlich kein Recht, Hilfe, insbesondere Psychotherapie, für sich persönlich in Anspruch zu nehmen. In ihrer politischen Einstellung sind sie meist konservativ und wissen die lange Zeit des Friedens und des Wohlstands zu schätzen. Das Kontrasterlebnis von Diktatur zu Demokratie ist eine unauslöschliche Erfahrung, jede Gefahr für die Demokratie muss abgewehrt werden.

Die Über-50-Jährigen, um 1955 in eine Zeit des Wiederaufbaus und beginnenden Wohlstands geboren, sind eine kritische Generation geworden, deren politische Sozialisation als »68er« erfolgte. Sie konfrontierten die Älteren mit deren Nazivergangenheit. Sie erlebten die Amerikaner als Aggressoren beim Vietnamkrieg (wobei sie die Untaten der eigenen Väter auf die Amerikaner verschoben) und sind grundlegend anti-amerikanisch geprägt. Sie haben mit einer kulturellen Revolution eine Befreiung von sexuellen und anderen Tabus bewirkt und individuelle Entfaltung, besonders für Frauen (Frauenbewegung), ermöglicht.

Die Über-40-Jährigen, um 1965 geboren, leben in einer Zeit großer individueller Freiheit sowie des Wohlstands mit scheinbar unerschöpflichen Ressourcen und der Befriedigung aller Bedürfnisse (Schlaraffenland) und können sich nichts anderes vorstellen.

Im Dialog zwischen den Generationen und Alterskohorten ist es unerlässlich, sich klarzumachen, in welche Altersgruppe der/die andere gehört. Die Autoren, über 80 und Anfang 50, haben in ihren Diskussionen viel darüber erfahren. Erst wenn man die unterschiedlichen Denkweisen und deren Entstehungsgeschichte kennt, kann man herausfinden, worüber man sprechen kann – und sollte – und welche Grenzen zu respektieren sind. So haben die Älteren ihr Leben mit Disziplin und Fleiß meistern müssen und fühlen sich verhöhnt, wenn man diese als Sekundärtugenden bezeichnet. Es fällt ihnen sehr schwer, über Sexualität zu sprechen, und Homosexualität war für sie Perversion oder Sünde. Sie alle als potentielle Kriegsverbrecher anzusehen, verletzt ihre Gefühle und lässt außer acht, dass sie Leid und Entbehrungen ausgesetzt waren und oft Angehörige verloren haben. Unter den Traumen leiden viele noch, ohne darüber sprechen zu können. Erst in den letzten Jahren hat vor allem Radebold (2001, 2005) die Schicksale der Kriegskinder ans Licht gebracht.

Die Älteren sind oft der Ansicht, die Jugend habe keinen Respekt mehr, sei zügellos, bindungsunwillig und selbstbezogen; früher sei alles besser gewesen. Es sind alterstypische Klischees und Vorurteile, die in allen Zeiten und schon in der Antike behauptet wurden, aber manchmal auch zutrafen. So musste der römische Kaiser Augustus ein Gesetz erlassen, das die eheunwillige Jugend zum Heiraten verpflichtete.

Wenn man das bedenkt, die Konfrontationen meidet, zuhört und sich einzufühlen versucht, kommt es zu Gesprächen, die beiden Seiten Gewinn bringen. In Psychotherapien kommt es ganz von selbst zur Korrektur von jahrgangsspezifischen Vorurteilen, sogar noch bei hochaltrigen Patienten (vgl. Kapitel 12, S. 225).

Alterskultur und Jugendkult

Die Evolution entwickelte, da die meisten Menschen nur etwa 30 Jahre alt wurden und eine ausreichende Geburtenrate für das Überleben notwendig war, zunächst nur Jugendkulturen, in denen Fruchtbarkeit und Fortpflanzung zentrale Inhalte waren. Im modernen Jugendkult, einer Wiederauflage der dionysischen Ekstase, überwiegt aber die narzisstische Befriedigung; der schöne jugendliche Körper ist das Statussymbol, das durch Anti-Aging und kosmetische Operationen erhalten werden soll. Es ist eher ein Kult zur Unfruchtbarkeit, bei dem Thanatos überwiegt. Unsere Zukunft hängt davon ab, wie viele es beibehalten, einseitig nur den Lustaspekt der Sexualität zu kultivieren und durch Verhütung, Abtreibung und Bindungsverweigerung den biologischen, arterhaltenden Sinn der Fortpflanzung zu konterkarieren.

Unsere Langlebigkeit eröffnet erstmals in der Evolution ungeahnte Chancen für eine neue Kultur des Alterns und des Umgangs der Generationen miteinander. Die Älteren unserer Zeit haben enorm gestiegene Chancen, klug zu werden und die Regie über ihr Altern zu übernehmen. Sie haben sehr viel umfassendere und ausgereiftere Erfahrungen gemacht und möchten diese, bevor sie abtreten, an die nächste Generation weitergeben. Ihr Drang, das zu tradieren, ist evolutionär unterlegt, denn die Weitergabe von Wissen und Fertigkeiten war seit Urzeiten für das Überleben der Jüngeren notwendig.

Diese profitieren auch heute davon. Eine natürliche Grenze ist dadurch gezogen, dass jede Generation auch ihre eigene Welt erschaffen und ihre eigenen Erfahrungen machen muss. Wenn Prospero begeistert sagt: »Ich will euch dann die ganze Nacht meine Lebensgeschichte erzählen«, so klingt das für die Jüngeren eher wie eine Drohung. Sie müssen selbst beurteilen, was sie hören wollen und was nicht, was von ihnen als wertvolle Kultur des Abendlands verinnerlicht werden kann oder nur der Muff von tausend Jahren ist. Sie entscheiden letztlich selbst, was weiterleben und was der Vergänglichkeit und dem Vergessen anheimfallen soll. Das tut Älteren manchmal weh, aber es ist ihr Beitrag zur Kultur, dass sie es verstehen.

Eine Kultur des Dialogs zwischen Jung und Alt setzt Verständnis für das Aufeinanderangewiesensein und die Liebe wie auch für die notwendige Abgrenzung und die naturgegebene Ambivalenz voraus. Für ein gutes Älterwerden ist es sehr hilfreich, die generationenübergreifenden Beziehungen zu pflegen. Die verborgenen Verbindungen mit Vorfahren sind ebenso bedeutungsvoll wie die emotionalen Beziehungen und die Tradierung an die Nachkommen. Als Älterer hat man die Chance, nachteilige Beziehungsmuster, die sich über die Generationen hinweg wiederholt haben, zu erkennen und eine Kette zu durchbrechen. Das gibt den Nachkommen eine bessere Basis und ist ein wichtiger Kulturfortschritt.

Würde und Teilhabe

Ältere wollen ebenso selbst entscheiden, wie sie leben und was sie weitergeben möchten. Sie möchten sich nicht genötigt sehen, ihre Würde aufzugeben und einen Jugendkult mitzumachen, der den Werten, die sie für sich vertreten, widerspricht, sondern möchten selbst entscheiden, an welchen Formen von Jugendlichkeit sie teilhaben möchten. Verständnis kann ihnen sehr helfen, sich selbst zu finden und ihre Traumen zu verarbeiten. Sie möchten aber nicht inquisitorisch über ihre Vorurteile, Fehler und Irrtümer befragt werden, sondern auch in Würde schweigen und das bewahren dürfen, das nur ihrer Generation und ihnen persönlich gehört und das schließlich mit ihnen untergeht.

Ein gutes Motto wurde aus Anlass eines Jahres der Älteren, 1993, von der Weltgesundheitsorganisation geprägt: *Aging – Dignity and Participation.* Die Älteren in ihrer Würde und ihrem besonderen Wert zu achten und sie nicht auszugrenzen, sondern am sozialen Leben teilhaben zu lassen, sind wichtige Voraussetzungen für gutes Altern.

Auf politischer Ebene wäre ein permanenter Dialog notwendig, um das zu erreichen, und den Herausforderungen und Gefahren, die sich aus den voraussichtlich zunehmenden Spannungen zwischen den Generationen zwangsläufig ergeben, in beiderseitigem Interesse rechtzeitig begegnen zu können.

11
Wenn ich nicht mehr da bin ...

Vom Leben Abschied nehmen zu müssen, gehört zum Schwersten, was uns Menschen auferlegt ist, und es ist nur natürlich, dass wir davon, solange es geht, nichts wissen wollen. Zwar akzeptieren die meisten Älteren die Gewissheit des eigenen Ablebens im bewussten Denken durchaus, emotional aber fühlen sie sich davon wenig berührt, solange die unbewusste Abwehr noch unerschüttert ist. Sobald man von Krankheiten, Todesfällen und Schicksalsschlägen persönlich betroffen wird, ändert sich das. Die unbewussten Phantasien von Unsterblichkeit und Unverwundbarkeit werden durch die Erkenntnis der eigenen Endlichkeit erschüttert, wenn auch nicht immer endgültig überwunden.

Was bleibt von mir? – Tradierungswünsche

Nach der Erkenntnis, dass das Lebensende näherrückt, geht es nicht mehr so sehr darum, was man in seinem Leben noch erreichen kann, sondern mehr um die Frage: »Was bleibt von mir, wenn ich nicht mehr da bin?«

Die Planung beginnt, über die eigene Lebenszeit hinauszugehen. Wie können die Ziele, die in diesem Leben nicht mehr zu erreichen sind, in die nächste Generation transponiert werden? Eltern möchten ihre Familien erhalten, Stammväter ihre Dynastien, Gründer ihre Firma. Wenn man als Person schon sterblich ist, so soll doch der eigene, der Familien- oder der Firmenname noch weiterleben.

Die verborgenen Wunschphantasien lassen es jedoch nicht zu, den persönlichen Tod als absolutes Ende anzuerkennen. Der Wunsch nach ewiger Jugendlichkeit und ewigem Leben möchte sich in vielen Formen doch noch durchsetzen. In der Antike war es noch möglich, das unerträgliche Ärgernis der Sterblichkeit durch den narzisstischen Aufschwung zur Gottgleichheit des Menschen abzuwehren. Ödipus erlangte durch seinen Tod göttliche Eigenschaften. In Rom konnten die Kaiser und höhere Würdenträger schon zu Lebzeiten durch die Apotheose zum Gott erhoben werden und an die Unsterblichkeit ihres Namens glauben. Die zweite große Kränkung, dass der Mensch nicht Gottes Ebenbild ist, sondern aus dem Tierreich stammt (vgl. Kapitel 4, S. 117), ist damit abgewehrt. Was in der Antike galt, gilt in veränderten, subtileren Formen ebenso auch noch heute. Es ist eine unausrottbare Sehnsucht der Menschen, nicht der Vergänglichkeit zu unterliegen. Wissenschaftler und Künstler möchten *unsterbliche* Werke schaffen. *Ewiger Ruhm* wird durch Aufnahme in ein Walhalla, ein Pantheon, eine Hall of Fame garantiert. Die Sage von Barbarossa, der *auf ewig* im Kyffhäuser lebe oder *das Tausendjährige Reich* sollten politische Illusionen unvergänglich machen. Die Pharaonen und noch in unserer Zeit Lenin und Mao wurden einbalsamiert, um – so die Wunschphantasien der Anhänger – ihre Körper und ihre Ideologien *für immer* zu erhalten. Herrscher galten als Götter; bis in unsere Zeit, denn 1945 musste der Tenno bei der Kapitulation Japans ausdrücklich erklären, dass er ein Mensch und kein Gott sei.

Doch vom Erhabenen zum Lächerlichen ist es oft nur ein kleiner Schritt. Es widerspricht dem aufgeklärten Denken, dass ein Mensch konkret ein Unsterblicher sein oder werden könnte. Die Verirrungen, in die sich Menschen aus Angst vor dem Tod und der Suche nach dem Ruhm der Nachwelt steigern, erscheinen aus heutiger Sicht absurd. Als verborgene Faktoren sind die narzisstischen Wunschphantasien jedoch nach wie vor wirksam. Wir müssen deshalb Kompromisse mit unserer Vernunft finden, um dem Wunsch nach Weiterleben wenigstens in symbolischer Form Ausdruck zu geben und unser seelisches Gleichgewicht nicht unnötig stören zu lassen. Freud konnte sich damit abfinden, dass seine Lebenszeit als Person vorbei war, gestand einem Autor aber »begrenzte Unsterblichkeit« zu, was bedeute, »von vielen Anonymen geliebt zu werden«. »Wer schreibt, der bleibt«, besagt ein Sprichwort. »Non omnis moriar: Ich werde nicht ganz sterben«, sagte der römische Dichter Horaz (*Oden* 3, 30, 6). In der Moderne sind Stiftungen und Denkmäler Versuche, der Vergänglichkeit noch eine Weile zu trotzen, und in Familien und unter Freunden geschieht vieles, das die Erinnerung noch über eine oder mehr Generationen erhält. In Testamenten und Vermächtnissen kann der Erblasser seinen Willen für die Verwaltung und Verteilung seiner Güter festschreiben und somit in seinen Erben und Nachfolgern weiterwirken. Das geht sehr gut, soweit sich diese damit identifizieren und in seine Fußstapfen treten wollen.

Probleme ergeben sich aus der Dialektik der Generationen, wenn die Jüngeren sich als ganz andere Persönlichkeiten mit eigener Identität und eigenen Zielen verstehen, die sich ihr eigenes Werk schaffen, ihr eigenes Leben leben und nicht gezwungen sein wollen, Vergangenes unfreiwillig fortzuführen. Der typische und häufige Konflikt mit angeblich »missratenen« Söhnen oder »unwürdigen« Nachfolgern beruht oft darauf, dass die Nachfolger mit dem Erblasser, Emeritus oder Stifter identisch sein sollen und sich von ihm und seinen Vorgaben nicht unterscheiden dürfen, sodass ihnen nicht genügend Spielraum für eigene Pläne und eine eigene Identität bleibt.

Der zum Tode verurteilte Seneca, der kein Testament mehr schreiben durfte, löste das Problem, indem er zu seinen Freunden sagte: »Ich hinterlasse euch das Einzige, aber doch das Kostbarste, was ich besitze, das Bild meines Lebens«, und es ihnen überließ, was sie daraus machen wollten. Der beste Weg zur begrenzten Unsterblichkeit ist, in den Herzen der Jüngeren weiterzuleben. Den natürlichen Kontakt zu Kindern und Nachfolgern suchen, sie in ihrer eigenen Entwicklung zu fördern und ihnen zu helfen, ist für beide Seiten beglückend. In Analysen tauchen nicht nur die traumatisierenden Personen auf, sondern immer wieder auch dankbare Erinnerungen an gütige Eltern, Lehrer, Vorgesetzte und Großeltern.

Vergessene Zuschreibungen

Ältere möchten mit ihren Erfahrungen die Jüngeren fördern. Die meisten Eltern wollen, jedenfalls bewusst, dass die Kinder es besser haben sollen als sie selbst. Sie möchten nicht nur ihren Besitz, sondern auch ihre Lebenserfahrungen weitergeben, damit die Nachfolgenden darauf aufbauen können. Sie delegieren aber auch ihre unerfüllt gebliebenen und weniger bewussten eigenen Wünsche an die nächste Generation, was diese belasten und in Konflikte bringen kann.

Es lohnt sich sehr, den Drang der Älteren, sich mitzuteilen, nicht von vorneherein abzutun, denn er hat gute Gründe. Kinder und Enkel sollten ihren Eltern, Großeltern, Tanten etc. gut zuhören, solange diese noch am Leben sind, denn die Familiengeschichte (oral history) mit ihren Anekdoten ist eine Schatzkammer für die Selbsterkenntnis und Selbstfindung. Besonders wertvoll sind die Berichte aus den ersten drei Lebensjahren, der Zeit, an die man selbst keine bewussten Erinnerungen hat. So kann man erfahren, welche Erwartungen die Eltern hatten und welche Rollen sie einem zugedacht hatten.

In den folgenden Fällen hatten die Betroffenen durch Erzählungen ihrer Angehörigen nachträglich begriffen, durch welche ihnen vorher unbewusste Ereignisse und Faktoren ihr Charakter geprägt worden, ihre Ängste und Verhaltensstörungen entstanden waren.

Ein Vater, der sich einen Sohn wünschte, der den gleichen Beruf ausüben und den ihm selbst versagt gebliebenen Aufstieg erreichen sollte, tat alles, um den Sohn in diese Richtung zu fördern, und verstärkte das, obwohl dessen Begabungen und Wünsche dem nicht entsprachen. Die berufliche Verunsicherung des Sohnes besserte sich erst, nachdem beide diese Entwicklung durchschauen konnten. Solche Delegationen sind häufig und bleiben oft unerkannt.

Nicht selten ist auch die Situation, dass eine Mutter, der ein geliebtes Kind gestorben ist, dessen Eigenschaften in das nächstgeborene Kind (Ersatzkind, replacement child) hineinsieht. Ein Mädchen war verstorben, und die Mutter war enttäuscht, als danach ein Junge zur Welt kam. Sie nahm ihn mit, um am Grab zu trauern, und nahm ihn in ihrer Trauer kaum wahr. Ihr Sohn meinte deshalb, dass er als Sohn nicht liebenswert sei, da die Gefühle der trauernden Mutter ja bei der verstorbenen Schwester und nicht bei ihm waren. Er wünschte sich deshalb, ein Mädchen zu sein, trug Mädchenkleider und sagte der Mutter, er sei jetzt ihr Mädchen. Er erfuhr davon erst spät im Leben. Er hatte immer etwas Androgynes ausgestrahlt und war in seiner Männlichkeit gehemmt und verunsichert. Er verinnerlichte, dass nur geliebt wird, wer tot oder ein Mädchen ist, »als Mann bin ich die Liebe nicht wert«. Einem Menschen mit solch einer Vorgeschichte hilft es sehr, seine Identität als Mann zu finden, wenn er durch Erzählungen seiner Eltern und Geschwister die ihn prägenden Erlebnisse aus einer Zeit, an die er selbst keine bewusste Erinnerung hat, überhaupt erfährt.

Ein Schauspieler hatte als Kind zwischen den gegensätzlichen und unvereinbaren Wünschen von Vater und Mutter gestanden. Der Vater wünschte sich glühend einen Sohn, die Mutter ebenso glühend eine Tochter. Der Sohn löste das Problem kreativ: Im realen Leben ist er ein selbstsicherer Mann, als Schauspieler tritt er am liebsten in Frauenrollen auf, die er auf hinreißend weibliche Weise spielt.

Sich Zeit nehmen und den Älteren zuhören, hilft auch, sich selbst besser zu verstehen. So kann uns ein Licht aufgehen, wie wir ungünstige eigene Charakterzüge in die Eltern projiziert und an diesen verachtet haben. Oder wir begreifen, dass wir in einem bestimmten Alter die Eltern aus Gründen in uns selbst ungerecht entwerten mussten, etwa aus Enttäuschung über die Zurückweisung unserer kindlichen, von Ödipusleidenschaften getriebenen, übergroßen Liebeswünsche. Wir können dann auch die allgemeine Erfahrung machen, dass wir im Laufe unseres Lebens unseren Eltern immer ähnlicher werden, was wir vorher weit von uns gewiesen hätten, und dass sich die typischen Stationen und Krisen um eine Generation zeitversetzt wiederholen.

Die Erzählungen und Memoiren der Älteren dürfen aber durchaus kritisch hinterfragt werden. Im Lebensrückblick gibt es immer auch dunkle Stellen, und es ist nur menschlich, dass man sich auf der Suche nach der idealen Identität eine Lebenslegende aus Dichtung und Wahrheit zurechtbastelt. Die Motive dafür sind, dass man als verehrenswerter Vorfahr in Erinnerung bleiben und deshalb seine Lebensbilanz bereinigen und sich für eventuelles persönliches oder politisches Fehlverhalten rechtfertigen möchte. Ein zeitgenössisches Beispiel dafür ist Günter Grass, der erst in seiner Biografie *Beim Häuten der Zwiebel* (2006) bekannte, dass er im Krieg der Waffen-SS angehört hatte. Das löste eine interessante Diskussion über das Für und Wider der Gründe, Teile seines Lebens zu verschweigen, und über die Frage, ob das mit Vorsatz und Absicht oder unbewusst geschieht, aus. Alle Memoiren und jede Tradierung enthalten auch Auslassungen und abgewehrte Anteile, die für die geheime Lebens- und Familiengeschichte und die Beziehung der Generationen von großer Bedeutung sein können.

Der Wert der Tradierung für die Evolution

Die Evolution zum modernen Menschen ist nicht zuletzt dem Mitteilungsbedürfnis Älterer zu verdanken. Sie gaben Wissen und Erfahrungen an die Jüngeren weiter, die deshalb überleben konnten. Der letzte Evolutionssprung vor etwa 100.000 bis 35.000 Jahren, der zum modernen Menschen führte, war nur deshalb möglich, weil der Homo sapiens bis zu 60 Jahre alt werden konnte und damit Zeit für Reifung und Weitergabe der gesammelten Erfahrungen hatte. Die Neandertaler starben meist schon in Kindheit bis Teenageralter und wurden somit nicht alt genug, um ausreichende Überlebenserfahrung sammeln und weitergeben zu können, obwohl sie ein größeres Gehirn hatten. Sie starben aus, während der Homo sapiens seine Erfahrungen und Fertigkeiten über die Generationen hinweg weitergeben konnte, sodass die Höherentwicklung zu besserer Nahrungsbeschaffung, sozialer Kommunikation, Sprache, symbolischem Denken und Kultur möglich wurde (Diamond 1994).

Der Vorteil der Tradierung gereifter Erfahrungen für den Einzelnen und für die Entwicklung aller war nie so groß wie heute. Durch die längere Lebensdauer der meisten Menschen hat sich auch die Generationsspanne ausgedehnt. Während es in Mythologie, Märchen und Literatur ganz überwiegend nur um zwei Generationen geht, leben jetzt drei, vier und mehr Generationen miteinander. Das gibt historisch neue Chancen, über mehrere Generationen hinweg voneinander lernen und sich miteinander entwickeln zu können.

Was erwartet mich? – Transzendenz

Auch wenn die narzisstischen Urphantasien von Unverwundbarkeit und Unverwelkbarkeit durch den Abbauprozess augenscheinlich widerlegt werden, bleibt weiterhin ein starkes menschliches Bedürfnis, an dem Wunsch nach Unsterblichkeit und Weiterleben festzuhalten.

Manche lösen das Problem auf, indem sie sagen: »Ich bin gar nicht vergänglich, ich lebe nach meinem irdischen Tod ja weiter.« Für viele ist das ihre ganz selbstverständliche religiöse Überzeugung. Sie sprechen aber nicht darüber, weil sie gewohnt sind, in einer weitgehend atheistischen Gesellschaft auf Ablehnung zu stoßen oder sich lächerlich zu machen.

Ein älterer Mann, der infolge einer »Altersdepression« fast stumm geworden war, teilte erst bei einfühlsamer Zuwendung und viel Geduld mit, dass er nach dem, was er mit Menschen erfahren habe, mit niemandem mehr sprechen wolle, sondern nur noch mit seinen im KZ umgekommenen Angehörigen. Sie seien ständig um ihn, und er spreche täglich mit ihnen. Er bitte sie, ihm sein Überleben zu vergeben, und hoffe, dass er bald sterben könne, um wieder ganz mit ihnen zusammen zu sein, denn erst dann sei alles wieder gut.

Viele Menschen glauben an die Wiederauferstehung und individuelles ewiges Leben. Dabei ist wichtig, wie man sich im Leben verhalten hat. »Jedermann«, die Titelfigur im Stück von Hofmannsthal (1911), kann nicht durch Geld, nicht durch Freunde und nicht durch die Buhlschaft (Geliebte) gerettet werden, sondern nur seine »guten Werke« sprechen für ihn. Auch wenn die abendländische Hochreligion Gläubige verliert, so haben die Menschen doch starke religiöse Bedürfnisse und wenden sich Ersatzreligionen, Sekten und östlichen Heilslehren zu, die ebenfalls Wiedergeburt oder Seelenwanderung anbieten. Auch sie fordern, dass der Gläubige würdig ist, indem er sich zu Lebzeiten Verdienste erwirbt. Ob die Wiedergeburt als Mensch oder als Tier erfolgt, hängt auch im Buddhismus vom Verhalten zu Lebzeiten ab.

Es bleibt also ungewiss, was einen erwartet. Ob die Entwicklungsziele, die man im Leben hatte, wie die Vollendung der persönlichen Identität, auch ethischen und moralischen Maßstäben entsprechen, darüber wird – nach christlicher Vorstellung – erst im Jenseits Gericht gehalten. Wenn die Zeit gekommen ist und man sich seiner Vergänglichkeit konfrontiert sieht, setzen sich auch unreligiöse, aufgeklärte Menschen mit letzten Fragen auseinander. Not lehrt beten. Der 68er-Revolutionär Matthias Beltz formulierte es (kurz vor seinem Tod) als Satire: Er habe eine Vorladung bekommen, zum Jüngsten Gericht. »Da muss ich wohl hin.« (*FAZ*) Aber es gebe keinen Absender, so dass er nicht wisse, an wen er sich wenden solle. Und er wisse auch nicht, ob er als Zeuge oder Angeklagter oder was sonst geladen sei.

Viele, die sich als atheistisch einschätzen, verhalten sich insgeheim so, als ob ihnen ein Jüngstes Gericht bevorstünde, auf das sie sich vorbereiten müssten, um würdig zu sein, dort angenommen zu werden. Diese Vorstellung wird von der Religion zwar aufgegriffen und ritualisiert, ist aber offenbar eine innerpsychische Notwendigkeit, die in dem mit der Annäherung an den Tod auflebenden Wünschen wurzelt, wie von liebenden Eltern verzeihend angenommen zu werden.

Abschied und Übergang – letzte Worte

Der Abschied vom diesseitigen Leben ist mit ebenso starken Gefühlen wie die Geburt eines Kindes verbunden. Wir möchten in Würde sterben und uns angemessen verabschieden. Der genaue Zeitpunkt des Todes ist jedoch schwer vorhersehbar und kann leicht verpasst werden. »Mors certa, hora incerta.« Das führt bei Angehörigen nicht selten zu dem Selbstvorwurf, in diesem einmaligen Moment nicht anwesend gewesen zu sein. Es wird als Versäumnis empfunden, denn »das Zeitliche segnen« bedeutet ursprünglich, sowohl den letzten Gruß und Segen zu empfangen als auch diesen den Hinterbliebenen zu erteilen. Der Sterbende möchte ihnen noch etwas mitgeben und sagen, woran sie sich erinnern sollen. Die Angehörigen ihrerseits erwarten etwas Bedeutungsvolles, woran sie sich halten können.

Mit den »Letzten Worten« wird gern ein besonderer Kult getrieben. Bei bedeutenden Personen pflegen sie instrumentalisiert zu werden, um deren Legende zu fördern. Im privaten Bereich sind die Erwartungen auf beiden Seiten oft hoch, und es kommt zu Enttäuschungen, wenn der Sterbende nicht der abgeklärte ideale Weise ist, als den man ihn sehen möchte, sondern Todesangst hat oder vielleicht dement und sich der Situation nicht bewusst ist, sodass ihm keine würdigen Abschiedsworte möglich sind. Versuche, Gutes und Klärendes zu sagen, kommen nicht immer auch so an. Unbedachte Geständnisse können durchaus zu Verletzungen führen und ein gutes Andenken, das immer ein wenig Idealisierung enthält, zerstören. Der Weg aus dieser »Idealisierungsfalle« (Von der Stein 2006, S. 59) führt zu einem »genügend guten Abschied«, das heißt, den Verstorbenen und das eigene Verhalten nicht an überhöhten Erwartungen zu messen, sondern realistisch wahrzunehmen. Es kommt darauf an, im gesamten Zeitraum des Übergangs eine Atmosphäre von Verbundensein, Liebe, Trauer, Anerkennung und Versöhnung zu schaffen und dieses Andenken zu bewahren.

Der besondere Übergang bedarf besonderer Begleitung. Niemand möchte allein in ein unbekanntes Land gehen, »aus des Bezirk kein Wandrer wiederkehrt« (Shakespeare, *Hamlet*) und von dem man weder weiß, was einen dort erwartet, noch, ob es überhaupt existiert. In den archaischen Kulturen gibt es Götter, die einen geleiten, in der griechischen Mythologie ist es Charon, der Fährmann, der einen übersetzt. Kafka (1917) schrieb eine Erzählung über den Jäger Gracchus, der die Überfahrt verpasste und nun unerlöst herumirren muss. Die archaische Angst, man könne keine Aufnahme finden und müsse in einem Zwischenreich bleiben, findet im Wunsch an Angehörige und höhere Mächte, bis zuletzt gehalten und begleitet zu werden, seinen Ausdruck.

Im letzten Lebensabschnitt entsteht als spezifisch menschliche Ge-

genbewegung, und nicht nur bei bekennend Gläubigen, der Wunsch, im Alter wieder Kind Gottes zu sein, sich in seine Obhut zu begeben. Symptome und Verhalten Älterer können unbewusst die Bedeutung einer Lebensbeichte und Bitte um Angenommenwerden haben. Das ist auch der Inhalt der christlichen Gebete. Im »Ave Maria« wird Maria gebeten, wie eine verständnisvolle Mutter für uns Sünder zu bitten, dass wir erlöst und vom Vater angenommen werden, »jetzt und in der Stunde unseres Todes«. In »Der Herr ist mein Hirte« werden die Christen von einem beschützenden Vater an die Hand genommen und versorgt, »mir wird nichts fehlen«, und es wird die Überzeugung ausgesprochen, »lauter Güte und Huld werden um mich sein, und ich darf lange leben im Hause des Herrn«. Sterben kann unbewusst als Fortsetzung libidinöser Wünsche phantasiert werden, als Angenommenwerden von gütigen Elterngestalten, als Vereinigung mit einem geliebten Wesen, das einen erwartet und umfängt, letztlich als Rückkehr in den Mutterleib. Mutter Erde soll uns liebevoll wieder in ihren Schoß aufnehmen. Der Heilige Franz von Assisi legte sich zum Sterben nackt auf die nackte Erde. Er wollte wie ein Kind auf der Mutter liegen.

Wissen und Glauben – die unbewusste Logik

Die Ansicht der Psychoanalyse zum Glauben wird gern darauf reduziert, dass Freud (1927c) die Religion als eine Illusion bezeichnet und Gott als die Projektion unserer kindlichen Wünsche angesehen hatte, der quasi als Prothesengott alles ersetze, was uns fehlt und uns mit seiner Allmacht helfe. Ganz neu war das nicht, denn: »Götter sind nützlich für uns, drum lasst an Götter uns glauben«, hatte schon Ovid gesagt. Freud wollte zwar auf unbewusste Wunschphantasien und auch auf Ähnlichkeiten zwischen neurotischen Zwangshandlungen und religiösen Zeremonien hinweisen, jedoch nicht zum Wahrheitswert von Religionen Stellung nehmen.

Wir leben in einer Zeit der schwindenden Religiosität – wenn man Umfragen glaubt, wonach nur noch 10% an einen Gott glauben, 20% an eine höhere Macht und 70% nicht gläubig seien. Zu diesem Schwund trägt sicher bei, dass es in unserem Jahrhundert viele neue »Prothesen« gibt und man deshalb glaubt, einen Gott nicht mehr nötig zu haben. Die Technik hat uns Autonomie gegeben, wir sind mobil geworden, es sind uns sogar Flügel gewachsen. Wir brauchen keine Prozessionen mehr, um Pest und Cholera von uns abzuwenden. Die moderne Medizin und Pharmazie kann unser Leben um Jahrzehnte verlängern und Körpervorgänge nach Wunsch steuern. Hätte Fausts Gretchen die heute selbstverständliche Anti-Baby-Pille zur Verfügung gestanden, so wären ihre Fürbitte an die Jungfrau Maria und auch ihr schrecklicher Tod nicht nötig gewesen. Gott ist – so scheint es vielen – nicht mehr erforderlich, weil seine Allmacht auf uns übergegangen ist. Die moderne Hybris will glauben machen, dass durch unser Wissen technisch wie medizinisch alles machbar ist. Wir sind übermütig geworden, fühlen uns selbst allwissend, allmächtig und nicht mehr auf einen Gott angewiesen.

Dem bewussten Atheismus stehen auf weniger bewusster regressiver Ebene ungeheure Glaubensbedürfnisse gegenüber. Es gibt einen Zustrom zu Sekten und Heilslehren. Moderne Ideologien versprechen Erlösung. Für mittelalterlich und längst überholt gehaltener religiöser Fanatismus schafft weltweit Probleme. Glaubenskriege, Kreuzzugmentalität und Kampf der Kulturen sind bedrohliche Realität. Die Ersatzreligion Fußball bewirkt Pilgerfahrten, Beschwörungsrituale, inbrünstige Gebete und ekstatische Verzückung. »Ist Gott rund?«, wurde zur Zeit der Europameisterschaft in einer Zeitungsüberschrift gefragt, das heißt, Gott wird zwar auf ein Totem reduziert, aber es wird nach ihm gefragt.

Die modernen christlichen Konfessionen kommen den Gläubigen weit entgegen. Den jetzt Älteren wurden noch Glaubensbekenntnisse abgefordert, die dem aufgeklärten Verstand widersprechen: »Creo quia absurdum.« – »Ich glaube es gerade deshalb, weil es meinem Verstand so unannehmbar erscheint« (Tertullian), oder der Theodizee, wie die Existenz eines gütigen und allmächtigen Gottes mit der Existenz des Bösen in der Welt vereinbar ist (Leibniz). Begriffe wie Sünde und persönliche Schuld stehen heute nicht mehr im Vordergrund. Statt Beichte, Schuldbekenntnis, mea culpa, Reue und Sühne als Voraussetzung zur

Absolution zu fordern, gibt es jetzt auch psychologisches Verständnis. Moderne Theorien möchten den Gegensatz zwischen Glauben und Wissen, Logik und Alogik überbrücken. So beschreibt der chilenische Psychoanalytiker Matte-Blanco (1988) den unbewussten Modus der Symmetrie, in der logische, zeitlich festgelegte Abfolgen wie Geburt, Leben, Tod nicht unumkehrbar, sondern symmetrisch sind. Danach würden Sterben und (Weiter-) Leben, Tod und Wiedergeburt sich in unserem unbewussten Erleben nicht widersprechen. Glauben und Wissen schließen sich danach nicht aus.

Der Berliner Altersstudie (Baltes et al. 1996) zufolge ist den meisten Älteren die Sorge um das eigene Wohlergehen und das ihrer Angehörigen wichtiger als die Angst vor dem Sterben oder um das eigene Seelenheil und das Weiterleben im Jenseits. Möglicherweise ergeben Befragungen aber nicht die ganze Wahrheit, weil das Thema zu schambesetzt, als zu persönlich empfunden oder verdrängt sein kann. In der Situation besonderen persönlichen Vertrauens, wie es bei psychotherapeutischer Zuwendung entsteht, ergibt sich ein differenzierteres Bild.

Fakt ist, dass jeden die Frage beschäftigt, was nach dem Tod sein wird, und dass niemand die Antwort kennt. Fakt ist ebenso, dass insbesondere Ältere aller Aufgeklärtheit und Zweifeln zum Trotz im Glauben Trost, Zuversicht und Halt finden. Die heute Älteren sind in einer Zeit aufgewachsen, in der die Konfession im persönlichen und öffentlichen Leben noch selbstverständlich war. Viele, die beim Älterwerden an ihre Grenzen stoßen, erinnern sich wieder ihrer religiösen Erfahrung und prüfen, wie sie jetzt dazu stehen. Das spirituelle Bedürfnis nach Verbindung mit einer transzendental gedachten, als allmächtig und heilig erlebten, unser Leben lenkenden Person oder Macht ist ihnen hilfreich. Es ist bekannt, dass religiöse Menschen zumeist besser mit ihren Leiden und Problemen zurechtkommen. Gebete und Meditationen schaffen die Verbindung zum Transzendentalen. Schutzengel, geweihte Rosenkränze und Amulette wirken als *pars pro toto*, der Teil steht für das Ganze, der Gläubige braucht sie nur anzuschauen oder zu berühren, um Anteil an Höheren Mächten zu haben und deren Schutz und Hilfe zu erfahren. Auch Medikamente haben eine »Amulettfunktion«, man braucht sie nur bei sich zu haben und sie helfen, ohne dass man sie einnehmen muss. In der psychologischen Entwicklung entspricht das der wohltuenden Funktion von »Übergangsobjekten« wie dem Teddybär, der als Kind zu einem gehörte.

Gläubige haben die Beziehung zu einer immer gegenwärtigen Wesenheit verinnerlicht und fühlen sich deshalb nicht allein. Die Teilnahme am sozialen Netzwerk der Kirchengemeinden gibt den Schutz und die Geborgenheit einer Gemeinschaft. Christliche Botschaften sind durchaus hilfreich. Das Gebot »Du sollst Vater und Mutter ehren, auf dass es dir wohl ergehe und du lange lebest auf Erden« ist die Basis einer auf Achtung gegründeten Beziehung der Generationen. Die Geschichte von Hiob gibt den Trost, dass man trotz wiederholter schwerer Schicksalsschläge (kumulative Traumen würde man heute sagen) den Glauben an Gott, anders gesehen an das Gute in der menschlichen Natur und an ein gutes inneres Objekt in sich selbst nicht aufzugeben braucht. Das ist offenbar ein Weg zum guten Altern, denn Hiob – ein Paradebeispiel für die Theodizee – »starb alt und lebenssatt«. Glaubensinhalte werden heute in säkularen Lebensratgebern verwendet. Eine zentrale Botschaft der *Bibel*, sich nicht zu sorgen, sondern auf Gott zu vertrauen, wird so zu *Sorge Dich nicht, lebe*, einem Buch von Dale Carnegie, das folgerichtig als einer der erfolgreichsten Bestseller seit der *Bibel* beworben wurde.

Die letzte Lebensphase

Sehr viele Menschen in unserer aufgeklärten, rationalistisch denkenden Zeit halten lange an der bewussten Überzeugung fest, dass nichts von ihnen bleibt. »Wir sind aus solchem Stoff aus dem die Träume sind« (Shakespeare, *Der Sturm*, Akt IV, Szene 1), unser Leib zerfällt zu Staub, ein Weiterleben der Seele gibt es nicht. Wer aber erfährt, dass der Tod bevorsteht, etwa durch Alterungskaskaden oder die Diagnose von Krebs im Endstadium, kann das nicht ohne starke Gefühle hinnehmen. Es kommt zu Abwehrmethoden und humanen Antworten, zu Verleugnung, narzisstischer Kränkung, Trauer, Resignation und Ergebung. E. Kübler-Ross (2001) hat bei unheilbar Krebskranken das Gleiche als eine Abfolge von fünf Phasen beschrieben: Nichtwahrhabenwollen, Zorn aus Neid auf die Gesunden, Versuche mit Gott zu verhandeln, Depression, die sich auf den Verlust kranker Organe (zum Beispiel Uterus, Brust, Prostata) oder auf die Lücke, die man in der Familie hinterlässt, bezieht und schließlich die Akzeptanz des Unvermeidlichen.

Solange noch Hoffnung ist, bringen der Überlebenswille und die Angst vor dem Tod eine Vielfalt individueller Antworten hervor:

- Ein Mann über 60, dessen Freund aus voller Gesundheit ohne Warnsymptome durch einen bösartigen Krebs schnell verstorben war, trug das, wie er sagte, mit Fassung und ohne Angst. Er untersuchte aber täglich seinen Körper sorgfältig auf die Symptome, die sein Freund zuletzt hatte, und glaubte, diese zu entdecken. Er aß kaum noch, reduzierte sein Gewicht auf »unter Idealgewicht«, weil das damals als krebsvorbeugend galt, so dass er extrem abmagerte.
- Ein Krebskranker betrieb Tag und Nacht extremes Jogging und war nicht zu Mäßigung zu bewegen, bis sein Kreislauf versagte. Er wollte seinem Tod davonlaufen – wie es ja auch zu den Motiven von Jogging gehören kann.
- Andere nehmen angeblich krebsverhütende dubiose Medikationen, Diäten und Maßnahmen vor und glauben, dadurch geschützt zu sein und auf medizinische Diagnostik und Behandlung verzichten zu können.

Die Gefahr dabei ist, dass ein im Ansatz vernünftiges Verhalten durch die verdrängte Panik und Todesangst ins Maßlose und Schädliche gesteigert wird.

Der Maler Picasso fand in seiner letzter Lebensphase zwei Methoden, dem Entsetzen vor dem nahenden Tod und der entschwindenden Zeit auf kreative Weise zu begegnen und die Zeit zu verzögern, wie Werner Spies (2003) interpretiert: Picasso arbeitete wie besessen, mit ständigem Blick auf die Uhr. Die Gemälde seien in rasender Eile skizzenhaft hingeworfen, als ob er keine Zeit mehr habe. Es seien »Kuss und Kopulation in Großaufnahmen«, als ob er mit allen Fasern die sinnliche Welt umarmen und sich daran festhalten wolle, wie um »den Tod zu exorzieren und ihm Zeugung entgegenzusetzen«. Die Raserei des Malens ergänzte er durch ein langsames, sehr genaues und detailreiches Zeichnen, als ob er noch viel Zeit habe und auf diese kontrastierende Weise »die Angst vor der verfließenden, entschwindenden Zeit« bannen könne.

In früheren, stärker religiös bestimmten Jahrhunderten sah man den Tod als lebensimmanent an und war immer darauf vorbereitet. »Memento mori« – »Bedenke deinen Tod«, war die beständige Mahnung, und auf den Uhren stand »Una ex his«, das heißt, »In einer dieser Stunden wirst du sterben«. Es gab nicht nur die Ars amandi, die Kunst des Liebens, sondern auch die Ars moriendi als Gestaltung des persönlichen Sterbens. Rilke sprach vom »eigenen Tod«.

In der Moderne wird versucht, den Tod zu verdrängen. Auf verborgene Weise ist er aber auch in unserer Zeit immer gegenwärtig: »Media in vita in morte sumus« – »Mitten im Leben sind wir vom Tod umfangen«. Der Lebenswille als Voraussetzung des Weiterlebens kann aus vielen inneren Gründen erlöschen und sogar durch sein Gegenteil, den Drang zum Tod, ersetzt werden.

Wir erinnern daran, dass nach dem Tod eines Partners bei Paaren, die in langer Verbundenheit gelebt haben, häufig der überlebende Partner bald darauf ebenfalls stirbt. Eine Tochter überlebte den Tod des Vaters, mit dem sie sehr ambivalent verbunden war, nur um wenige Wochen. Unbewusste Identifizierungen mit Todesdaten wichtiger Beziehungspersonen schaffen eine Tendenz, zum vorgegebenen Zeitpunkt ebenfalls zu sterben. Ältere, die ihre Autonomie verloren haben oder mit ihrer Lebensbilanz nicht zufrieden sind, verlieren das Interesse am Leben, geben sich auf und sterben, oder sie realisieren ihren Wunsch durch Suizid.

Fast alle möchten, wenn sie die Zeit für gekommen halten, von Qualen oder unwürdigem Vegetieren erlöst werden. Die öffentliche Diskussion über Patientenverfügungen und Sterbehilfe zeigt die wachsende Bedeutung der Thematik, mit der sich immer mehr ältere Menschen auseinandersetzen und nach persönlichen Lösungen suchen.

Sterben ist zwar ein biologischer Vorgang, sein Zeitpunkt wird aber von der Person selbst mitbestimmt. Ein junger Assistenzarzt erlebte, wie eine ältere Dame, die an Krebs mit multiplen Metastasen litt und im Sterben lag, ihre Angehörigen um sich versammelt hatte. Diese fingen an zu diskutieren, wem die goldene Uhr als Erbe zustehe. Da kam wieder Leben in die alte Dame, sie richtete sich auf und erklärte sehr energisch: »Wenn ihr euch jetzt schon darüber streitet, dann sterbe ich nicht.« Sie wurde nicht gesund, aber sie lebte entgegen der medizinischen Prognose tatsächlich noch einige Monate weiter. Es war nur ein kurzer Vorsprung, den die Dame im Wettlauf mit ihrem vergehenden Körper gewonnen hatte. Die Begebenheit zeigt aber, dass wir uns nicht willenlos dem Diktat des Körpers und des Todestriebs überlassen müssen, sondern darauf menschliche Antworten haben.

Moses wollte nicht sterben, bevor er das Gelobte Land gesehen hatte. »Rom sehen und dann sterben«, ist ein geflügeltes Wort. Jeder hat sein eigenes Gelobtes Land. Freud sagte, er dürfe nicht sterben, bevor er bestimmte Arbeiten abgeschlossen habe, verschob das mehrmals auf neue Ziele und wurde 83 Jahre alt. Viele Künstler und Wissenschaftler möchten ihr Werk unbedingt noch abschließen und sterben dann tatsächlich. Jeder hat ähnliche Gedanken, wenn das Lebensende naht. Viele spüren sehr genau, dass sie sterben werden, und deuten manchmal auch an, dass sie damit noch warten wollen, bis sie eine bestimmte Person, Lieblingsenkel oder Kinder noch einmal gesehen haben. »Wenn ein Kind geboren wird, muss jemand sterben«, sagt der Volksmund. Es ist aber wohl eher so, dass Großeltern leichter in den Kreislauf der Natur einwilligen können, wenn Enkel da sind und das Leben weitergeht.

Jeder Mensch hat Anspruch darauf, in seiner letzten Lebensphase mit seinen Gefühlen, Ängsten und Nöten verstanden zu werden. »Die Würde des Menschen ist unantastbar« (Artikel 1, Grundgesetz), gilt auch für alte, verwirrte, kranke und sterbende Menschen. So sehr die Langlebigkeit gesellschaftliche und politische Probleme aufwirft, so ist Leben doch mehr als eine »Daseinsberechtigung«, die »verdient« und »gesellschaftlich genehmigt« werden muss. Seit einigen Jahren ist hier einiges in Bewegung gekommen. In vielen Kliniken gibt es inzwischen psychologisch ausgebildete Fachkräfte, der Kontakt zu Pfarrern und Seelsorgern wird gefördert und in Hospizen gibt es ehrenamtliche Helfer. Viele Familien versorgen ihre Angehörigen, solange es geht, zu Hause. Es stehen ambulante Dienste für die körperliche Pflege, aber auch für psychische und soziale Probleme zur Verfügung.

Für Alte, Schwerkranke und Sterbende kann man wesentlich mehr tun, als viele meinen: da-Sein, sich-Zeit-nehmen, Angst und Trauer verstehen und mittragen, Hand halten, zuhören, ein Gespräch, aber auch schweigen können und vor allem sie nicht allein lassen, solange sie uns brauchen.

Es ist aber eine Illusion, anzunehmen, dass das doch selbstverständlich und immer leicht sei. Die allgemeine Abwehr gegen das Alter und die Ambivalenz in den Beziehungen unter den Generationen kann schnell einmal durchbrechen. Besonders schwer auszuhalten ist der Umgang mit Schwerkranken und Sterbenden, denn dabei wird uns der Spiegel der eigenen Sterblichkeit vorgehalten. Während diese selbst oft gefasst sind und über ihre Gefühle sprechen können, erleben die Helfer Gegenübertragungsgefühle von Hilflosigkeit (weil sie das Sterben nicht aufhalten können) und Angst vor der eigenen Sterblichkeit, mit denen sie nicht zurechtkommen und die sie mit Verleugnung, Überkontrolle der eigenen Emotionen oder hektischer Aktivität abzuwehren versuchen. Doch »Wer den Tod fürchtet, hat das Leben verloren« (Johann Gottfried Seume, 1763-1810). Wenn man es schafft, einen Sterbenden liebevoll zu begleiten, lernt man, sich mit dem eigenen Tod und der Angst davor auseinanderzusetzen, mit seiner eigenen Endlichkeit umzugehen und aus diesem Wissen heraus die einem selbst noch verbleibende Lebenszeit bewusster zu gestalten.

12
Psychoanalyse bei Älteren

Die großen Chancen, durch Psychoanalyse zu helfen, sind ebenso wenig bekannt wie die verborgenen Einflüsse auf das Älterwerden, die erst durch den Zugang der Psychoanalyse erkennbar wurden. Vier weit verbreitete Vorurteile verzerren das Bild:

- eine Psychoanalyse sei im Alter nicht mehr möglich und nicht mehr sinnvoll,
- die Psychoanalyse beschäftige sich nur mit den in früher Kindheit entstandenen Neurosen,
- sie arbeite nur mit der hochfrequenten (vier- bis fünfmal pro Woche) und Jahre dauernden Standardmethode im Liegen auf der Couch,
- andere Methoden seien weniger aufwendig und effizienter.

Alle diese Vorurteile sind heute nicht mehr berechtigt. Sie entsprechen dem Stand der Psychoanalyse in ihren Anfängen vor über 100 Jahren, sind seitdem aber durch die Entwicklung der Erfahrungswissenschaft Psychoanalyse Schritt für Schritt überwunden und widerlegt worden.

Altersgrenzen für Psychoanalyse sind überwunden

Das erste Vorurteil geht auf Freud selbst zurück, der 1898 schrieb, das Alter begrenze die Wirksamkeit seiner Methode. Ein Behandlungserfolg sei im vierten Jahrzehnt zweifelhaft, im fünften Jahrzehnt höchst unwahrscheinlich und jenseits des fünften völlig ausgeschlossen (Abraham 1920). Weiter meinte er, biologische Prozesse wie Involution und Klimakterium setzten der Psychoanalyse natürliche Grenzen. Das entsprach damals durchaus dem, was er in seiner Umgebung sah. Die Menschen erreichten ein sehr viel geringeres Durchschnittsalter als heute, alterten früher und hatten nur wenige, über einfache Lebensbedürfnisse hinausreichende Perspektiven.

Doch schon Freuds Schüler Karl Abraham (1919) konnte die von Freud gezogenen Altersgrenzen heraufsetzen. Er musste sich anfangs drängen lassen, Patienten von 40 bis über 50 Jahren in Behandlung zu nehmen, sah aber zu seiner Überraschung, dass diese sehr günstig reagierten. »Ich darf sagen, dass einige unter ihnen mir Heilerfolge gebracht haben, die zu den besten von mir überhaupt erzielten gehören.« (S. 263) So behandelte er einen 50-jährigen Mann, der seit über einem Jahr an Depression mit Selbstbeschuldigung und Lebensverneinung gelitten hatte, und einen 53-jährigen Zwangskranken mit schwerer Angst. Beide wurden unter Psychoanalyse symptomfrei und wieder leistungs- und genussfähig.

Abraham kam zu dem Ergebnis, dass das Alter der Neurose für den Erfolg einer Behandlung mehr ins Gewicht fällt als das Lebensalter, in dem der Patient die Therapie beginnt. Andere Psychoanalytiker machten ähnliche Erfahrungen. Die Londoner Psychoanalytikerin Pearl King (1980) bemerkte, dass Analysen bei 50- bis 60-Jährigen sinnvoll und erfolgreich sind, da diese mehr Dynamik und Dringlichkeit mitbringen und in der Behandlung besser mitarbeiten als Jüngere. Es folgten viele weitere Erfahrungsschritte, und inzwischen befasst die Psychoanalyse sich mit allen Epochen des Lebens bis ins hohe Alter und hat dafür jeweils spezifische Methoden der Behandlung entwickelt.

Der heutige Stand der Erfahrung ist, dass die Bedingungen für die Bearbeitung von Konflikten und Problemen bei Älteren recht günstig sind. Viele haben ein Bedürfnis, im Rahmen der Lebensbilanz mit sich ins Reine zu kommen. Sie sind eher geneigt, sich der inneren Welt zuzuwenden, und spüren, dass ihnen eine späte, vielleicht letzte Chance gegeben ist, um ihre Probleme zu begreifen und Lösungen zu finden.

Sich dafür Zeit zu nehmen, ist die angemessene Antwort auf das Verfließen und Schwinden der Zeit.

Das folgende Beispiel einer Patientin, die von ihrem 94. bis zu ihrem 104. Lebensjahr mehrmals in Analyse war, verdeutlicht, dass das chronologische Alter kein Hindernis für eine erfolgreiche Behandlung ist. Es zeigt, wie Symptome Ausdruck verborgener Konflikte sind, welche typischen Probleme Ältere haben und welche Lösungen sich dafür finden.

Die 94-jährige Frau litt nach dem Tod ihres Mannes unter Schwindel, Angst und Gedächtnisschwäche. In der analytischen Behandlung stellte sich heraus, dass ihr unbewusster Konflikt die Ambivalenz zum verstorbenen Mann war. Sie liebte ihn sehr, hatte aber auch das Ende seiner Krankheit herbeigewünscht und fühlte sich deswegen schuldig. Die aus Schuldgefühl unterdrückte Wut wurde das Hauptthema der Behandlung, in deren Verlauf von Monaten die Symptome vollständig verschwanden, auch die vorher als Alterssymptome diagnostizierten Schwindel und Vergesslichkeit. Ihr Gedächtnis hatte »nur scheinbar und nicht tatsächlich« versagt. »Die Erinnerungen kehrten zurück, nachdem die Patientin voller Schmerz darüber gesprochen hatte, dass sie sich nicht an ihren Mann in seinem schlimmen Zustand erinnern wollte.« (Settlage 1998)

Fünf Jahre später suchte sie nochmal eine Behandlung, die bis zum Tod der Patientin im 104. Lebensjahr stattfand, zuletzt als Hausbesuche. Der Anlass waren Anfälle von Herzrasen, die sich als Ausdruck unterdrückter Wut und unerfüllter Wünsche nach Nähe herausstellten. Es ergab sich dabei wiederum, dass ihre Rückzüge aus der Realität, Desorientierung und Vergessen nicht auf einer Demenz beruhten, sondern immer Antworten auf Enttäuschungen und Ereignisse waren. Ihre Gefühle wurden wieder lebendig, und sie konnte sich sogar verlieben.

Typische Probleme von Hochaltrigen und welche Behandlungsziele erreichbar sind, zeigen sich am Beispiel dieser Patientin.

Probleme	*Lösungen und Ergebnisse*
Zerfall des Körpers, Verlust von Mobilität und Leistungsfähigkeit	– Behandlungsform anpassen, hier zuletzt Hausbesuche
Abhängigkeit von anderen	– Abhängigkeit annehmen lernen
Tod geliebter Menschen, Verlust von Beziehungen	– Trauer, Unabhängigkeit gewinnen
Kritik an Jüngeren	– Kohortenspezifische Vorurteile und Werte revidieren
Vergesslichkeit, Verwirrtheit, Schwindel	– Anlässe erkennen. Demenz besteht oft nicht
Schrumpfen der Lebenszeit, Angst vor dem Tod	– Vergänglichkeit akzeptieren, sich auf den Tod einstellen
	– Zuwendung zur inneren Welt, Gedichte, Weisheit

Die genannte Patientin wurde fähig, sowohl ihre Abhängigkeit von Tochter und Enkelkind wie auch ihre eigene Unabhängigkeit und die anderer zu akzeptieren. Sie konnte einige der für ihre Alterskohorte typischen Vorurteile und Werte revidieren und wurde toleranter für die Denkweise jüngerer Menschen. Sie wandte sich mehr der inneren Welt zu, schrieb Gedichte und erlangte eine gewisse Abgeklärtheit und Weisheit. Sie konnte sich schließlich mit ihrer Sterblichkeit abfinden und sich auf ihren Tod einstellen (Settlage 1998).

Einflüsse der Biographie auf den Alterungsprozess

Das zweite Vorurteil, wonach die Psychoanalyse sich ausschließlich nur mit den in früher Kindheit entstandenen Neurosen beschäftige, ist ebenfalls längst überholt. Sie hat im Verlauf von 100 Jahren Erkenntnisse über alle Epochen des Lebens gewonnen, die zum Beispiel der Chicagoer Psychoanalytiker Pollock in seinem Buch *Der Lauf des Lebens* dargestellt hat und 1998 mit dem VII. Band *Die Reise vollenden* abschließen konnte.

Nach heutiger Ansicht entstehen Neurosen nicht mehr ausschließlich in der frühen Kindheit. Auch im ganzen späteren Leben, zum Beispiel in der Adoleszenz, als Midlife-Crisis und beim Älterwerden, können sich Anlässe für seelische Störungen ergeben. Auch für die im Alter häufigen, aktuell neu auftretenden Probleme und für in Zukunft zu erwartende Anlässe zur Dekompensation hat die Psychoanalyse Einsichten gewonnen und Konzepte der Hilfe gefunden.

Kindheitsneurosen altern und reifen mit uns

Jeder wird von den Erlebnissen in der frühen Kindheit geprägt. An die ersten drei Lebensjahre hat man keine Erinnerung, sie sind vergessen und verdrängt, aber ihr Einfluss ist groß. Die damals erworbenen Beziehungs- und Verhaltensmuster wiederholen sich im Lauf des Lebens immer wieder, ohne dass uns das bewusst wird.

Die Beziehungen zu Personen der Vaterreihe, wie Lehrer und Vorgesetzte, können unbewusst von destruktivem Hass oder von hinderndem Überrespekt gekennzeichnet sein, die Beziehungen zu Frauen von der unbewussten Eifersucht oder Rivalität zur Mutter. Im Verhältnis zu Kollegen und Partnern können sich die Stellung in der Geschwisterreihe und Vorlieben wie Antipathien, Hass oder Neid zu bestimmten Geschwistern störend auswirken. Wer in einer Broken-Home-Situation aufwuchs, wird sich leicht verlassen und traurig fühlen, und wer sich gegen aggressive Brüder zu wehren hatte, wird schnell in eine »Josef-und-seine-Brüder«-Stimmung geraten, misstrauisch werden und unbewusst erwarten, »in den Brunnen geworfen zu werden«. Menschen mit sehr enger Geschwisterbindung neigen umgekehrt dazu, alle Menschen für identisch zu halten und real nicht berechtigtes, unerschütterliches Vertrauen zu haben. Das sind nur wenige Beispiele für unbewusste Beziehungsmuster mit negativen Auswirkungen. Im Verlauf des Älterwerdens, wenn die Kontakte zu Personen des Erwachsenenlebens wieder verlorengehen und nicht durch neue ersetzt werden können, gewinnen die frühen Beziehungen wieder an Bedeutung und sind häufig die verborgene Ursache für Probleme.

Das muss jedoch nicht so kommen, sondern die Prägungen aus der frühen Kindheit nehmen als Teil unseres gesamten Erlebens an unserer Entwicklung teil, verändern sich mit uns und können deshalb ihre schädliche Wirkung auch spontan wieder verlieren. Sie reifen mit uns und gerade die Vorteile, die das Älterwerden mit sich bringt wie Erfahrung und Besonnenheit, schaffen günstigere Bedingungen für das Abheilen von Symptomen. So lassen Platzangst, Angst vor geschlossenen Räumen (Klaustrophobie), Höhenschwindel oder Errötungsfurcht im Lauf des Älterwerdens oft nach oder verschwinden ganz. Es wirkt dabei mit, dass der Triebdruck geringer wird, sodass die unbewusste Bedeutung einiger Symptome als versteckte erotische Signale an Dringlichkeit nachlässt. Die Triebziele gestalten sich im Verlauf des Älterwerdens um, und es können andere Befriedigungen gefunden werden.

Soziale Ängste, wie zum Beispiel sich vor anderen zu zeigen oder zu sprechen, bessern sich durch den Wegfall beruflichen Bewährungsdrucks und dem aus Lebenserfahrung gewachsenen besseren Selbstbewusstsein. Aber auch das gesteigerte Mitteilungsbedürfnis (negativ formuliert: die senile Redseligkeit) wirkt sich befreiend aus.

Andere Störungen aus der Kindheit bleiben bestehen und sind nur einfach mit uns gealtert. Das können Ängste, Phobien, Zwänge, Depressionen oder Schmerzsyndrome wie Migräne oder ähnliches sein. Die natürliche Neigung Älterwerdender zum Lebensrückblick weist oft von selbst auf die Ursprünge bis in die Kindheit hin. Dabei können Personen und Erlebnisse in Erinnerung kommen, die beunruhigen, zornig oder depressiv machen, Schuldgefühle oder Scham erwecken. Dem nachzugehen und mit sich ins Reine zu kommen, ist ein inneres Bedürfnis und geschieht von selbst und weitgehend unbemerkt. Man kann es fördern, wenn man darauf achtet, welche Personen und Lebensepochen einem spontan, in Tagträumen oder im Traum erscheinen. Manchmal wird man mindestens ahnen, was einem das gerade jetzt sagen will, und wird zu einem besseren Verständnis seiner selbst kommen. Beispiele für destruktive Wiederholungszwänge haben wir in Kapitel 1 (S. 26) beschrieben. Sie können sich sehr zu unserem Schaden auswirken, Beziehungen immer wieder scheitern lassen, zu das Altern förderndem Verhalten führen.

Im Verlauf des Älterwerdens auftretende ernste Leidenszustände wie zum Beispiel Depressionen oder Körpersyndrome können durch negative Erlebnisse in der Kindheit oder Traumatisierungen etwa durch Verfolgung oder Kriegseinwirkungen verursacht sein. Sie möchten sich in Erinnerung bringen und darstellen, um endlich bemerkt zu werden und noch eine späte Chance zur Bewältigung zu haben.

Zum Ausbruch solcher Leidenszustände kommt es oft erst dann, wenn die früheren negativen Erlebnisse durch aktuelle Anlässe reaktualisiert werden. Das ist der Fall, wenn das Verhalten von Personen oder Ereignisse in der Gegenwart an ähnliche leidvolle Situationen von früher erinnern. Wir haben dafür einige Beispiele gebracht. Solche Zusammenhänge sind am ehesten im Rahmen einer therapeutischen Beziehung zu erkennen und zur Heilung zu bringen.

Adoleszenzprobleme verhindern gutes Älterwerden

Eine große Rolle spielen unverstandene Probleme und Konflikte aus der Adoleszenz, ungefähr vom 13. bis 24. Lebensjahr. Die damals beim Eintritt in das Erwachsenenleben ungelöst gebliebenen Konflikte werden oft mit dem Eintritt in den Ruhestand und an der Schwelle zum höheren Alter wiederbelebt und sind eine häufige verborgene Ursache von Leidenszuständen.

Die oben erwähnte Londoner Psychoanalytikerin Pearl King (1980) berichtete über eine 63-jährige Frau, deren Tätigkeit in einem Kinderheim die Hauptquelle ihres Selbstwertgefühls gewesen war und die nach Aufgabe dieses Berufs depressiv wurde. In der Analyse fand sie heraus, dass sie diesen Beruf gewählt hatte, weil sie damals nicht vom Kind- zum Erwachsensein hatte finden können. Sie konnte das nachholen, neue Lösungen finden und noch 25 Jahre lang ein kreatives Leben führen. Ein weiterer von Kings Fallberichten zeigt, dass die verborgenen Ursachen einer seelischen Störung oft erst in der Beziehung zum Behandler überhaupt erscheinen, das heißt, dass sie ohne den psychoanalytischen Zugang unentdeckt und ungelöst geblieben wären: Eine 50-Jährige hielt es nicht mehr aus, mit der Analytikerin allein in einem Zimmer zu sein. Es ergab sich, dass hier ein traumatisches Erlebnis wiederauflebte: die panische Angst (als 12-Jährige) mit einem Freund ihrer Mutter allein in einem Zimmer zu sein, da dieser sie zu Ekel erregenden sexuellen Handlungen gezwungen hatte. Diese in der Analyse dann überwindbare Traumatisierung hatte die Patientin unfähig gemacht, gute Objekte und Erfahrungen in sich aufzunehmen, und damit ihre Entwicklung zur Frau und ihr Reiferwerden nachhaltig gestört.

Lebenslange Fehlentwicklungen entgleisen im Alter

Aus heutiger Sicht sieht man die Wurzeln seelischer Fehlentwicklung ebenso in der Kindheit wie in weiteren Einflüssen, die das Leben hindurch wirksam waren. Viele ungelöste Konflikte aus der gesamten Lebensgeschichte und besonders aus Zeiten von Traumatisierung zeigen sich als Symptome und Leidenszustände erst im Alter, wenn Überforderungen eintreten.

Konflikte der Gegenwart und ihre Bewältigung

Konflikte können auch aus aktuellen äußeren Lebensbelastungen, Ereignissen oder Alterungsprozessen entstehen, die dem Patienten unlösbar erscheinen und seine Fähigkeiten überfordern, sodass seine gewohnte Abwehr nicht mehr funktioniert und er psychisch entgleist. Diese Konflikte stammen also nicht aus der Kindheit und sie folgen demnach auch keinem Konfliktmuster, das schon vorher im Leben wiederholt aufgetreten war, sondern sind neu. Die Psychotherapie ist dann auf das aktuelle Problem fokussiert, mit dem Ziel, die aktuelle Konfliktlage bewusst zu machen und Lösungsstrategien zu erarbeiten (Heuft 1997). Der Arbeit am Aktualkonflikt ist ein praktikables Konzept geworden, das bei relativ geringem Zeitaufwand gute Ergebnisse bringt.

Älterwerden ist ein ständiger Veränderungsprozesses. Der Ältere muss nicht nur die Erfahrungen aus der Vergangenheit verarbeiten, um für die Gegenwart frei zu werden, sondern er steht auch vor Aufgaben, denen er nie zuvor begegnet ist. Zum Beispiel muss er mit dem körperlichen Altern und mit Verlusten zurechtkommen, was nicht in seine bisherigen Erfahrungen passt. Er muss neue Wege gehen, um die aktuellen Probleme zu lösen und Perspektiven für die Zukunft zu finden. Nicht nur die ungelösten Probleme aus der Vergangenheit, sondern auch der angstvolle Blick in die Zukunft schränken die Gestaltung der Gegenwart ein. Jeder Ältere steht »zwischen Abschied und Neubeginn« (Peters und Kipp 2002).

Aus dieser Sichtweise heraus ist eine *Klinische Entwicklungspsychologie des Alters* entstanden, die sich am Stand der Entwicklung orientiert und diese fördern möchte (Peters 2004). Sie interessiert sich dafür, warum jemand gerade jetzt das Gleichgewicht verloren hat und welchem jetzt fälligen Entwicklungsschritt er/sie damit ausgewichen ist. Die Therapie möchte die in jedem schlummernden Fähigkeiten, die man braucht, um diesen Schritt vollziehen zu können, anregen, ermutigen und zur Entwicklung bringen.

Inhalte einer solchen Therapie sind, zu erkennen, was nicht mehr möglich ist, welche Wünsche nicht mehr nachgeholt werden können, auf welche Illusionen verzichtet werden muss und welche realistischen Wege stattdessen gehbar sind. Die Förderung von Interesse, Neugier und Kreativität eröffnet die Chance, die Zukunft nicht mit Angst und Panik, sondern gelassen und vertrauensvoll erwarten zu können. Ziel ist, eine neue, altersspezifische Identität zu entwickeln, aus der heraus man seine Probleme lösen kann.

So kann es gute Gründe geben, beim Älterwerden psychoanalytische Hilfe zu suchen, in der Einflüsse aus der Vergangenheit, der Kindheit und Jugend, der späteren Lebensgeschichte wie auch der Gegenwart zum Thema werden. Das Älterwerden bringt trotz aller Probleme und Verluste viele günstige Veränderungen wie die Hinwendung zur Innenwelt, die Neigung, seine Lebensgeschichte zu begreifen und daraus zu lernen, sowie Nachdenklichkeit und Bedächtigkeit. Das alles sind fast ideale Voraussetzungen für eine Psychoanalyse im klassischen Sinn. »Wer den Jungbrunnen der Psychoanalyse entdeckt hat … der altert nicht so schnell.« (Emma Jung, Brief an Freud, 6.11.1911)

Es ist aber nicht jeder Ältere dafür geeignet. Eine Demenz sollte nicht vorliegen und das Hörvermögen sollte für eine gute sprachliche Verständigung noch ausreichen. Weiter sind die Fähigkeit zur Introspektion, ein gewisser Leidensdruck und die Motivation, sich auf eine solche Behandlung einzulassen – genau wie bei Jüngeren – notwendige Vorbedingungen. Man kann niemanden in Analyse schicken, der das nicht will.

Inzwischen nehmen viele in Praxen oder Institutionen tätige Psychoanalytiker/innen gern auch Ältere zur Behandlung an. Die Wartezeiten sind nicht mehr so lang wie früher und die Kosten werden unter bestimmten Voraussetzungen von der Krankenkasse übernommen.

Nach klassischer Methode

Ein sehr aufschlussreiches Beispiel für die Indikation und Wirksamkeit einer klassischen Analyse bei Älteren ist ein von Radebold, dem Kasseler Psychoanalytiker und Pionier der deutschsprachigen Alternspsychotherapie, 1996 veröffentlichter Fall einer 65-jährigen Frau, die im Klimakterium und dann nach ihrer Berentung an neurotischen Depressionen erkrankt war.

Im Verlauf dieser über viereinhalb Jahre gehenden Analyse war es sehr hilfreich, das »heimliche Alter« zu erfahren, in dem sich die Patientin in dem jeweiligen Traum erlebte. Die vielfältigen Symptome verschwanden völlig, darunter auch solche, die als Parkinson oder hirnorganischer Abbau fehldiagnostiziert worden waren. Körperlich fühlte sich die Patientin gesünder als vor 30 Jahren, könne das sehr genießen, in ihrer Umgebung sei sie die Einzige, die nichts zu klagen habe. Sie sei guter Stimmung, habe Zugang zu ihren Gefühlen, könne gut allein sein und besser in Gruppen Zuwendung finden, ohne sich abhängig zu fühlen. Sie hatte »eine neue, innerlich akzeptierte Identität als über 70-jährige Frau gewonnen« (S. 232). Das Buch ist besonders lesenswert, weil der Analytiker und die Patientin jede Behandlungsperiode aus ihrer eigenen Sicht beschrieben haben (Radebold und Schweizer 1996, *Der mühselige Aufbruch*).

Seit sie besteht, wird die Psychoanalyse mit jeweils zeittypischen Begründungen immer wieder totgesagt und ist doch seit über 100 Jahren sehr lebendig geblieben. In unserer Zeit gibt es die übliche Kritik auf intellektueller, theoretischer und ideologischer Ebene, oft ist sie aber nur zweckgeleitet und geht von konkurrierenden Interessengruppen aus. Die Praxis sieht jedoch viel besser aus, und es gibt in der Bundesrepublik eine wachsende Zahl niedergelassener oder in Institutionen tätiger Psychoanalytiker.

Moderne Anwendungen psychoanalytischer Therapie

Auch das dritte Vorurteil, wonach Psychoanalyse ausschließlich aus dieser langfristigen und sehr häufigen (viermal pro Woche) Standardtherapie auf der Couch bestehe, ist seit etwa einem halben Jahrhundert überholt. Mit der Entdeckung der für jeden Lebensabschnitt spezifischen Konflikte haben sich auch jeweils passende Therapieformen entwickelt, um angemessen damit umzugehen. In der Bundesrepublik hat die Psychoanalyse in den letzten Jahrzehnten eine breitere Basis gefunden. Es sind Weiterbildungen zur Anwendung von Psychoanalyse für Ärzte aller Fachgebiete und für Psychologen entwickelt worden, und die Anerkennung von Psychotherapie als Kassenleistung hat dazu geführt, dass das in vielen Praxen möglich geworden ist. Es sind Konzepte herangereift, wie Ältere auch mit geringem zeitlichem Aufwand auf psychoanalytischer Grundlage behandelt werden können und wie auf ihre aktuelle Lebensrealität und ihre Besonderheiten eingegangen wird.

So wird bei der Fokaltherapie nicht eine umfassende Aufarbeitung der Vergangenheit angestrebt, sondern allein auf einen bestimmten unbewussten Konflikt fokussiert, an dem man arbeitet. Das Bild dafür ist ein durch Baumstämme verstopfter See, bei dem durch das Lösen des vordersten Baumstamms der Abfluss auch für alle nachfolgenden frei wird. Es ist sehr eindrucksvoll, wie auch bei solchen von der Realität ausgehenden und auf ein Hauptproblem fokussierten Methoden sich die auf Erfahrungen aus der Vergangenheit beruhenden verborgenen Ursachen überzeugend darstellen.

Radebold belegte das 2004 mit einem Fall, den er »die Vergangenheit ist unbewusst zeitlos« nannte. Eine 80-jährige Frau litt unter depressiver Verstimmung, diffuser Angst und Panikattacken: Ihr aktuelles Problem war, dass infolge einer Makuladegeneration ihr Sehvermögen fortschreitend abnahm, und sie fürchtete, nicht mehr wie bisher allein gut zurechtzukommen, sondern auf ihren Sohn angewiesen zu sein, der ihr aber nicht half und zu streng mit ihr umging.

Es war ein Traum, der den Zugang zu den ihr bis dahin verborgenen Gründen für ihren Zustand eröffnete: Sie versuchte, ihre Mutter zu erreichen, aber diese entfernte sich immer mehr und verschwand. Die Patientin war in diesem Traum fünf Jahre alt, und es war die schlimmste Zeit ihres Lebens. Sie war im Zweiten Weltkrieg mit ihrem jüngeren Bruder in ein Bauerndorf verschickt worden. Die Mutter hatte ihr aufgetragen, sich um den Bruder zu sorgen, konnte aber nicht kommen, als dieser krank wurde und die Patientin um sein Leben fürchtete. Ihre traumatische Erfahrung war: Die Mutter lässt mich allein und hilft mir nicht, ich muss allein schwere Verantwortung tragen. Als jetzt der einzige Sohn ihre Erwartung, Schutz und Hilfe zu geben, nicht erfüllte (wie damals die Mutter), kam es zur Reaktivierung der damaligen Gefühle von Verlassensein, wie sie sich im Traum darstellten, und zum Ausbruch der Depression.

Eine Fokaltherapie einmal pro Woche und mit insgesamt 20 Stunden war ausreichend, um der alten Dame zu helfen. Sie konnte sich vom Sohn unabhängiger machen und ihre Symptome verschwanden. Als sie später nach einem Knöchelbruch Angst hatte, hilflos zu werden, wurde diese berechtigte und nachfühlbare Angst in fünf Sitzungen mit ihr besprochen, wobei auch durch konkrete Hinweise auf Pflegedienste und die Organisation des Haushalts eine Stabilisierung erreicht wurde.

Kliniken – die Bühne des Lebens

»Die ganze Welt ist Bühne«, sagt Shakespeare (*Wie es euch gefällt*, II. Akt, 7. Szene), und wir seien alle Spieler, die nur ihre Rollen spielen. Das tun wir zum Teil gern und mit Absicht, aber wir stellen auch unbewusst das dar, was das Leben aus uns gemacht und was es uns zugefügt hat. Gerade beim Älterwerden möchten die erlittenen, nie verheilten Wunden, die unbewältigten Probleme und die unerfüllten Träume sich zeigen, mit dem Ziel, noch erkannt und verstanden zu werden. Mit der szenischen Darstellung teilen wir das in jeder Situation pantomimisch mit.

Von Beginn unseres Lebens an haben wir zuerst in einer Zweierbeziehung zur Mutter, dann Dreierbeziehung zu den Eltern und Mehrpersonenbeziehung zu den Geschwistern gelebt. Das taucht bei Personen der Mutter- und Vaterreihe und in Geschwistersituationen wieder auf. Dann kamen Gruppen- und Großgruppensituationen wie Kindergarten, Schule, Ausbildung und eventuell Wehrdienst hinzu. Jede daran erinnernde Gruppensituation, wie Schulungen, Gruppenreisen und Klinikaufenthalte, wird zur Bühne, auf der wir unsere guten und schlechten Erfahrungen, die wir im Beziehungsgeflecht mit diesen Personen gemacht haben, darstellen. Jeder spielt dann unbewusst seine Rollen, die er als Kind oder später erworben hat, und teilt den anderen ebenso unbewusst die entsprechenden Rollen zu.

Das stellt sich besonders in der Gruppentherapie dar. Sie wird von vielen nach der Überwindung anfänglicher Widerstände als sehr hilfreich empfunden. Es ist entlastend, von anderen zu erfahren, dass sie ähnliche Probleme haben, und wertvoll zu sehen, welche Lösungen sie finden. Das hat zur Konzeption psychoanalytischer Gruppentherapien geführt, die gerade auch für Menschen in fortgeschrittenem Alter empfehlenswert sind.

In Kliniken und Rehakliniken sind alle Beziehungssituationen von der Zweierbeziehung bis zur Großgruppe vorgegeben, und jeder findet die für seine persönlichen Bedürfnisse passende Bühne. Es entfaltet sich eine intensive Dynamik. Jeder fühlt sich unbewusst in seine persönliche Rolle versetzt und teilt den anderen, Mitpatienten wie Personal, mittels Übertragung die passenden Rollen aus der persönlichen Lebensgeschichte zu.

So kann der Klinikchef zum guten, allmächtigen Vater werden, von dem man alle Hilfe erwartet, oder auch als paternalistischer Tyrann gesehen werden. Ebenso kann die Therapeutin oder Stationsschwester die liebevolle Mutter sein, die einen vor den rivalisierenden Geschwistern beschützt, oder die unempathische, lieblose und abweisende Person, die man als Kind erlebt hatte (oder glaubte, erlebt zu haben, denn das innere Bild der Beziehungspersonen kann sich im Verlauf eines therapeutischen Prozesses sehr ändern). Anderen Personen weist man Rollen aus der Geschwisterbeziehung zu. Man beschwert sich bei der Nachtschwester über seinen Therapeuten, man sieht Mitpatienten als böse Neider und Rivalen an oder möchte sie als Verbündete gewinnen, man geht Liebes- oder Hassbeziehungen ein. Das zu wissen, eröffnet eine unschätzbare Chance. Die Klinik wird zur Bühne des Lebens, auf der sich die psychische Problematik jedes Menschen darstellt, die sonst vielleicht nie bemerkt worden wäre.

Psychoanalytisch arbeitende Kliniken sind schon in der Frühzeit der Psychoanalyse entstanden. Ernst Simmel eröffnete 1927 das Sanatorium Schloss Tegel in Berlin. Georg Groddeck leitete von 1900 bis 1934 ein Sanatorium in Baden-Baden. Es wurden Konzepte entwickelt, nach denen das gesamte Klinikpersonal in die Therapie einbezogen und die Informationen dem Analytiker zugeleitet oder in gemeinsamen Sitzungen besprochen wurden. Heute arbeiten in Deutschland einige Fachkliniken, Psychosomatische und Rehakliniken nach solchen weiterentwickelten Konzepten. Durch Konzepte mit Einbeziehung aller Personen wird das, was sich darstellt, therapeutisch nutzbar gemacht. Die Gruppe sieht mehr als der Einzelne und mit ihrer Hilfe kann die eigene Rolle besser bemerkt und zum Beispiel als Wiederholung erkannt werden.

Die Aufnahme in Kliniken erfolgt meist aus aktuellen Anlässen wie Depression, Erschöpfungszuständen, Angst- oder Schmerzsyndromen. Es ist ein großes Erlebnis, wie sich in den Gruppensituationen die verborgenen Gründe dafür darstellen. Man entdeckt gemeinsam, dass die Symptome etwas mit einem selbst zu tun haben und was man damit zum Ausdruck bringen möchte. Man sieht dann auch, dass die Probleme, die man draußen mit Partnern, im Beruf oder sich selbst hat, ihre Vorgeschichte haben. Die aus früheren Lebensphasen stammenden bisher unbewussten Zusammenhänge werden transparent, und man durchschaut, welches Stück man aufführt.

Die Klientel in Kliniken besteht bisher zum großen Teil aus der Generation, die Kriegs- und Vertreibungstraumatisierungen ausgesetzt war, und es stellen sich entsprechend oft ihre unverarbeiteten Erlebnisse dar.

So verstehen die Teilnehmer an Gruppensitzungen oft schnell, dass zum Beispiel Schmerzsyndrome in der Körpersprache frühere Traumen mitteilen wollen. Oft klingen die Schmerzen dann ab, und es kann mit befreiender Wirkung über die schlimmen Erlebnisse gesprochen werden.

Ein älterer Mann wurde in einer Gruppensitzung unvermittelt von einem Weinanfall geschüttelt, ohne dass er wusste warum. Es ergab sich, dass das Geräusch eines Flugzeugs die Erinnerung an den Krieg geweckt hatte, in dem seine Freunde gefallen waren, und dass ein Gruppenmitglied einem dieser Freunde ähnlich sah. Als verborgene Mitursache seiner Depressivität stellte sich heraus, dass er es sich unbewusst als Schuld anrechnete, seine Kameraden überlebt zu haben, und glaubte, kein Recht auf ein unbeschwertes Leben und Erfolg zu haben.

Die Patientenrolle tritt im Lauf des Klinikaufenthalts bei den meisten bald zurück, die Symptome lassen nach, sie brauchen weniger oder keine Medikamente mehr. Stattdessen gewinnen sie Selbsterkenntnis, durchschauen ihre Probleme, schöpfen Hoffnung und es kommen Lösungen in Sicht. Viele erleben eine stationäre Behandlung als eine wichtige Epoche der Selbstfindung und Reifung.

Es bestehen also heute gute Chancen, durch Psychoanalyse und davon abgeleitete Therapieformen Hilfe für die beim Älterwerden auftretenden Probleme zu finden. Zum Thema in solchen Behandlungen werden die verborgenen Gründe, die bei jedem daran beteiligt sind, sich mit dem Älterwerden schwerzutun. Der Verlauf der Therapien zeigt, welche oft erstaunlichen Entwicklungen und Befreiungen möglich sind.

Mit den Fallbeispielen aus analytischen Behandlungen möchten wir für unbewusste Zusammenhänge sensibilisieren, für ähnliche eigene innere Gründe die Augen öffnen und auch Mut machen, die Hilfe einer Psychotherapie in Anspruch zu nehmen, sobald ein Bedarf dafür entsteht.

13
Zusammenfassung und Ausblick

Welche Chancen haben wir, mit den Schwierigkeiten des Älterwerdens besser zurechtzukommen?

Die Vergangenheit entdecken

Das Alter tut uns vieles an, und ob wir das passiv erleiden oder Mittel und Wege zur Bewältigung finden, hängt in erheblichem Maße davon ab, was uns im Lauf unseres Lebens begegnet ist und wie wir damit umgegangen sind. Welche Lösungen für den Umgang mit Problemen, Enttäuschungen und Verlusten wir gefunden oder nicht gefunden haben und aus welchen Quellen von Befriedigung, Glück und Hoffnung wir schöpfen konnten, bestimmt auch, wie wir mit dem Älterwerden zurechtkommen. In der zweiten Lebenshälfte haben wir gute Voraussetzungen, aufmerksam zu werden und Versäumtes nachzuholen.

Die Vergangenheit, das sind Ereignisse und Personen, und meistens sind sie miteinander verknüpft. Ohne dass uns das bewusst wird, leistet unser Gehirn ständig Erinnerungsarbeit, gleicht Tag und Nacht unser aktuelles Erleben mit ähnlichen Ereignissen in der Vergangenheit ab. Als Tagträume wird uns das wie ein Film ständig im Hinterkopf vorgeführt, und als Traum erscheint es uns im Schlaf. Wenn wir darauf achten, kann es sehr interessant werden. Welche Personen begegnen uns da, aus welcher Zeit, und warum gerade jetzt, was wollen sie uns sagen? Manchmal drängt sich eine Erinnerung geradezu auf, als Alarmsignal dafür, dass ein belastendes Erlebnis endlich bemerkt werden soll. Der Zugang zu verborgenen Motiven wird gefördert, wenn wir uns beim Aufwachen vergegenwärtigen, was wir geträumt haben, und den Gedankenketten, die daraus folgen, ein wenig nachgehen. Das hilft, wie in einer Analyse, sein Erleben aus Abstand betrachten zu können, und es ist erstaunlich, welch unbekannte Welt in uns existiert und welche anderen Seiten wir da an uns kennenlernen. Das Träumen hat auch die nützliche Aufgabe der unmittelbaren Katharsis, wenn wir beim Aufwachen bemerken, dass wir zum Beispiel nicht im Krieg sind, niemand uns verlassen hat, die tödliche Bedrohung nur ein Traum war.

Eine menschliche Antwort auf das Verfließen der Zeit ist die Lebensrückschau. Sie hilft sehr beim guten Altern, wenn ihr Sinn erkannt wird: die Ereignisse der verflossenen Lebenszeit reflektieren, die Beziehungen zu den primären und späteren Personen klären, die eigene Identität überdenken, die Lebensbilanz ziehen und die Erfahrungen nutzen, um Gegenwart und Zukunft besser zu gestalten. Das ist viel besser, als der Vergangenheit nur nachzutrauern. Mit der Klage, dass früher alles »besser« war, meinen wir, dass wir selbst früher eben jünger und besser waren, aber das ist eine projektive Abwehr, die uns lähmt und blind dafür macht, unsere jetzigen Chancen zu sehen.

Ein gutes Ziel ist, der für uns bedeutsamen Personen zu gedenken, der Eltern, Geschwister und aller anderen, die uns im Leben nahegekommen sind. Bei vielen fühlen wir Liebe und Dankbarkeit, bei anderen Hass oder Schuldgefühle. Als Ältere sehen wir, durch Lebenserfahrung und Reifung verändert, unsere Lebensgeschichte mit anderen Augen. Das gibt uns die Chance, unsere Mitbeteiligung an den damaligen Ereignissen zu entdecken, und wie wir eventuell immer wieder nach dem gleichen Muster Chancen versäumt, Beziehungen verkannt, gestört oder zum Scheitern gebracht haben. Die Vorteile des Alters wie Erfahrung, Überblick und Besonnenheit geben die Chance, solche Wiederholungen zu erkennen und ihnen nicht mehr folgen zu müssen. Wir sehen jetzt, was wir hätten anders machen können, möchten Abbitte leisten und zur Versöhnung kommen.

Eine viel größere Rolle als wir denken, spielt die unbewusste Vernetzung mit der Familiengeschichte im weiteren Sinn, der Großfamilie, der Ahnenreihe. Trotz aller Individualisierung und Emanzipation sind wir in die Reihe der Generationen eingewoben und mit unseren Vorfahren verbunden. Von praktischem Interesse ist, die familiäre Disposition zu bestimmten Krankheiten und die Todesursachen zu kennen, um ererbte Gefährdungen rechtzeitig erkennen und ihnen durch gezielte Vorsorge begegnen zu können.

Großen Einfluss auf unser Leben hat es, wenn wir Schicksale nachvollziehen, die auf verborgenen Identifizierungen positiver oder negativer Art beruhen. Der unbewusste geheime Kalender markiert unsere Lebensdaten, kann uns krank machen oder unsere Lebensdauer begrenzen. Eine bessere Kenntnis der Familiengeschichte hilft, die mit Gedenktagen verbundenen Gefahren zu entdecken und ihnen nicht blindlings ausgeliefert zu sein.

Die Zuwendung zur Vergangenheit erfolgt beim Älterwerden aus inneren Bedürfnissen von selbst, begleitet unser Leben und intensiviert sich, wenn es nötig ist. Darauf einzugehen hilft uns, die aus der Biografie kommenden verborgenen Gefahren, mit denen wir uns beim Älterwerden unnötig schwertun, zu entdecken und uns davon befreien zu können. Nur in wehmütigen und belastenden Erinnerungen zu leben, würde uns jedoch für die Chancen und Befriedigungen, die wir noch haben, blind machen. Die Vergangenheit ist vor allem dann ein hilfreicher Begleiter, wenn wir die guten Kräfte entdecken, mit denen wir früher unser Schicksal gemeistert haben und die uns die Sicherheit und das Selbstvertrauen geben, um Gegenwart und Zukunft besser zu bestehen.

Die Gegenwart leben, alle Chancen nutzen

In der Entwicklung des Homo sapiens ist ein Grad von Kultur, Technik, Sozialleben und Umweltbedingungen herangereift, der viele Chancen bietet, das Älterwerden günstiger zu gestalten. Das gilt vor allem für die Medizin, die durch Medikamente, Operationen und anderes ganz entscheidend unsere Lebensdauer verlängert. Weiter sind viele Gelegenheiten entstanden, lange am sozialen und kulturellen Leben teilzunehmen und Ausgrenzung wie Isolierung zu vermeiden. Es gibt in unserem Kulturkreis eine Fülle von Chancen, das Älterwerden nicht nur passiv zu erleiden, sondern aktiv und kreativ zu gestalten. Wieweit wir diese sehen und nutzen wollen oder können und damit die Weichen für gutes oder schlechtes Älterwerden stellen, hängt jedoch von unseren persönlichen Entscheidungen ab.

In unserer Zeit der unbegrenzten Information wissen wir zwar, was zu tun wäre, können aber den Geboten der Vernunft nicht immer folgen. Verhindert wird das durch persönliche innere Gründe, verborgene Probleme, die sich als Selbstschädigung auswirken und den Altersprozess unnötig verkomplizieren. Selbst wenn wir nur in kleinen Schritten lernen, in diese Richtung zu denken, hilft es sehr, die aus uns selbst kommenden Hindernisse zu durchschauen. Solche »Aha-Erlebnisse« tragen dazu bei, dass sich eine gute Grundstimmung einstellt und wir die für uns persönlich sinnvollen Chancen besser nutzen können.

Mit dem Körper zurechtkommen

Am meisten macht uns der Körper zu schaffen, der seine Aufgaben nicht mehr erfüllt, Leiden und Beschwerden schafft und wie ein Tyrann unsere Lebensführung einschränkt. Er ist von der Evolution unabwendbar auf biologischen Abbau programmiert und lässt uns das merken. Zwar ist inzwischen eine Lebensdauer von etwa 120 Jahren für den Menschen möglich geworden und das Ziel, im hohen Alter körperlich und psychisch gesund zu sterben, ist nicht mehr unerreichbar, aber der Körper richtet Hindernisse auf. Er verhält sich manchmal so, als ob er eine andere Person wäre. Tatsächlich sind manche seiner verborgenen Probleme aus der Beziehung zu bedeutsamen Personen in der Vergangenheit entstanden, die als »Schatten des Objekts« (Freud 1917e, S. 203) in Symptomen nachwirken. Wenn wir uns nicht einfach dem Diktat des alternden Körpers überlassen, sondern trotzdem das seelische Gleichgewicht bewahren wollen, liegt unsere Chance darin, die gewohnten destruktiven Dialoge mit dem Körper neu zu formulieren. Gut ist es, wenn man eine Haltung humorvoller, ironischer Distanz finden kann. Es ist eine lohnende Aufgabe, zu seinem älterwerdenden Körper eine Beziehung wie zu einem Partner, der sich befremdlich und unberechenbar verhält, den man aber trotzdem liebt und mit dem man noch lange leben will, zu finden. Hören wir auf seine Mitteilungen, so sind sie oft ärgerlich und schwer verständlich, aber sinnvoll; er sagt uns, was er braucht.

Es gibt viele verborgene Motive, sich mit dem Älterwerden des Körpers unnötig schwerzutun. Das Verleugnen und Verdrängen hilft zwar, das seelische Gleichgewicht zu erhalten, birgt aber die Gefahr, nicht auf Warnzeichen zu achten und kritische Situationen nicht rechtzeitig zu erkennen. Meist sind es in der persönlichen Lebensgeschichte entstandene innere Gründe, die Selbstschädigungen und Vorurteile bewirken. Das zu durchschauen, trägt sehr dazu bei, das Altern des Körpers und des Geistes aufzuhalten, zu verzögern oder zumindest günstiger zu gestalten.

Die Grundbedürfnisse nach artgerechter Lebensweise müssen wir erfüllen, denn was nicht in Übung gehalten wird, verkümmert leider und beschleunigt das Altern. Sich möglichst viel in frischer Luft zu bewegen, etwas Sport zu treiben, zu schwimmen, Rad zu fahren, spazieren zu gehen ist also notwendig.

Das natürliche Bedürfnis nach Beweglichkeit gerät aber in Konflikt mit den Beschwerden des Alters, die zunehmend Schonung der schmerzenden Gliedmaßen erfordern. Wenn man dem zu sehr nachgibt, nur noch liegen oder baden und den Schlaraffenlandversuchungen erliegen möchte, wird es zum wichtigsten Ziel, unseren widerspenstigen Körper – uns selbst! – auf die Beine zu bringen und zu motivieren, wenigstens so viel wie nötig das Vernünftige zu tun. Man muss Geduld haben, Kompromisse machen, ihm – uns selbst! – gut zureden und zu verstehen suchen, aus welchen verborgenen Motiven der Körper – Teil von uns selbst! – sich so uneinsichtig verhält.

Das gelingt nicht immer, und man kann es nicht erzwingen. Letzten Endes hat jeder die Freiheit, sich persönlich anders zu entscheiden. Niemand muss sich verpflichtet fühlen, gesundheitsbewusst zu leben und immer nur der Vernunft zu folgen. Der Typus der No-sports-Bekenner beruft sich gern auf Menschen, die trotz großer Risikofaktoren sehr alt geworden sind. Das sind allerdings meist Ausnahmen, die Glück gehabt haben, vielleicht weil sie eine günstige genetische Konstellation hatten oder weil ihre destruktiven Kräfte gering waren. Bei manchen geht die Lässigkeit auch nur solange, bis sie selbst oder Nahestehende betroffen sind, und sie dadurch ihr Verhalten als Abwehr erkennen können, die nun nicht mehr schützt, sondern schädlich geworden ist.

Was wohl tut, ist, den Körper als eins mit sich zu erleben, nicht als den Körper, den ich habe und der als ein anderer mir etwas zufügt, sondern als der Körper, der ich selbst bin. Er quält mich ja nicht unentwegt mit den schrecklichen Defiziten, sondern er schenkt mir auch immer wieder Glück, zum Beispiel wieder ohne Angst und Schmerzen gehen zu können, wenn auch bedächtig, beim Laufen die schwingende Bewegung aus dem Rücken heraus zu fühlen, mich bei Ballspielen als gespannten Bogen zu erleben, der sich ins Ziel hinein löst. Dann in der verdienten Ruhezeit das behagliche Gefühl, wohlig entspannt wie eine Katze zu sein oder die Nähe eines vertrauten Menschen zu spüren. Als festliche Zugabe schenkt er die erotische Erregung, bei der alle Schmerzen und kardiovaskulären Probleme weg zu sein scheinen. Alle Chancen auf Einssein mit dem Körper gilt es zu suchen, da sind wir ganz wir selbst.

Das Gleichgewicht finden

Bei vielen Menschen reguliert sich das innere Gleichgewicht trotz aller Widrigkeiten von selbst. Sie erleben zwar ihre Verluste, Schmerzen und Einbußen mit Ernst und den entsprechenden Gefühlen, aber auch mit Geduld, und die ausgeglichene Stimmung, die von innen kommt, stellt sich nach angemessener Zeit wieder her. Voraussetzung ist eine innere Haltung, die die Fakten des Lebens und seiner Vergänglichkeit anerkennt, aber das noch Gegebene nutzt und genießt. Ein altdeutscher Sinnspruch sagt:

Ich leb – weiß nit wie lang,
ich stirb – und weiß nit wann,
ich fahr – weiß nit wohin,
mich wundert, dass ich fröhlich bin.

Ist diese Grundstimmung gegeben und ist man körperlich noch einigermaßen fit und geistig wach und interessiert, so kann man getrost sein Leben genießen und braucht sich keine großen Sorgen über sein Altern zu machen.

Hat man dieses Glück aber nicht, ist man unausgeglichen, unzufrieden, missmutig und unglücklich, so sollte man dem auf den Grund gehen und nach den verborgenen Ursachen suchen. Häufige depressive Verstimmungen und negative Affekte wie unerklärliche Angst, Eifersucht, unbeherrschbarer Zorn und nagender Neid sind Anzeichen, dass die seelische Balance nicht stimmt. Sie zu finden, soll aber nicht zum Ziel haben, gleichmütig, stumpf und emotionslos zu werden. Die so genannte Altersmilde beruht oft genug auf dem biologischen Grund, dass man schwach und abhängig geworden ist, Konflikte und Spannungen scheut und sich nicht mehr traut, sich durchzusetzen. Das bahnt den Weg in Rückzug und Selbstaufgabe.

Echte Milde, Güte und Versöhnlichkeit haben eine andere Qualität. Sie sind Ergebnisse von Reifung und Weisheit und gehören zum Besten, was wir erreichen können, um unsere Affekte zu zügeln und die Ausgeglichenheit in uns selbst und mit anderen zu finden. Der Alterszorn ist schrecklich und zu Recht berüchtigt, wenn er aus Verbitterung und grundlosen Anklagen unbeherrscht erfolgt. Es ist aber immer abzuwägen, wie weit er als Ausdruck von Angst (bei den Tieren gibt es die Angstbeißer) und Verzweiflung oder als notwendiger Versuch, sich den bedrohten Respekt zu verschaffen, zu verstehen ist.

Seelische Ausgeglichenheit ist nicht Starre, sondern ein bewegtes Wechselspiel von positiven wie negativen Gefühlen und manchmal auch starken Affekten, mit denen man auf das, was man in seinem Netz von Beziehungen erlebt, antwortet. Nicht der immer abgeklärte Weise ist das anzustrebende Ideal, sondern ein lebendiger Mensch zu bleiben. Wie schafft man das?

Die Kostbarkeit der Zeit erkennen

Unsere Lebenszeit ist begrenzt. Chronos, der Gott der Zeitabschnitte, lässt sie ablaufen wie den Lebensfluss, der uns von einem Abschnitt in den anderen mit jeweils neuen Aspekten führt und in den Bedrängnissen des Alters endet. Allein der unaufhaltsame Ablauf der Zeit bewirkt das Fließen des Lebens, »alles tilgt die allgewaltige Zeit« (Sophokles 1996, Vers 607). Verständlich, dass wir in unseren grandiosen Phantasien das Wirken der Zeit ignorieren, sie einfach abschaffen, uns für unvergänglich und unsterblich halten. In der Jugend hilft uns das, wunderbar wie von Schutzengeln über die Klippen und Katarakte des Lebens hinweg getragen zu werden. Ohne dieses Gefühl von Sicherheit könnten wir nicht unbefangen leben. Für junge Menschen ist deshalb die Zeit nicht spürbar, scheint unerschöpflich und ewig. Bei einigen beneidenswerten Mitmenschen hält das bis zum Lebensende vor.

Früher oder später spüren die meisten aber schmerzlich, dass die Zeit vergeht. In Krisensituationen, als Torschlusspanik oder unter dem Schock der Jedermann-Erkenntnis wird Zeit auf einmal als begrenzte Ressource wahrgenommen, und es wird spürbar, dass uns nur eine begrenzte Zeit gegeben ist und dass alles vorbei sein wird, wenn wir das Zeitliche gesegnet haben. Zeit wird zu etwas Kostbarem, das uns unter Druck setzt. Wir spüren dann schmerzhaft, dass in jedem Augenblick das Vergangene mehr wird und unwiderruflich vorbei ist, und das, was uns noch bleibt, weniger wird. Der doppelköpfige Gott Janus ist das Symbol dafür, mit einem Gesicht nach vorne in die Zukunft und mit dem anderen zurück auf die verflossene Zeit zu blicken. Nur das noch zu Erwartende verbindet sich mit der Hoffnung, es noch selbst beeinflussen zu können, aber das Vergangene müssen wir als unwiderruflich und nicht mehr von uns zu ändern hinnehmen. Immer mehr Körperfunktionen hören auf, uns zu tragen, schlagen ins Schädliche um. Im seelischen Erleben werden unerfüllte Hoffnungen und das, was wir im Leben nicht gut bewältigt haben, zu einer wachsenden Last, die uns schädigt und beschwert.

Wir tun deshalb gut daran, zu wissen, was wir noch erwarten dürfen und was wir aufgeben, womit wir uns abfinden müssen. Die menschlichen Antworten auf den Abbau, die Abwehrstrategien und kreativen Phantasien haben ihre Zeit, es wird aber gefährlich, wenn wir zur Unzeit noch daran festhalten. Der Segen wird zum Fluch, wenn wir zu lange beim Ignorieren bleiben und die Warnzeichen nicht beachten.

Zu einer Kultur des Älterwerdens gehört es, die Kostbarkeit der Zeit beizeiten zu erkennen und sorgsam damit umzugehen. Der dazu nötige Schritt ist, rechtzeitig – und das heißt schon mitten im Leben – die Allmacht der Zeit anzuerkennen und nicht so lange zu warten, bis ihre zerstörende Kraft schon bemerkbar geworden ist. Gutes Altern hängt sehr davon ab, wie frühzeitig wir das erkannt und unser gesamtes Leben danach strukturiert haben. Dafür ist es nie zu früh, aber auch nie zu spät. Wer immer ängstlich, pessimistisch oder uninteressiert an Neuem war, wird es auch im Alter sein, es sei denn, er merkt es beizeiten und kann sich verändern. Ein Menschenleben bietet genügend Zeit, sich auf das Älterwerden einzustellen und sich mit ihm zu wandeln.

Den Augenblick genießen

Die Alten haben erkannt, dass wir zum rechten Zeitpunkt in den Zeitablauf eingreifen müssen, um die Zeit sinnvoll für uns zu nutzen, und haben das mit Kairos, dem Gott des günstigen Augenblicks, personifiziert. Er hat vorne Locken, aber hinten keine Haare, an denen man ihn noch festhalten kann, und mahnt uns damit, dass wir die Gelegenheit beim Schopf packen müssen, bevor sie endgültig vorbei ist. Das gilt für Entscheidungen, die wir nicht weiter aufschieben sollten, für Trennungen, die fällig sind, wie auch für die Chance, die Zeit ein wenig anzuhalten.

»Könnt ich zum Augenblicke sagen, verweile doch, du bist so schön«

... lässt Goethe seinen Faust sagen. Er meint, das sei Menschen nicht möglich, aber er irrt sich. Als Ältere haben wir den Vorteil der Gemächlichkeit und sind von Hektik, Druck und Drang befreit. Das macht eine kontemplative Haltung mit der Chance, uns ganz der Gegenwart zuwenden und glückliche Augenblicke, in denen die Zeit stillsteht, genießen können, möglich. Es tut sehr gut, das zu kultivieren, sich immer wieder einmal vom Druck der Zeit frei zu machen, etwas ganz bewusst mit Muße zu lesen, zu sehen, zu hören, sich darauf oder auf einen Menschen mit allen Sinnen einzustellen oder einfach zufrieden zu sein.

Der Zukunft gelassen entgegensehen

»Mehr als die Vergangenheit interessiert mich die Zukunft, denn in ihr gedenke ich zu leben.« (A. Einstein) Das setzt voraus, dass man sich von den das Leben behindernden Belastungen der Vergangenheit befreien konnte. Die Zeit, die uns noch bleibt, kann dann sinnvoll genutzt werden, um das zu vollenden, was uns als diesseitiges Ziel vorschwebt, um unsere Identität zu erreichen und unsere Lebensbilanz abzuschließen.

Mit dem Ablauf der Zeit gehört die Zukunft immer weniger den Älteren, sie gehört zunehmend den Kindern und Enkeln. Über lange Zeiträume müssen stufenweise Rollen, Macht und Einfluss an Jüngere übergeben werden. Anzuerkennen, dass die eigene Zeit vorbei ist, fällt vielen sehr schwer, und daraus entstehen viele Konflikte. Wir haben in unserer Zeit aber auch sehr gute Chancen, zu einer Kultur der Generationenbeziehung beizutragen; dazu gehört:

- es als Glück zu sehen, dass die eigenen Gene unsterblich sind, man selbst in den Nachkommen weiterlebt, und man sich so mit der eigenen Vergänglichkeit leichter abfinden kann,
- die archaischen Muster zu durchschauen und sich nicht vom Hass zwischen den Generationen, sondern von der Liebe, den guten Bindungen und dem Aufeinanderangewiesensein leiten zu lassen,

- sich über Zeit oder Unzeit für Abdankung und den fälligen Wechsel besser abzustimmen,
- die gemeinsame Zeit zu nutzen, um materielle und ideelle Werte an die nächste Generation weiterzugeben. Der von der Evolution vorgegebene Drang, sich den Jüngeren mitzuteilen, liegt auch heute noch sehr im Interesse der Jüngeren. Die Familiengeschichte gibt Aufschluss über die Schicksale der Vorfahren und Anlass, sich an die persönlichen Beziehungen zu erinnern, sodass die verborgenen Einflüsse erkannt und unnötige Selbstschädigungen vermieden werden können.

Alle Generationen treiben im Boot den Fluss des Lebens hinab, und die Jüngeren werden, wenn sie selbst dort angekommen sind, ganz ähnlich denken, wie sie es jetzt den Alten vorwerfen. »Die größten Kritiker der Elche werden später selber welche.« Die Erkenntnis dieser Phasenverschiebung enthält den Trost, dass man mit seinem Altern nicht allein ist, sondern es alle, die man jetzt um ihre Jugend beneidet, ebenso betreffen wird.

Die Kultur des Umgangs der Generationen ist besonders nötig, wenn sich die Reihenfolge umkehrt und die Eltern hilflos und abhängig werden wie Kinder und von ihren eigenen Kindern versorgt werden müssen.

Tröstlicher Ausblick

Wir brauchen uns mit dem Älterwerden nicht unnötig schwerzutun, wenn wir es als vielschichtigen Prozess verstehen, dessen Verlauf wir selbst mitbestimmen. Den naturgegebenen biologischen Abbau und die Verluste gilt es zu akzeptieren und ihnen mit Verständnis und menschlichen Antworten zu begegnen. Es gilt aber auch, uns für die Unterströmungen und verborgenen Einflüsse aus dem persönlichen Leben zu sensibilisieren, um die Probleme und die Chancen für gute Lösungen zu entdecken.

Sich weiterzuentwickeln, Interessen zu pflegen und Neues zu entdecken, verhilft zu einem trotz aller Einschränkungen zufriedenstellenden Leben. Das ist nicht als Aufforderung zu einem hektischem Aktivismus gemeint, der nach dem Motto »Ich habe noch so viel zu tun, ich habe noch keine Zeit alt zu sein und zu sterben« eher nur der Verleugnung dient. Gelassenheit, kontemplative Stimmungen, passives Genießen, Ruhe und Würde sind innere Haltungen, die beim Älterwerden zunehmend an Wert gewinnen. Die Aufgabe ist, beide Haltungen in ein ausgewogenes Verhältnis zu bringen und jede zu ihrer Zeit zu leben. So haben wir gute Chancen uns in einer vertieften Dimension ein kultiviertes, menschenwürdiges, gutes Altern zu ermöglichen. Die Autoren hoffen, dass dieses Buch dazu beitragen wird.

Danksagung

Ein Motiv zu diesem Buch ist das Nachdenken über die Schicksale meiner Vorfahren und Verwandten. Viele sind viel zu früh gestorben, weil es nicht möglich war, den heute leicht vermeidbaren Leiden zuvorzukommen. Die Medizin konnte ihnen nicht helfen, denn es gab noch keine Vorsorge und Frühdiagnostik, keine Antibiotika, keine moderne Narkose, Anästhesie und Operationstechniken. Die meisten fanden jedoch auch ohne die kulturellen und sozialen Vorteile unserer Zeit Lösungen, um mit den harten Lebensbedingungen und mit ihren Leiden zurechtzukommen und heiter und lebensbejahend zu bleiben; einige wurden über 90. Jetzt im Alter kommt mir manches Wertvolle in Erinnerung, was sie mir von ihren Erfahrungen mitteilen wollten, was ich aber in jugendlicher Verblendung nicht hören wollte.

Mein Dank gilt weiter meinen Patienten, die sich mir anvertrauten, und dem Behandlungsteam, das über 30 Jahre hinweg in der Klinik ein menschliches Klima schaffte, in dem sich alle mitteilen konnten. Das war nur durch unsere psychoanalytische Haltung möglich: uns Zeit nehmen für die Patienten, sie sprechen lassen, die vorurteilslose Zuwendung, das Hören mit dem dritten Ohr, das Achten auf die Körpersprache und die szenische Darstellung des unbewussten Erlebens. Das alles gab den Raum, um die verborgenen Gründe für die Leiden erkennen und damit positive Entwicklungen anregen zu können.

H. Radebold und seinem Arbeitskreis »Psychoanalyse und Alter« in Kassel, insbesondere H. Hinze, H. Kipp, H. Peters, F. Schrader, H. Teising und H. von der Stein verdanke ich eine ganz wesentliche Weiterentwicklung und Vertiefung meines Bildes vom Altern sowie die kollegiale Förderung meiner wissenschaftlichen Konzeptualisierungen.

Dank schulde ich auch meiner Familie, die die Belastungen durch die Krisen meines Älterwerdens zu ertragen hatte, aber auch konstruktiv dazu beitrug, Antworten zu finden.

Vor allem danke ich Monika Vogt, denn nur ihr Interesse und ihr Glauben an das Projekt haben mich dazu gebracht, es überhaupt zu machen und es trotz Zweifeln und Rückschlägen nicht aufzugeben. Ihr ausdauerndes Hinterfragen und Diskutieren aus dem Blickwinkel einer Jüngeren hat im Lauf der langen gemeinsamen Arbeit sehr geholfen, auch für mich noch neue Aspekte des Älterwerdens zu entdecken.

Helmut Luft

So soll es sein,
dass jeder Tag uns wissender und stiller macht,
denn alles, was uns aufgebracht und stolz gemacht, war leerer Schein.
Die Liebe nur, die wir in jedes Werk gelegt und still gepflegt,
bringt Segen in den Tag hinein.
(Maria Nels)

Dieses Gedicht hat mir mein Vater, als ich zehn Jahre war, ins Poesiealbum geschrieben. Ich habe mich riesig gefreut. Wieviel Weisheit in den wenigen Zeilen steckt, habe ich erst nach und nach begriffen. Noch heute bin ich beeindruckt, wenn ich daran denke.

Erwähnen möchte ich daher an dieser Stelle die Menschen, denen ich am meisten verdanke: meinen Vater, Dr. Helmuth Bidinger, meine Mutter, Christine Bidinger, und meine Schwester Rita. Gewidmet ist das Buch meinem Sohn Tobias, der wiederum seinen eigenen Lebensweg finden und die Erfahrungen der nächsten Generation machen muss.

Danken möchte ich zudem meinen Freunden und Freundinnen sowie allen denjenigen, die mich direkt oder indirekt weitergebracht haben – durch ihr Handeln, durch Gespräche und Auseinandersetzungen, durch ihr Vorbild oder durch ihre Vorträge und Veröffentlichungen.

Helmut Luft danke ich für unsere gemeinsame Arbeit an diesem Buch und für den persönlichen Einblick, den er mir in die Psychoanalyse und das Thema Altern gewährt hat.

Ein herzliches Dankeschön gebührt ferner unserer Lektorin Caroline Ebinger vom Brandes & Apsel Verlag.

Monika Vogt

Literatur

Abraham, K. (1919): Zur Prognose psychoanalytischer Behandlungen in vorgeschrittenem Lebensalter. *Psychoanalytische Studien. Conditio humana*, Bd. II. Fischer, Frankfurt a. M., 1971, 262-66.

Altenhöfer, A.; Lindner, R.; Fiedler, G.; Götze, P.; Foerster, R. (2008): Profile des Rückzugs – Suizidalität bei Älteren. *Psychotherapie im Alter*. Heft 2/5. Jg., 225-240. Psychosozial, Gießen.

Argelander, H. (1999): *Das Erstinterview in der Psychotherapie*. Primus, Darmstadt.

Baltes, P. (1997): Die unvollendete Architektur der menschlichen Ontogenese: Implikationen für die Zukunft des vierten Lebensalters. *Psychol. Rundschau*, 48, 191-210.

Baltes, P. in Schuller, K. (2003): Vom Nutzen der Greise. *Frankfurter Allgemeine Sonntagszeitung*, 24.08.2003, Nr. 34.

Baltes, P.; Lindenberger, U. (2004): Geist im Alter. *Frankfurter Allgemeine Zeitung*. 23.10.2004, Nr. 248.

Baltes, P.; Lindenberger, U.; Staudinger, U. (1995): Die zwei Gesichter der Intelligenz im Alter. *Spektrum der Wissenschaft*, 10, 1995, 52-61.

Baltes, P.; Mayer, K. U. (Hrsg.) (1996): *Die Berliner Altersstudie*. Akademie, Berlin.

Baltes, P.; Rösler, F. (2003): *Brain, Mind, and Culture: From Interactionism to Biocultural Co-Constructivism*. Konferenzzusammenfassung.

Baltes, P.; Smith, J. (1990): Weisheit und Weisheitsentwicklung – Prolegomena zu einer psychologischen Weisheitstheorie. *Entwicklungspsychologie und Pädagogische Psychologie*, 22, 95-135.

Benn, G. (1954): *Altern als Problem für Künstler*. Alexander, Berlin.

Bibring, G. L. (1969): Das Hohe Alter: Passiva und Aktiva. *Psyche*, 23. Klett-Cotta, Stuttgart, 262-279.

Böll, H. (1958): Nicht nur zur Weihnachtszeit. *Doktor Murkes gesammeltes Schweigen und andere Satiren*. Kiepenheuer & Witsch, Köln, Berlin.

Bowlby, J. (1982): *Das Glück und die Trauer. Herstellung und Lösung affektiver Bindungen*. Klett-Cotta, Stuttgart.

Brandt, H. (2002): *»Wird auch silbern mein Haar«*. C. H. Beck, München.

Brecht, B. (1967): Die unwürdige Greisin. *Gesammelte Werke*, Band 11. Suhrkamp, Frankfurt a. M.

Brosig, B.; Gieler, U. (2000): Das Dorian-Gray-Syndrom. *Hess. Ärzteblatt*, 11/2000, 470-472.

Bucher, T. (2005): Sexualität nach der Lebensmitte: Wünsche, Wirklichkeit und Wege. In: Schrader, C.; Luft, H.; Peters, M. (Hrsg.): Liebe, Lust und andere Leidenschaften – vergänglich, wandelbar, zeitlos? *Psychotherapie im Alter*, Heft 3, Psychosozial, Gießen.

Diamond, J. (1992): *Der dritte Schimpanse*. Fischer, Frankfurt a. M.

Dührssen, A. (1997): Die Bedeutung des Aktualkonflikts im familiären Dreigenerationen-System. *Zsch. Psychosom. Med.*, 43.

Dürrenmatt, F. (1955): Die Panne. Erzählung. In: Reich-Ranicki, M.: *Meine Geschichten*. Insel, Frankfurt a. M., Leipzig, 2003, 525-573.

Engel, G. L.; Schmale, A. M. jr. (1969): Eine psychoanalytische Theorie der somatischen Störung. *Psyche*, 23, 241-261. Klett-Cotta, Stuttgart.

Erikson, E. H. (1966): *Identität und Lebenszyklus*. Suhrkamp, Frankfurt a. M.

Freud, S. (1895d): Studien über Hysterie. Fischer Taschenbuch, Frankfurt a. M., Neuausgabe 1970.

Freud, S. (1900a): *Die Traumdeutung*. Freud-Studienausgabe, Bd. 2. Fischer, Frankfurt a. M.

Freud, S. (1905e): *Bruchstück einer Hysterie-Analyse*. Studienausgabe, Bd. 6. Fischer, Frankfurt a. M., 83-186.

Freud, S. (1913f): *Das Motiv der Kästchenwahl*. Studienausgabe, Bd. 10. Fischer, Frankfurt a. M., 181-193.

Freud, S. (1915b): *Zeitgemäßes über Krieg und Tod*. Studienausgabe, Bd. 9. Fischer, Frankfurt a. M., 33-60.

Freud, S. (1916a): *Vergänglichkeit*. Studienausgabe, Bd. 10. Fischer, Frankfurt a. M., 223-227.

Freud, S. (1917a): *Eine Schwierigkeit der Psychoanalyse*. GW XII, Imago, London, 1947, 1-12.

Freud, S. (1917e): *Trauer und Melancholie.* Studienausgabe, Bd. 3. Fischer, Frankfurt a. M., 193-212.

Freud, S. (1919h): *Das Unheimliche.* Studienausgabe, Bd. 4. Fischer, Frankfurt a. M., 241-274.

Freud, S. (1920g): *Jenseits des Lustprinzips.* Studienausgabe, Bd. 3. Fischer, Frankfurt a. M., 213-272.

Freud, S. (1925d): *Selbstdarstellung.* GW XIV. Imago, London, 1955, 33-96.

Freud, S. (1927c): *Die Zukunft einer Illusion.* Studienausgabe, Bd. 9. Fischer, Frankfurt a. M., 135-189.

Freud, S. (1930a): *Das Unbehagen in der Kultur.* Studienausgabe, Bd. 9. Fischer, Frankfurt a. M., 191-270.

Freud, S. (1962): *Briefe an Wilhelm Fliess.* Fischer, Frankfurt a. M.

Freud, S.; Jung, C. G. (1974): *Briefwechsel.* Fischer, Frankfurt a. M.

Gernhardt, R. (1987): *Körper in Cafés.* Haffmanns, Zürich.

Gernhardt, R. (1999): *Lichte Gedichte.* Fischer Taschenbuch, Frankfurt a. M.

Gernhardt, R. (2008): *Gesammelte Gedichte 1954 – 2006.* Fischer, Frankfurt a. M.

Grass, G. (2006): *Beim Häuten der Zwiebel.* Steidl, Göttingen.

Haas, E. (2002): *... und Freud hat doch recht. Die Entstehung der Kultur durch Transformation der Gewalt.* Psychosozial, Gießen.

Haesler, L. (1985): Zur Psychodynamik der Anniversary Reactions. *Jahrbuch der Psychoanalyse*, Bd. 17. fromann-holzboog, Stuttgart, 211-266.

Heuft, G.; Hoffmann, S. O.; Mans, E. J.; Mentzos, S.; Schüssler, G. (1997): Das Konzept des Aktualkonflikts und seine Bedeutung für die Therapie. *Ztsch. Psychosom. Med.*, 43, 1-14.

Heuft, G.; Kruse, A.; Radebold, H. (2000): *Lehrbuch der Gerontopsychosomatik und Alterspsychotherapie.* Ernst Reinhardt, München, Basel.

Hufeland, C. W. (1796): *Makrobiotik oder Die Kunst, das menschliche Leben zu verlängern.* Insel, Frankfurt a. M., 1984.

Jones, E. (1962): *Das Leben und Werk von Sigmund Freud*, Bd. III. Hans Huber, Bern, Stuttgart.

Jünger, E. (1955): *Auf den Marmorklippen.* Neske, Pfullingen.

Kerkeling, H. (2006): *Ich bin dann mal weg.* Malik, München.

King, P. H. (1980): The life cycle as indicated by the transference in the psychoanalysis of the middle aged and elderly. *Int. J. Psychoanal.*, 61, 153-160.

Kipp, J.; Jüngling, G. (2000): *Einführung in die praktische Gerontopsychiatrie*. Ernst Reinhardt, München, Basel.

Kohut, H. (1973): *Narzissmus*. Suhrkamp, Frankfurt a. M.

Kübler-Ross, E. (2001): *Interviews mit Sterbenden*. Droemer, München.

Luft, H. (1998): Syndrome und Konflikte stationär behandelter älterer Menschen. Gibt es geschlechtsspezifische Unterschiede? *Psyche*, 52, 214-235.

Luft, H. (2002): Prosperos stürmischer Abschied. Die Problematik von Altern und Rückzug in Shakespeares letztem Schauspiel ›Der Sturm‹. *Jahrbuch der Psychoanalyse*, 45. frommann-holzboog, Stuttgart, 121-148.

Luft, H. (2003): Psychoanalyse in reiferen Jahren. Fakten und Thesen. *Psyche*, 57, 585-612.

Luft, H. (2005): Vergänglich, wandelbar, zeitlos – Erfahrungen und Reflexionen über die Triebschicksale im Alter. In: Schrader, C.; Luft, H.; Peters, M. (Hrsg.): *Liebe, Lust und andere Leidenschaften im Alter. Psychotherapie im Alter*. Psychosozial, Gießen, 25-35.

Mahler, M.; Pine, F.; Bergman, A. (1975): *Die psychische Geburt des Menschen*. Fischer, Frankfurt a. M.

Marquéz, G. G. (2004): *Erinnerung an meine traurigen Huren*. Kiepenheuer & Witsch, Köln.

Matte-Blanco, I. (1988): *Thinking, Feeling and Being: Clinical Reflections on the Fundamental Antinomy of Humans Beings and World*. Tavistock, Routledge, London, New York.

Mayer, M. (2001): *Die Kunst der Abdankung. Neun Kapitel über die Macht der Ohnmacht*. Königshausen & Neumann, Würzburg.

Mitscherlich, A. (1961): Anmerkungen über die Chronifizierung psychosomatischen Geschehens. *Psyche*, 15, 1-25.

Mitscherlich, A. (1973): *Auf dem Weg zur vaterlosen Gesellschaft: Ideen zur Sozialpsychologie*. R. Piper & Co., München.

Mitscherlich, M. (2010): *Die Radikalität des Alters*. S. Fischer, Frankfurt a. M:

Nadolny, S. (1983): *Die Entdeckung der Langsamkeit*. Piper, München.

Peters, M. (2002): Aktives Altern oder »Die Entdeckung der Langsamkeit«. In: Peters, M.; Kipp, J.: *Zwischen Abschied und Neubeginn*. Psychosozial, Gießen.

Peters, M. (2004): *Klinische Entwicklungspsychologie des Alters*. Vandenhoek & Ruprecht, Göttingen.

Peters, M. (2006): *Psychosoziale Beratung und Psychotherapie im Alter*. Vandenhoeck & Ruprecht, Göttingen.

Peters, M. (2008): *Die gewonnenen Jahre. Von der Aneignung des Alters*. Vandenhoeck & Ruprecht, Göttingen.

Peters, M.; Kipp, J. (Hrsg.) (2002): *Zwischen Abschied und Neubeginn. Entwicklungskrisen im Alter*. Psychosozial, Gießen.

Pollock, G. H. (1987): The mourning-liberation process. Ideas on the inner life of the older adult. In: Sadovoy, J.; Leszcz, M. (Hrsg): *Treating the Elderly with Psychotherapie*. Madison, 3-31.

Pollock, G. H.; Greenspan, S. I. (Hrsg) (1998): *The Course of life*. Bd. VII, Completing the Journey. Madison.

Proust, M. (1988): *Auf der Suche nach der verlorenen Zeit*. Suhrkamp, Frankfurt a. M.

Radebold, H.; Schweizer, R. (1996): *Der mühselige Aufbruch – über Psychoanalyse im Alter*. Fischer, Frankfurt a. M.

Radebold, H. (2001): *Abwesende Väter. Folgen der Kriegskindheit in Psychoanalysen*. Vandenhoeck & Ruprecht, Göttingen.

Radebold, H. (2004): Die Vergangenheit ist unbewusst zeitlos – Psychoanalytische Fokaltherapie einer 80-Jährigen mit Angstzuständen und Panikattacken. *Psychotherapie im Alter*. 1. Jg, Heft 2, 31-38.

Radebold, H. (2005): *Die dunklen Schatten unserer Vergangenheit*. Klett-Cotta, Stuttgart.

Radebold, H.; Radebold, H. (2009): *Älterwerden will gelernt sein*. Klett-Cotta, Stuttgart.

Rautenberg, U. (1997): Altersungleiche Paare in Bild und Text. FAZ, 25.02.2006.

Riehl-Emde, A. (2003): *Liebe im Fokus der Paartherapie*. Klett-Cotta, Stuttgart.

Rosenmayr, L. (1983): *Die späte Freiheit*. Severin & Siedler, Berlin.

Roth, P. (2006): *Jedermann*. Carl Hanser, München, Wien.

Rothacker, E. (1932): *Schichten der Persönlichkeit*. In: Heuft, G.; Kruse, A.; Radebold, H. (2000): *Lehrbuch der Gerontopsychosomatik und Alterspsychotherapie*. Ernst Reinhardt, München, Basel, 52f.

Sartre, J. P. (1944): *Geschlossene Gesellschaft*. Rowohlt, Stuttgart, 1948.

Schirrmacher, F. (2004): *Das Methusalem-Komplott*. Karl Blessing, München.

Schopenhauer, A. (1851): *Parerga und Paralipomena*.

Settlage, C. F. (1998): Transzendenzerfahrungen im hohen Alter. Kreativität, Entwicklung und Psychoanalyse im Leben einer Hundertjährigen. In: Teising, M.: Altern: *Äußere Realität, innere Wirklichkeiten*. Westdeutscher Verlag, Opladen, Wiesbaden, 243-280.

Shakespeare, W. (1599): *Wie es Euch gefällt*. Übersetzt von August Wilhelm Schlegel. Löwit, Wiesbaden.

Shakespeare, W. (1605): *König Lear*. Übersetzt von August Wilhelm Schlegel. Löwit, Wiesbaden.

Shakespeare, W. (1611): *Der Sturm*. Übersetzt von August Wilhelm Schlegel. Löwit, Wiesbaden.

Sophokles (1996): *Ödipus auf Kolonos*. Philipp Reclam, Stuttgart.

Sophokles (1957): *Ödipus der Tyrann*. Fischer, Frankfurt a. M.

Spies, W. (2003): Mit zwei Geschwindigkeiten. *Frankfurter Allgemeine Sonntagszeitung*, 09.08.2003, Nr. 183, 33.

Stauder, K. H. (1955): Über den Pensionierungsbankrott. *Psyche*, 9, 481-497.

Teising, M. (1998): *Altern: Äußere Realität, innere Wirklichkeiten*. Westdeutscher Verlag, Opladen,Wiesbaden.

Teising, M. (1992): *Alt und lebensmüde. Suizidneigung bei älteren Menschen*. Ernst Reinhardt, München.

Von der Stein, B. (2006): »Ich bin froh, seid ihr es auch!« – Wenn die Vision des guten Abschiedes zur Illusion wird. *Psychotherapie im Alter*, Heft 3, 51-61.

Wilde, O. (1890): *Das Bildnis des Dorian Gray*. Roman.

Wilkes, J. (1998): Depression und Heilung. Zum 100. Todestag Theodor Fontanes. *Deut. Ärzteblatt*, 95, 1832-1834.

Willcox, B. J.; Willcox, D. C.; Suzuki, M. (2002): *The Okinawa Program: How the world's longest-lived people achieve everlasting health – and how you can too*. Three Rivers Press.

Konstanze Zinnecker-Mallmann

»... und ihr Verbrechen war ein guter Wahn«

Psychoanalytische Überlegungen zu Liebe, Schuld und Trennung

Die menschlichen Leiden ranken sich um Liebe und Schuld, Trennung und Tod. Die Psychoanalytikerin präsentiert anhand von Falldarstellungen die psychopathologischen Verstrickungen ihrer Patienten auf der Suche nach Konfliktlösungen, um liebes- und arbeitsfähig zu werden.

Als Leitfaden dienen ihr aber nicht nur die psychoanalytischen Klassiker Sigmund Freud und Kurt R. Eissler, sondern eben auch Goethes klassische Werke *Die Leiden des jungen Werther* und *Faust*. Konstanze Zinnecker-Mallmann zeigt auf, wie Menschen die existenziellen Konflikte um Liebe und Trennung, Stirb und werde! (*Goethe*), schöpferisch zu bewältigen suchen.

204 S., geb. Großoktav
mit farbigen Abbildungen, € 29,90
ISBN 978-3-95558-060-5

Konstanze Zinnecker-Mallmann, Dipl.-Psych., seit 1984 niedergelassene Psychoanalytikerin in Frankfurt a. M., Beiträge in psychoanalytischen Fachzeitschriften und Herausgeberin ausgewählter Werke von Kurt R. Eissler. 2013 erschien bei Brandes & Apsel: »*Diese liebende Verehrung ...«. Essays zu Literatur, Kunst und Gesellschaft.*

Michael J. Diamond

Söhne und Väter

Eine Beziehung im lebenslangen Wandel

240 S., geb., € 24,90,
ISBN 978-3-86099-633-1

Diamond widmet sich dem inneren Erleben in der Beziehung von Söhnen und Vätern. Diese einzigartige emotionale Bindung von Vätern und Söhnen geht aus der wechselseitigen Identifizierung mit der Männlichkeit des Anderen hervor. Dadurch leisten Väter einen unverwechselbaren Beitrag und üben einen spezifischen, tiefen Einfluss auf das Leben ihrer Söhne aus – und gleichzeitig beeinflussen die Söhne das Leben der Väter weitreichend.

Diese emotionale Tiefendimension zu verstehen, ebnet den Weg für eine freudvolle und förderliche Bezogenheit von Vätern und Söhnen. Diamond lässt uns daran teilhaben: an den Harmonien und Dissonanzen, Melodien und Zwischentönen im Vater-Sohn-Dialog. Er liefert mit seinem Werk einen wertvollen Beitrag zum Verständnis der Gefühlswelt von Söhnen und Vätern im Lebenszyklus und in der Generationenfolge. Er eröffnet Männern (und Frauen) einen kreativen Zugang zu einem lebenswichtigen Teil des männlichen Selbst.

Michael J. Diamond, *Psychotherapeut und Psychoanalytiker, Lehranalytiker am »Los Angeles Institute and Society for Psychoanalytic Studies« und Professor für klinische Psychiatrie an der Universität von Los Angeles.*